国家自然科学基金（41261021）
“宁夏六盘山区空间贫困及其分异机制研究” 资助出版

发展地理学视角下区域贫困的地方化

刘小鹏 等 著

科学出版社
北京

内 容 简 介

本书结合国家2020年、2035年、2050年目标，借鉴发展地理学空间分异、空间扩散和空间整合分析框架，梳理贫困地理研究进展与趋势，紧扣可持续发展地方化趋势，构建适用于区域贫困研究的地理贫困分析框架，系统研究区域贫困地方化机制，进一步探讨贫困治理和可持续减贫的原则、战略、行动计划、模式和路径选择等。

本书可供人文地理学、区域经济学等相关领域的高等院校师生、研究人员和政府相关部门阅读、参考。

审图号：宁S〔2018〕第003号

图书在版编目(CIP)数据

发展地理学视角下区域贫困的地方化／刘小鹏等著．—北京：科学出版社，2019.3

ISBN 978-7-03-054143-7

Ⅰ.①发… Ⅱ.①刘… Ⅲ.①贫困区–识别–研究–中国②扶贫–研究–中国 Ⅳ.①F124.7

中国版本图书馆CIP数据核字（2017）第185863号

责任编辑：李晓娟／责任校对：彭　涛
责任印制：吴兆东／封面设计：无极书装

科学出版社出版
北京东黄城根北街16号
邮政编码：100717
http://www.sciencep.com
北京建宏印刷有限公司 印刷
科学出版社发行　各地新华书店经销
*
2019年3月第　一　版　开本：720×1000　B5
2019年3月第一次印刷　印张：16
字数：348 000

定价：188.00元

（如有印装质量问题，我社负责调换）

前　　言

贫困问题是现代发展研究与发展实践的主题，而现代发展实践根源可以追溯到第二次世界大战之后和美国前总统杜鲁门 1947 年提出“欠发达地区”（underdeveloped areas）的概念之时。发展地理学正是发轫于这个时期。20 世纪 40 年代以来，贫困问题便始终是发展地理学关注和研究的重点领域，并从空间分异、空间扩散和空间整合探讨在区域和社区内创造动态的地方发展动力。我国是全球最大的发展中国家，但我国发展地理学的发展却十分缓慢，直到 2015 年中国地理学会成立了产业政策与发展地理学工作组，发展地理学才真正进入人们的视线。但自中华人民共和国成立以来，特别是改革开放 40 多年以来，我国地理学在服务国家与地方社会经济建设中做出了举世瞩目的贡献，尤其是在贫困研究方面发挥了越来越重要的作用。20 世纪 80 年代中期，由中国科学院 国家计委地理研究所（现为“中国科学院地理科学与资源研究所”）贫困地区开发研究组承担的《中国贫困地区类型划分与开发研究》成为我国首个由地理学家提出的贫困研究解决方案。从“三西”扶贫、“八七”扶贫攻坚、到《中国农村扶贫开发纲要（2001—2010 年）》，再到《中国农村扶贫开发纲要（2011—2020 年）》实施以来，充分展现了地理学服务国家和地方的学科责任。2016 年，由中国科学院地理科学与资源研究所承担的国务院精准扶贫成效第三方评估，再次将地理学推向了服务国家打赢脱贫攻坚战重大发展战略的前沿阵地。近十年来，国家自然科学基金委员会立项支持的贫困地理研究项目（课题）也呈增长势头，为丰富发展地理学体系奠定了坚实基础。本书著者所在课题组先后承担了宁夏“十二五”“十三五”规划前期“生产力布局战略”及“扶贫开发”等重大问题研究，及部分县（区）扶贫开发与区域发展规划，并获国家自然科学基金资助开展了“宁夏六盘山区空间贫困及其分异机制研究”（41261021）。这些研究工作和服务地方的课题，一方面体现了地理学在区域发展进程中的重要地位；另一方面也促使地理学者用较高、较宽的视角审视发展地理学学科建设。

《中国农村扶贫开发纲要（2011—2020 年）》指出，连片特困地区是扶贫主战场，范围包括连片特困地区、重点县和贫困村。《中共中央 国务院关于打赢脱贫攻坚战的决定》（中发〔2015〕34 号）确定的脱贫攻坚总体目标是确保我国现行标准下农村贫困人口实现脱贫，贫困县全部摘帽，解决区域性整体贫困。《中

共中央 国务院关于打赢脱贫攻坚战三年行动的指导意见》（2018 年 6 月 15 日）明确的任务目标是消除绝对贫困；确保贫困县全部摘帽，解决区域性整体贫困。整体来看，集中连片特困地区、重点县和贫困村主要分布在自然条件恶劣、地理位置偏远、生态环境差、基础设施薄弱以及少数民族聚居的中西部地区的深山区、石山区、荒漠区、高寒山区、黄土高原区、地方病高发区以及水库库区等，区域性、地方化十分突出。因此，区域贫困的地方化应该成为学术界高度重视的研究领域。20 世纪 90 年代末，世界银行通过分析区域贫困的地理资本缺陷，制定区域减贫方案，其中运用空间贫困理论方法指导的中国云南国际减贫项目成为这一思想的典范。

近期，一系列国际国内可持续减贫研修或研讨会更是将区域减贫推向了新的阶段。如发展中国家千年发展目标与可持续减贫官员研修班（中国国际扶贫中心，2013）、亚洲国家包容性增长与农村可持续减贫官员研修班（中国国际扶贫中心，2013）、可持续减贫研讨会（北京大学，2017）、发展中国家落实 2030 年可持续发展议程研修班——减贫专题（商务部，2018）、实现可持续发展本地化和减贫目标研讨会（柬埔寨暹粒，2018）等。

反思贫困的三种分析框架，社会排斥分析框架侧重社会弱势群体的研究，适用于贫困个体的研究；脆弱性分析框架则将各种风险的易感人群或者是高危人群作为主要研究对象，适合以家庭为单元的贫困分析；可持续生计框架在研究对象上并没有特定的选择，可以对不同类型的贫困群体进行分析，适合以家庭为单元的贫困分析。也就是说，贫困的三种分析框架均不适用于区域贫困研究。

据此，本书的分析逻辑是：发展地理学（创新地方发展动力）→国家需要（解决区域性整体贫困、2035 年目标、2050 年目标）→可持续减贫（地方化）→区域贫困的地方形成机制：地理贫困。据此，本书著者所在的课题组在 2011 ~ 2016 年连续 6 年开展了宁夏六盘山片区 7 个国家级贫困县（区）共 94 个样本村的问卷调查，对区域贫困的地方形成机制进行了系统研究。

本书总体框架设计、章节内容安排等工作由刘小鹏负责完成。全书由 8 章内容构成，具体各章的撰写分工和完成如下。

第一章：刘小鹏、王鹏、陈晓、孔福星；第二章：刘小鹏、王亚娟、郑芳；第三章：刘小鹏、王亚娟；第四章：刘小鹏、王亚娟、赵小勇、郭占军、郑芳；第五章：刘小鹏、王亚娟、郑芳、黄越；第六章：王亚娟、赵莹、裴银宝、赵小勇、郭占军；第七章：刘小鹏、裴银宝、郭占军、黄越、苏胜亮、温胜强；第八章：刘小鹏、赵小勇、郭占军、贾科利、李建华、黄越、苏胜亮、温胜强。全书由刘小鹏、王亚娟、赵小勇负责统稿，刘小鹏审定稿。

本书在凝练思路、构建框架、思想挖掘等过程中，得到学界很多专家的指导和帮助。多年以来，本书著者所在的课题组成员深受著名地理学家汪一鸣教授的影响，特别是在汪先生八十华诞之际系统梳理研究了汪先生关于生态脆弱民族聚居经济欠发达地区发展的系列研究成果，这为本书思想的形成起到了巨大作用。2016 年 11 月，部分作者赴北京与陆大道院士、廖小罕研究员、樊杰研究员、王劲峰研究员、张文忠研究员面对面请教和学习，从中得到了许多指导，受到了启发。在中国发展地理学兴起之时能够有幸参与其中，我要特别感谢中国科学院地理科学与资源研究所邓祥征研究员和哈尔滨工业大学马涛教授的指导和帮助。同时，感谢西北大学李同昇教授、宁夏大学谢应忠教授、田军仓教授、孙兆军研究员、米文宝教授、李陇堂教授，以及宁夏回族自治区发展和改革委员会汪建敏研究员、周玉平处长等给本人和其他作者带来的智慧启迪和思想升华。在调研过程中，本书所在的课题组得到了各县（区）相关部门人员的支持和热情帮助，在此表示感谢。感谢宁夏大学科技处、资源环境学院、环境工程研究院各位领导和同事的长期支持。本书的研究和撰写，参考了大量文献成果资料，文后仅列出了部分，在此感谢所有的作者和单位。在问卷调查和数据资料整理过程中，我的研究生黄越、苏胜亮、陈姝睿、苏晓芳、赵莹、王金凤、裴银宝、李永红、温胜强、韩晓佳、叶均艳、王鹏、陈晓和孔福星等做了大量细致的工作，一并表示感谢。感谢国家自然科学基金委员会的资助。本书能够顺利出版得到了科学出版社李晓娟编辑的热忱帮助，在此深表谢意。

刘小鹏

宁夏大学资源环境学院

2018 年 8 月

目　　录

第一章 绪 论

第一节 如何理解贫困及其空间分异

一、贫困内涵的认识与实践

（一）贫困内涵

长期以来，贫困问题是人类健康生存与可持续发展的重大威胁。为此，不同学者和组织机构开展了大量减贫理论探索和实践行动。19 世纪末 20 世纪初，英国学者朗特里首先提出了“绝对贫困”的概念（*Poverty*：*A Study of Town Life*）。定义绝对贫困的核心是指不能维持家庭（个体）最低食物、衣着、住房和医疗等需要。20 世纪 60 ~ 70 年代，美国斯坦福大学经济学教授维克托·法克思（Victor Fuchs）最早提出的相对贫困则是指家庭（个体）的生活状况低于社会平均水平时被认为处于贫困状态。随着对贫困认识的深入，阿玛蒂亚·森（Amartya Sen）（2001）提出了影响深远的能力贫困理论，该理论认为贫困的原因是基本医疗条件、住房条件、教育机会等个人福祉（well-being）缺乏所致（Sen，1983）。从实践角度，由世界银行于 20 世纪 90 年代末提出并践行的空间贫困理论认为地理资本匮乏产生贫困陷阱。2012 年，麻省理工学院的阿比吉特·班纳吉（Abhijit Banerjee）和埃斯特·迪弗洛（Esther Duflo）探讨了穷人对刺激机制的反应模式，被誉为是近几年来最重要的经济学研究。2014 年，安格斯·迪顿（Angus Deaton）通过对消费、贫困和福利的分析，提出了从个人消费选择识别贫困，为衡量贫困标准提供了重要指标。总体来看，对贫困内涵的认识经历了从收入单维识别到以人的全面发展多维识别的过程。

（二）减贫行动

消除贫困是联合国千年发展目标（United Nations Millennium Development Goals，MDGs）的八项目标之一与 2015 年后发展议程的核心，成为国际社会亟待解决的重要社会问题。对贫困问题的深入认识和理解，就成为实施减贫行动与计划的重要依据。20 世纪 50 年代，发展中国家开始围绕“贫困问题”展开商讨。20 世纪 70 年代，国际劳工组织（International Labour Organization，ILO）最早提出“人类基本需要”的概念，成为当时包括减少贫困在内的经济开发战略的主流。在罗伯特·麦克纳马拉（Robert Strange McNamara）行长的时代，世界银行对“人类基本需要”更加重视，将援助重点由基础设施向农村和城市的扶贫转移。1990 年，联合国开发计划署（The United Nations Development Programme，UNDP）发表了第一份《人类发展报告书》，并在后继的报告书中围绕贫困理论提出人类发展指数（HDI）、人类贫困指数（HPI）与人类安全保障。1992 年，第 47 届联合国大会决定将每年的 10 月 17 日定为“国际消除贫困日”。1995 年，《哥本哈根宣言及行动纲领》由联合国社会发展首脑会议颁布，将 1996 年定为“国际消除贫困年”。

进入 21 世纪，联合国千年首脑会议制定了涉及消除饥饿、贫穷、死亡等问题的千年发展目标，并要求于 2015 年完成。在其他国际组织的推动下，发展援助委员会（Development Assistance Committee，DAC）也开始从更广泛的领域考察贫困问题，并于 2001 年提出新的贫困测量方法，涉及人类潜在能力欠缺。2012 年，消除贫穷被公认为当今世界存在的最大社会问题，并在联合国可持续发展大会达成的“我们希望的未来”文件中将其定性。2014 年，联合国总部发布《最不发达国家报告》，指出最不发达国家 2020 年实现消除极端贫困的目标仍需做出更大的努力。在千年发展目标全面实现的基础上，2015 年召开的联合国峰会又通过了《2030 年可持续发展议程》，提出到 2030 年消除极端贫困、让所有人的生活达到基本标准、优先消除饥饿、实现粮食安全、消除一切形式的营养不良的目标。

中国是最早实现千年发展目标的发展中国家。根据《2015 年联合国千年发展目标》，中国对全球减贫的贡献率超过 70%。中国减贫行动具有重大国际意义。

二、贫困的空间分异

贫困的空间分异指贫困在地域空间上的分布差异，是贫困要素及要素之间相互作用、组合在空间上分布差异的综合表现。

地理学者侧重于从宏观的地域功能和空间结构角度来研究贫困的空间差异。例如，研究发现，美国扩大就业与社会资本投入等减贫政策具有地理空间溢出效应（Crandall and Weber，2004）；越南贫困发生率较高的地区集中在北部山区，而东南沿海发达地区贫困发生率最低（Minot and Baulch，2005）。我国学者也指出，各省份贫困发生具有显著空间依赖特征。例如，张俊良和闫东东（2016）使用龙门山断裂带30个县（市、区）2008～2013年的相关数据，采用空间耦合方法和空间面板计量模型，实证考察不同禀赋条件和地理空间溢出对区域贫困的具体影响。结果发现，自然灾害危险度越高、生态环境越脆弱的区域贫困发生率越高，两者呈现高度的空间耦合，在区域内部形成贫困集聚；同时，财政扶贫支出绩效弱化，城镇化减贫效果异常化，经济发展减贫作用分化，医疗卫生状况改善对扶贫的作用不明显，而公共服务供给和交通状况对扶贫和减贫的作用凸显。刘小鹏等（2017）综合运用多种定量、定性方法，提出特定区域不同自然地理区、不同民族村和同一自然地理区内不同民族村贫困的空间分异动力机制。

在国家解决区域性贫困重大科技需求背景中，针对特定区域自然、经济、人文等多种因素耦合的复杂系统，应建立格局-过程-机制的系统思维，从空间贫困视角，重点回答贫困地理格局与过程等科学问题，对进一步为国家精准扶贫、精准脱贫决策提供科学的地理学理论依据具有重要现实意义，但贫困地理研究尚不系统，贫困空间关系剖析尚缺乏强有力的理论依据。

基于本书对贫困的空间分异界定，空间贫困包括社会、经济和环境地理资本三部分相互作用和组合。本书通过构建理论方法，建立地理资本体系，划分空间贫困地域类型和绘制空间贫困地图，揭示空间贫困及其分异机制，提供贫困地域类型分异的解释框架，为空间贫困状态下的空间发展提供调控方案（工具箱）、调控路径（模式包）和调控策略（对策库）。

第二节　中国农村减贫的时代背景

一、减贫历程和成效

（一）农村改革推进农村减贫(1979～1985年)

我国改革开始于农村经济改革，最重要的战略举措就是实施了家庭联产承包责任制，极大地促进了农村经济快速发展。

改革开放和农村经济的迅速发展，使我国农村贫困人口由1978年的2.5亿人下降到1985年的1.25亿人，下降速度为50%，贫困发生率由30.7%下降到14.8%（表1-1）。这个时期，我国的基尼系数均小于0.28，农民收入相对均衡。

表 1-1　我国 1978 年和 1985 年农村贫困人口和贫困发生率

标准	1978 年			1985 年		
	贫困标准 /[元/(人·a)]	贫困人口 /亿人	贫困发生率/%	贫困标准 /[元/(人·a)]	贫困人口 /亿人	贫困发生率/%
世界银行标准	99	2.6	33	193	0.96	11.9
中国国家标准	100	2.5	30.7	206	1.25	14.8

（二）国定贫困县实施专项扶贫（1986～1993 年）

1984 年，国务院颁布《关于帮助贫困地区尽快改变面貌的通知》，中央划定了 18 个需要重点扶持的贫困地带。1986 年，国务院贫困地区经济开发领导小组（简称“领导小组”）成立，开始了“有组织、有计划、大规模的农村扶贫开发活动”。依据农村人均年收入和县级单位的财政状况，将 1985 年人均纯收入低于 150 元的县和年人均纯收入低于 200 元的少数民族自治县，以及对民主革命时期做出过重大贡献的老区县放宽到 300 元，共 331 个县纳入国家重点扶持贫困县。1993 年，领导小组更名为“国务院扶贫开发领导小组”，其设在农牧渔业部（现农业部）的办公室也更名为“国务院扶贫开发领导小组办公室”（简称“国务院扶贫办”）。

1985 年，全国有 1.25 亿农村人口未解决温饱问题，这些人口主要分布在 18 个贫困地区（表 1-2）。18 个贫困地区主要分布在我国西部和中部，且大部分分布在山脉地带，地域偏远，交通闭塞，教育和医疗设施落后的地方，且大部分位于少数民族聚居地。绝对贫困人口和贫困发生率分别从 1986 年的 1.31 亿人和 15.5%，降到 1993 年的 8066 万人和 8.8%（表 1-3）。

表 1-2　我国 18 个贫困地区的分布

经济地带	贫困地区数/个	贫困地区名称	涉及的省份	贫困县数/个
东部	2	沂蒙山区	鲁	9
		闽西南、闽东北地区	闽、浙、粤	23
中部	7	努鲁儿虎山区	辽、内蒙古、冀	18
		太行山区	晋、冀	23
		吕梁山区	晋	21
		秦岭大巴山区	川、陕、鄂、豫	68
		武陵山区	渝、湘、鄂、黔	40
		大别山区	鄂、豫、皖	2
		井冈山和赣南地区	赣、湘	34

续表

经济地带	贫困地区数/个	贫困地区名称	涉及的省份	贫困县数/个
西部	9	定西干旱地区	甘	27
		西海固地区	宁	8
		陕北地区	陕、甘	27
		西藏地区	藏	—
		滇东南地区	滇	19
		横断山区	滇	13
		九万大山地区	桂、黔	17
		乌蒙山区	川、滇、黔	32
		桂西北地区	桂	29

表 1-3　1986～1993 年我国贫困状况

年份	绝对贫困线/元	绝对贫困人口/万人	贫困发生率/%
1986	213	13 100	15. 5
1987	227	12 200	14. 3
1988	236	9 600	11. 1
1989	259	10 200	11. 6
1990	300（269）	8 500	9. 5
1991	304	9 400	10. 4
1992	320	8 000	8. 8
1993	—	8 066	8. 8

（三）实施八七扶贫攻坚计划（1994～2000 年）

1994 年，国家出台了《国家八七扶贫攻坚计划》。“八七”的含义是：在 20 世纪的最后 7 年，集中力量基本解决全国农村 8000 万贫困人口的温饱问题。根据“四进七出”标准（凡是 1992 年年人均纯收入低于 400 元的县全部纳入国家贫困县扶持范围，凡是高于 700 元的原国定贫困县一律退出），列入“八七扶贫攻坚计划”的国家重点扶持的贫困县共有 592 个，占全国县级单位的 27%，82% 的国定贫困县分布在中西部地区（国务院扶贫开发领导小组，2003）。

这一时期，成为改革开放以来贫困人口下降速度最快的时期之一。以国家贫困线为衡量标准，1993～2000 年贫困人口平均每年减少 12. 23%，相比上一时期（1986～1993 年）6. 69% 的减贫速度，贫困人口下降的速度明显加快，贫困发生率由1994年的7.6%下降到2000年的3.4%（表1-4）。贫困地区基础设施条件显著提升，通电、通电话、通邮、通公路、有安全饮水的村比重分别提高了2.52%、22.79%、4.85%、3.65%和3.22%（表1-5）。贫困地区的社会发展和生存能力发生了巨大变化。学龄儿童失学率由7.43%下降到6.78%；劳动力文盲、半文盲比重下降3.67个百分比；拥有幼儿园村的数量增加了9.5个百分点；有卫生院和敬老院的村的比重分别增加了3.6%和0.7%（表1-6）。

表1-4　我国1994～2000年农村贫困发生率

年份	国家统计局		世界银行	
	贫困发生率/%	贫困人口/百万人	贫困发生率/%	贫困人口/百万人
1994	7.6	70	25.9	237
1995	7.1	65	21.8	200
1996	6.3	58	15	138
1997	5.4	50	13.5	124
1998	4.6	42	11.7	108
1999	3.7	34	11.2	103
2000	3.4	32	11.9	110.7

表1-5　基础设施条件的改善情况　（单位：%）

项目	1997年	2000年	增长率
通电村占总村数的比重	92.85	95.37	2.52
通电话村占总村数的比重	49.43	72.22	22.79
通邮村占总村数的比重	70.76	75.61	4.85
通公路的村占总村数的比重	88.21	91.86	3.65
有安全饮水村占总村数的比重	70.13	73.35	3.22

表1-6　国定贫困县社会发展和生存发展能力的变化　（单位：%）

项目	1997年	2000年
学龄儿童失学率	7.43	6.78
劳动力中文盲、半文盲比重	19.96	16.29
去外地务工的劳动力人数的比重	10.89	11.53
劳动中接受培训的人数占参加劳动者的比重	15.12	9.1
能接受电视节目的村占总村数的比重	91.9	94.9

续表

项目	1997 年	2000 年
有幼儿园的村占总村数的比重	16. 2	25. 7
有小学的村占总村数的比重	90. 2	89. 1
有初中的村占总村数的比重	11. 3	13. 6
有卫生院的村占总村数的比重	19. 2	22. 8
其中：无卫生院有乡村医生	64. 4	69. 7
无卫生院有合格接生员	43. 5	53. 1
有敬老院的村占总村数的比重	3. 7	4. 4
有有线广播的村占总村数的比重	35. 3	41. 8

但贫困地理分布差异更大，更多的集中分布在自然条件恶劣、经济发展较为落后的西部地区。截至2000 年，东部地区的贫困人口比重仅为9%，中部地区贫困人口变化幅度不大，而西部地区贫困人口由51%增加到61%（图1-1），东部、中部、西部农村经济发展存在较大差异，农民人均纯收入水平参差不齐（张磊，2007a）（表1-7）。

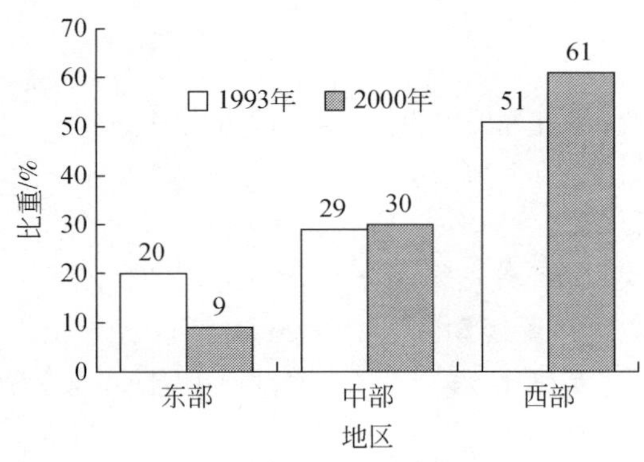

图 1-1　我国贫困人口分布

表 1-7　我国区域间农民收入差距

地区	1990 年		1994 年		2000 年	
	农民人均纯收入/元	东中西差距	农民人均纯收入/元	东中西差距	农民人均纯收入/元	东中西差距
东部	997. 45	1. 77	1918. 27	2. 13	3475. 72	2. 13
中部	654. 88	1. 16	1122	1. 24	2074. 72	1. 27
西部	564. 82	1	902. 27	1	1632. 31	1

（四）实施第一个农村扶贫开发10年纲要（2001～2010年）

到2000年底，除了少数社会保障对象和生活在自然环境恶劣地区的特困人口，以及部分残疾人以外，全国农村贫困人口的温饱问题已经基本解决，《国家八七扶贫攻坚计划》确定的战略目标基本实现。为此，国家颁布了《中国农村扶贫开发纲要（2001—2010年）》，确定了592个贫困县、14.8万个贫困村，重点开展了专项扶贫、行业扶贫、社会扶贫以及国际减贫等。

1. 专项扶贫

10年来，中央和地方各级政府不断调整财政支出结构，逐步加大对扶贫的财政投入，财政投入从2001年的127.5亿元增加到2010年的349.3亿元，年均增长11.9%，10年累计投入2043.8亿元。其中中央财政安排的扶贫资金投入，从100.02亿元增加到222.7亿元，年均增长9.3%，10年累计投入1440.4亿元。财政扶贫资金分配体现了重点倾斜原则，10年累计投向国家扶贫开发工作重点县和各省份自行确定的扶贫开发工作重点县1457.2亿元，占总投入的71.3%，县均投入1.36亿元；10年共在22个省（自治区、直辖市）安排中央财政扶贫资金1356.2亿元，其中西部12个省（自治区、直辖市）877亿元（张磊，2007b）。

2. 行业扶贫

行业扶贫的主要任务是推广农业技术，改善交通条件，加强水利建设，解决无电人口用电问题，开展农村危房改造，开展科技扶贫，发展贫困地区社会事业，加强生态建设等。

2012年10月，农业部率先实施了《关于加强农业行业扶贫工作的指导意见》和《农业行业扶贫开发规划（2011—2020年）》，提出了大力发展特色农牧业等6项重点工作，并明确了11个集中连片特困地区的发展方向和重点。其中，六盘山片区特色农业基地达11个（表1-8）。

表1-8　六盘山片区特色农业基地布局

序号	基地名称	分布县（区）
1	马铃薯生产基地	永寿、长武、安定、通渭、渭源、临洮、漳县、会宁、榆中、庄浪、古浪、东乡、互助、乐都、西吉、原州、海原
2	制种基地	扶风、麟游、安定、通渭、渭源、临夏、庄浪、靖远、景泰、和政、湟中、互助、原州、西吉
3	高原夏菜基地	千阳、陇县、长武、榆中、永登、皋兰、平川、陇西、武山、泾川、庆城、临夏、永靖、靖远、古浪、白银、清水、乐都、循化、原州、西吉、彭阳

续表

序号	基地名称	分布县（区）
4	苹果生产基地	淳化、长武、扶风、永寿、千阳、静宁、泾川、庄浪、崆峒、庆城、西峰、宁县、镇原、合水、正宁、甘谷、秦安、麦积、灵台、民和
5	压砂瓜生产基地	靖远、同心、海原、皋兰、永靖、会宁
6	啤酒大麦生产基地	永登、皋兰、景泰、临洮、通渭、渭源、永靖、广河、临夏
7	酿造葡萄基地	千阳、淳化、麦积、同心
8	干果基地	永寿、陇县、麟游、长武、千阳、永靖、靖远、甘谷、景泰、平川、华亭、武山、清水、麦积、庆城、镇原、乐都、民和、同心、海原、彭阳
9	中药材生产基地	陇县、麟游、永寿、安定、通渭、陇西、渭源、临洮、漳县、岷县、华亭、甘谷、会宁、和政、清水、靖远、康乐、乐都、互助、民和、隆德、彭阳、同心
10	花卉苗木生产基地	扶风、永寿、淳化、榆中、临洮、岷县、麦积、甘谷、泾川、宁县、正宁、庆城、临夏、康乐、永登、湟中、民和、乐都、隆德、泾源、原州
11	畜禽产品基地	陇县、淳化、扶风、永寿、千阳、麟游、临夏、康乐、广河、东乡、靖远、会宁、安定、陇西、临洮、岷县、景泰、白银、崇信、庄浪、静宁、崆峒、张家川、清水、宁县、正宁、古浪、湟源、湟中、化隆、同心、泾源、彭阳

3. 社会扶贫

为加大对革命老区、民族地区、边疆地区、贫困地区发展的扶持力度，国家确定的定点帮扶单位主要包括中央和国家机关各部门各单位、人民团体、参照公务员法管理的事业单位、国有大型骨干企业、国有控股金融机构、各民主党派中央及中华全国工商业联合会、国家重点科研院校等（表1-9～表1-11），定点帮扶对象为国家扶贫开发工作重点县，主要采取干部挂职、基础设施建设、产业化扶贫、劳务培训和输出、文化教育扶贫、科技扶贫、引资扶贫、生态建设扶贫、医疗卫生扶贫、救灾送温暖等多样化措施开展定点帮扶。目前，参与此项工作的单位达到272个，受到帮扶的国家扶贫开发工作重点县达到481个，占国家扶贫开发工作重点县总数的81.25%。2002～2010年，定点帮扶单位派出挂职干部3559人次，直接投入资金（含物资折款）90.9亿元，帮助引进资金339.1亿元，培训各类人员168.4万人次。

表1-9　民主党派中央委员会、中华全国工商业联合会定点扶贫地区

序号	民主党派中央委员会、中华全国工商业联合会	定点扶贫地区
1	中国国民党革命委员会中央委员会	贵州纳雍
2	中国民主同盟中央委员会	河北广宗

续表

序号	民主党派中央委员会、中华全国工商业联合会	定点扶贫地区
3	中国民主建国会中央委员会	河北丰宁
4	中国民主促进会中央委员会	贵州安龙
5	中国农工民主党中央委员会	贵州大方
6	中国致公党中央委员会	重庆酉阳
7	九三学社中央委员会	四川旺苍
8	台湾民主自治同盟中央委员会	贵州赫章
9	中华全国工商业联合会	贵州织金

表 1-10　2001～2010 年东部与西部扶贫协作关系

序号	东部地区	西部地区	序号	东部地区	西部地区
1	北京	内蒙古	7	福建	宁夏
2	天津	甘肃	8	山东	新疆
3	辽宁	青海	9	广东	广西
4	上海	云南	10	珠海、厦门	重庆
5	江苏	陕西	11	大连、宁波、青岛、深圳	贵州
6	浙江	四川			

注：2010 年 6 月，东西扶贫协作结对关系进行了部分调整，其中，山东省帮扶重庆市，福建省厦门市帮扶甘肃省临夏回族自治州，广东省珠海市帮扶四川省凉山彝族自治州。

表 1-11　部分人民团体、社会组织实施的扶贫工程

序号	人民团体、社会组织	扶贫工程
1	共青团中央	大学生志愿服务西部计划暨中国青年志愿者研究生支教团
2	中华全国妇女联合会	母亲水窖、春蕾计划
3	中国残疾人联合会	农村贫困残疾人危房改造项目
4	中国青少年发展基金会	希望工程
5	中国人口福利基金会	幸福工程
6	中国扶贫基金会	小额信贷项目、新长城自强项目、爱心包裹项目
7	中国扶贫开发协会	山西长治治水项目
8	中国光彩事业促进会	光彩扶贫工程

4. 国际减贫

20 世纪 90 年代初期，中国就开始利用外资进行扶贫。外资扶贫作为中国扶贫开发工作的重要组成部分，把国际上一些先进的减贫理念和方法，如参与式扶贫、小额信贷、项目评估和管理、贫困监测评价等，逐步应用于中国扶贫实践中，在创新扶贫开发机制、提高扶贫工作水平、开发扶贫队伍人力资源等方面产生了积极影响。先后与世界银行、联合国开发计划署、亚洲开发银行等国际组织和英国、德国、日本等国家以及国外民间组织在扶贫领域开展了卓有成效的减贫项目合作。据不完全统计，截至2010年，扶贫领域共利用各类外资14亿美元，加上国内配套资金，直接投资总额近200亿元，共实施110个外资扶贫项目，覆盖了中国中西部地区的20个省（自治区、直辖市）300多个县，使近2000万贫困人口受益。

多年来，中国积极参与国际减贫事业，致力于构建国际减贫交流合作平台，与广大发展中国家共享减贫经验，共同发展进步。2004年，中国政府与世界银行在上海共同召开全球扶贫大会，并与联合国开发计划署等国际机构联合成立中国国际扶贫中心。从2007年开始，中国政府和联合国驻华系统在每年10月17日“国际消除贫困日”期间联合组织举办“减贫与发展高层论坛”，探讨国际减贫的形势和问题。中国政府还组织举办了“中国—东盟社会发展与减贫论坛”，推动了中国与东盟地区的减贫合作，加快减贫进程，促进区域的发展、稳定与繁荣。2010年，中国政府与有关国家和国际机构共同举办了“中非减贫与发展会议”，强调通过“在变革中求发展”的方式削减贫穷，推动千年发展目标在非洲的进程。近年来，中国政府共完成了40多项国内外扶贫理论与政策研究，培训了91个发展中国家的720名中高级官员，举办了上百次减贫方面的高层对话会、研讨会、名人论坛和双边互访减贫交流，与墨西哥、阿根廷、秘鲁、委内瑞拉、哥伦比亚、坦桑尼亚、莫桑比克等发展中国家签订减贫合作协议或共建减贫合作中心，在扶贫领域的交流逐步深化。

（五）集中连片特困地区、重点县和贫困村“三位一体”脱贫攻坚(2011~2015年)

为进一步加快贫困地区发展，促进共同富裕，实现到2020年全面建成小康社会奋斗目标，2011年12月颁布了《中国农村扶贫开发纲要（2011—2020年）》。《中国农村扶贫开发纲要（2011—2020年）》指出：“我国扶贫开发已经从以解决温饱为主要任务的阶段转入巩固温饱成果、加快脱贫致富、改善生态环境、提高发展能力、缩小发展差距的新阶段。”

《中国农村扶贫开发纲要（2011—2020年）》划定了六盘山片区、秦巴山片区、武陵山片区、乌蒙山片区、滇桂黔石漠化片区、滇西边境山区片区、大兴安岭南麓山片区、燕山-太行山片区、吕梁山片区、大别山片区、罗霄山片区、西藏片区、四省藏区片区、新疆南疆三地州片区，共14个片区，680个县，作为扶贫攻坚主战场，国家将加大在集中连片特困地区教育、卫生、文化、就业、社会保障等民生方面的支持力度，培育壮大特色优势产业，加快区域性重要基础设施建设步伐，加强生态建设和环境保护，着力解决制约发展的瓶颈问题，促进基本公共服务均等化。

这个时期，还实施了《“十二五”整村推进专项规划》《全国扶贫开发人才发展规划（2011—2020年）》，以及按照“区域发展带动扶贫开发、扶贫开发促进区域发展”的思路，国务院批准实施了14个片区规划等，全面启动了集中连片特困地区扶贫攻坚。

党的十八大以来，国家把扶贫开发摆到治国理政的重要位置，提升到事关全面建成小康社会、实现第一个百年奋斗目标的新高度，纳入“五位一体”总体布局和“四个全面”战略布局进行决策部署。2015年，召开的中央扶贫开发工作会议出台了《中共中央 国务院关于打赢脱贫攻坚战的决定》，中西部22个省（自治区、直辖市）向中央签署脱贫攻坚责任书，形成了省、市、县、乡、村“五级书记”抓扶贫的新局面。贫困地区基本公共服务体系建设加快推进，城乡基本养老保险制度全面建立，全国5000余万人纳入低保保障范围。贫困地区儿童营养改善项目、片区农村学生中等职业教育免学费补助生活费等政策陆续实施。

2011年，投入扶贫开发事业的资金由2010年的222.68亿元增加到272亿元，增幅达到21.25%。2015年，中央财政扶贫资金增加到467.45亿元（图1-2）。各级金融机构发放扶贫小额信贷1200亿元，同比增长20%以上。国家易地扶贫搬迁共安排中央预算内补助投资231亿元，搬迁扶贫群众394万人，带动用于工程建设的中央部门资金和地方投资、群众自筹资金近800亿元。贫困地区共安排中央水利投资2375亿元，占中央水利投资总规模的31.7%。投入到14个集中连片特困地区交通建设的车购税资金超过5500亿元，占全国的50%，除西藏外的西部地区80%建制村通上沥青（水泥）路，全部解决无电人口通电。

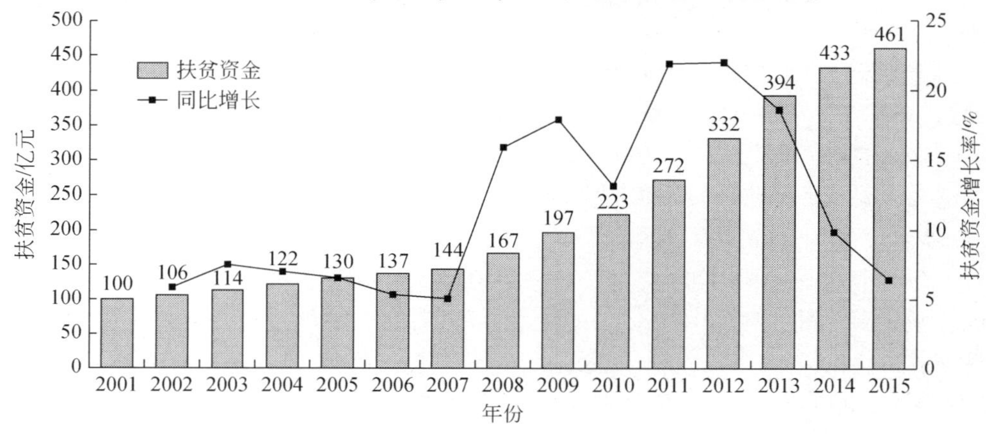

图1-2 中央财政扶贫资金年度

2011 年，在综合考虑经济发展水平、贫困人口解决温饱并适度发展的要求以及政府财力的基础上，将农民人均生活水平 2300 元（2010 年不变价）作为新的扶贫标准，新的贫困标准比 2008 年的标准提高了 92.3%。根据全国住户收支调查数据实证验算，在已有基本住房的情况下，人均生活水平等于每年 2800 元的贫困标准户的实际恩格尔系数为 53.5%，人均每天食品消费支出为 4.1 元。从当年物价水平看，在农村地区人均每天大约消费 0.5kg 米面、0.5kg 菜、0.05kg 肉。在食品消费以外的基本生活需求得到较好满足。其中，居住在竹草土坯房中的比例为 5.6%，93.3% 的贫困户人均住房面积超过 $15m^2$，96% 的贫困户有彩电，95.9% 的贫困户有手机或电话，7 ~ 15 岁儿童在校率超过 99%，青年中受教育程度在初中以上的人口比重为 93.9%，参加新农合和医疗保险的人口比重为 98.1%。2011 年 ~2015 年，随着消费价格指数等相关因素的变化，国家统计局逐年更新的国家贫困标准分别为 2536 元、2625 元、2736 元、2800 元和 2855 元，相应地，贫困人口数量分别降到 12 238 万人、9899 万人、8249 万人、7017 万人和 5575 万人。

自 1991 年开始，世界银行根据全球最贫穷国家的贫困线，制定了以美元表示的国际贫困线，用于监测全球的极端贫困状况，并根据“购买力平价转换系数”进行更新。世界银行 1991 年制定了第一个国际贫困线（1.01 美元），并于 2015 年用 2011 年购买力平价，对制定 1.25 美元标准时的 15 个国家的贫困线的平均数重新计算，得到每人每天 1.89 美元的国际贫困线。世界银行采用购买力平价计算的人民币兑美元的换算系数近年大体保持在 1∶（3.5 ~ 3.6）。按此换算系数，我国 2014 年按现价计算的贫困标准为 2800 元/(人·a)，折合为 777.78 ~ 800 美元，每人每天为 2.13 ~ 2.19 美元。因此，我国的农村贫困线高于世界银行的贫困标准。

总体来看，我国农村扶贫开发自改革开放以来取得了巨大成就。1978 ~ 2015 年，农村贫困人口减少 7.15 亿人，贫困人口年均减少 2647 万人，贫困发生率下降 91.8 个百分点（图 1-3）。2000 年以来，中国农村贫困人口下降速度显著加快。2000 年，农村贫困发生率为 49.8%，贫困人口规模为 4.62 亿人。2000 ~ 2015 年，农村贫困人口共减少 40 649 万人，年均减贫人口规模为 2709 万人，贫困发生率下降 44.1 个百分点（张琦和冯丹萌，2016）。

目前，我国扶贫攻坚进入脱贫与返贫的反复期，扶贫脱贫难度大，形成了脱贫与返贫现象往复发生，慢性贫困与暂时性贫困并存，暂时性贫困占主导，绝对贫困退居其次的贫困格局，消除贫困依然是未来我国农村发展的重要内容之一。根据当前我国社会贫困特征和形势变化，面对国际国内新时期新形势，根据党的十八大和十八届三中、四中、五中、六中全会精神，国家又先后颁布了《关于创新机制扎实推进农村扶贫开发工作的意见》（中办发〔2013〕25 号）《中共中央国务院关于打赢脱贫攻坚战的决定》（中发〔2015〕34 号）等意见和决定，对我国扶贫开发做出了新的重大战略部署。

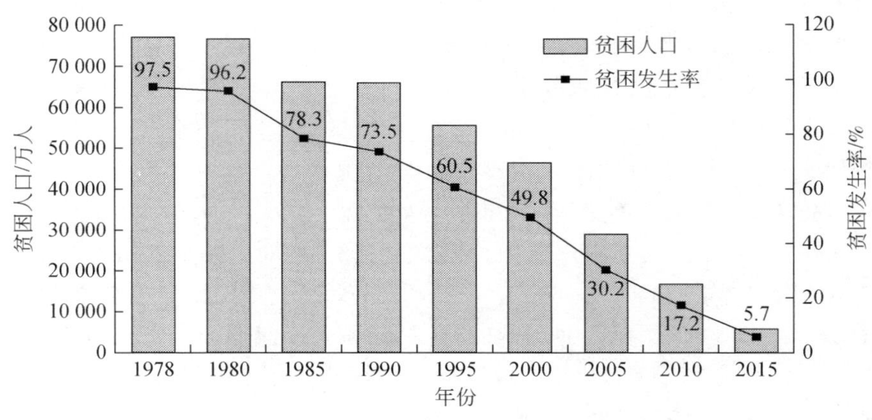

图 1-3　我国贫困人口和贫困发生率变化

二、贫困的空间特征

（一）基本情况

依据《中国农村扶贫开发纲要（2011—2020 年）》“全国统筹、区划完整、集中连片、突出重点”的原则，以县域人均 GDP、县域人均财政一般预算收入和农民人均纯收入为划分标准，将六盘山片区、秦巴山片区、武陵山片区、乌蒙山片区、滇黔桂石漠化片区、滇西边境山区片区、大兴安岭南麓山片区、燕山–太行山片区、吕梁山片区、大别山片区、罗霄山片区、新疆南疆三地州片区、四省藏区片区和西藏片区 14 个片区（共 680 个县），作为新阶段扶贫攻坚的主战场。2010 年，除新疆南疆三地州片区、四省藏区片区和西藏片区，其他 11 个片区人均 GDP 为 10 774 元，仅相当于全国平均水平的1/3，农民人均纯收入为 3609 元，仅相当于全国平均水平的 1/2（表 1-12）。

表 1-12　我国 11 个集中连片特困地区基本情况

片区指标	六盘山片区	秦巴山片区	武陵山片区	乌蒙山片区	滇黔桂石漠化片区	滇西边境山区片区	大兴安岭南麓山片区	燕山–太行山片区	吕梁山片区	大别山片区	罗霄山片区
总面积/万 km^2	16.6	22.5	17.18	10.7	22.8	20.9	14.5	9.3	3.6	6.7	5.3
总人口/万人	2356.1	3765	3645	2292	3427.2	1751.1	833.3	1097.5	402.8	3657.3	1170.1
乡村人口/万人	1968.1	3051.5	2792	2005.1	2928.8	1499.4	563.4	917.6	340.4	3128	947.6

续表

片区指标	六盘山片区	秦巴山片区	武陵山片区	乌蒙山片区	滇黔桂石漠化片区	滇西边境山区片区	大兴安岭南麓山片区	燕山-太行山片区	吕梁山片区	大别山片区	罗霄山片区
跨省份数/个	4	6	4	3	3	1	3	3	2	3	2
县市数量/个	69	80	71	38	91	61	22	33	20	36	24
国家级贫困县/个	49	72	42	32	67	45	13	25	20	29	16

（二）空间分布特征

1. 自然地理特征

我国11个集中连片特困地区在西部有6个、中部有4个、东部有1个，且大多数介于不同地貌类型过渡地带和结合部地区（表1-13）。其中，六盘山和吕梁山片区分别处于黄土高原中西部与青藏高原过渡地带和黄土高原中东部；秦巴山和大别山片区分布于南北方分界带；燕山-太行山片区地处内蒙古高原和黄土高原向华北平原过渡地带；大兴安岭南麓地处大兴安岭中段和相连的松嫩平原西北部；滇桂黔石漠化片区、乌蒙山片区和滇西边境山区片区都是喀斯特地貌发育典型的地区；武陵山和罗霄山片区分布于南部山地丘陵地带。

表1-13　我国11个集中连片特困地区自然地理特征

集中连片特困地区	跨省份	跨地带
六盘山片区	陕、甘、宁、青	黄土高原与青藏高原过渡地带
秦巴山片区	鄂、豫、渝、川、陕、甘	青藏高原、黄土高原与四川盆地
武陵山片区	鄂、湘、渝、黔	第二台阶与第三台阶的过渡地带
乌蒙山片区	川、黔、滇	云贵高原与四川盆地结合部
滇桂黔石漠化片区	滇、桂、黔	云贵高原与广西盆地过渡带
滇西边境山区片区	滇	横断山区和滇南山间盆地
大兴安岭南麓山片区	内蒙古、吉、黑	大兴安岭与松嫩平原过渡带
燕山-太行山片区	冀、晋、内蒙古	内蒙古/黄土高原向华北平原过渡地带
吕梁山片区	晋、陕	黄土高原与毛乌素沙地过渡地带
大别山片区	鄂、豫、皖	中国气温、降雨南北地理分界线
罗霄山片区	鄂、赣	罗霄山脉、南岭山脉与武夷山结合部

2. 地理边缘特征

我国11个集中连片特困地区均分布在主要城市群或省会城市边缘，但随着距离衰减，城市群或省会城市对集中连片特困地区的辐射带动作用显著减弱，同时城市群或省会城市对集中连片特困地区的人才、资金、劳动力等形成空间剥夺，最终形成类“循环积累因果”格局。该类型区域的人均生产总值、农村人均纯收入、城乡居民储蓄和人均储蓄额等均低于所属省域或城市群。中国省道以上平均公路网络密度约为5.93 $km/100\ km^2$，而14个片区的平均值为2.88 $km/100\ km^2$（王武林等，2015）。仅从土地资源、生态环境和基础设施3个方面，就可将11个集中连片特困地区划分为多因素制约型（H–H–L）、生态环境制约型（L–H–H）、资源约束型（H–L–H）、资源和交通约束型（H–L–L）、生态环境和交通制约型（L–H–L）及资源和生态环境制约型（H–H–H）6种（王宝等，2016）（表1-14）。

表1-14　我国11个集中连片特困地区主要发展指标

集中连片特困区	人均生产总值/元	农村人均纯收入/元	预算内人均财政收入/元	城乡居民储蓄/亿元	人均储蓄额/元	人均耕地/亩[①]（2010年）	公路网络密度/($km/100\ km^2$)	森林覆盖率/%	建制村通畅率/%	水土流失重点治理区/%
六盘山片区	8 323	3 255	255	1 325	6 234	2.58	5.41	18.8	43.7	76.03
秦巴山片区	10 354	3 978	437	2 798	7 868	1.06	5.88	53	48.4	75.83
武陵山片区	9 032	3 499	450	2 231	6 525	0.77	5.58	53	61.7	30.92
乌蒙山片区	7 220	3 248	467	905.7	3 960	0.77	4.52	38.1	24.2	93.27
滇桂黔石漠化片区	8 231	3 481	471	1 349.6	4 598	1.13	4.57	47.7	30.8	30.29
滇西边境山区片区	9 156	3 306	573	918.7	6 040	1.28	3.10	54.6	18.6	17.73
大兴安岭南麓山片区	1 154	3 909	396	369.2	5 224	7.12	3.11	15.7	76.8	51.5
燕山–太行山片区	11 924	3 408	487	1 187	10 815	1.27	7.32	24.7	92.6	30.69
吕梁山片区	9 861	3 341	365	254	6 306	1.5	6.88	18.5	70.6	100
大别山片区	9 016	4 276	280	2 193.8	5 998	1.18	9.74	31.9	99.3	0
罗霄山片区	10 031	3 175	604	939.3	8 497	0.67	7.49	72	87.1	45.78

第三节　研究框架与构成

一、研究方案

（一）空间分层抽样

根据集中连片特困地区自然地理分区和地理空间结构以及研究区民族构成，

① 1亩≈666.7m^2。

采用地理信息系统（GIS）支持下的空间分层抽样方法，进行探索性的空间数据分析（ESDA），深入挖掘数据之间的空间关联关系以及揭示隐含在样本数据库中的空间关联结构模式，在此基础上生成空间聚类分布图，通过分布图动态获取抽样框，进而进行样本容量的分配，并最终抽取样本。具体是利用 GIS 技术，采用空间数据分析方法，提出基于空间的/动态抽样框编制技术形成的一套基于 GIS 的空间贫困抽样设计流程（图 1-4）。

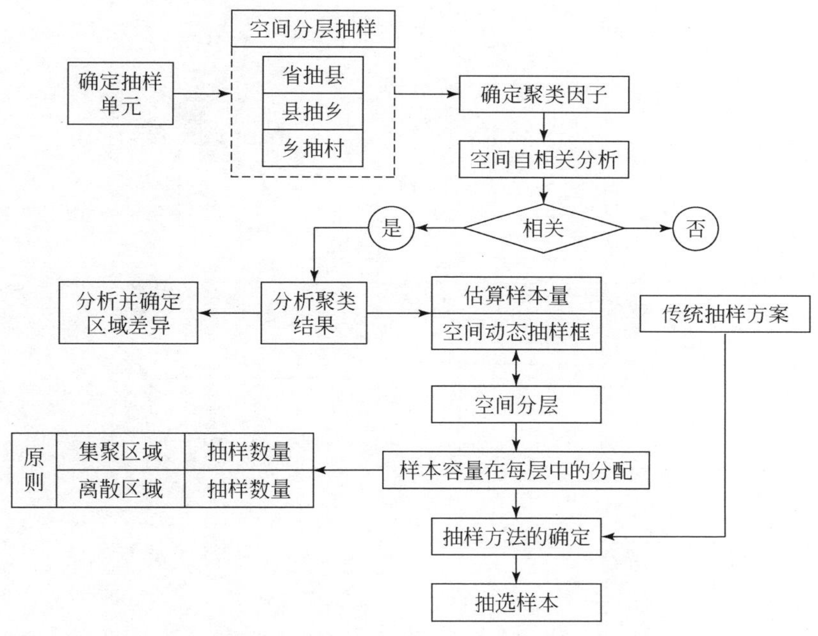

图 1-4　GIS 空间分层抽样设计流程

（二）研究主线

按照格局—过程—机制的系统思维，在空间抽样的基础上，以“机理分析—要素提取—风险识别—类型表征—差别调控”为研究主线，系统研究区域贫困分异与调控机制问题（图 1-5），揭示区域贫困时空演进规律和地域特征，定量刻画区域贫困形成机制，归纳提炼区域贫困理论方法体系和调控实践体系。

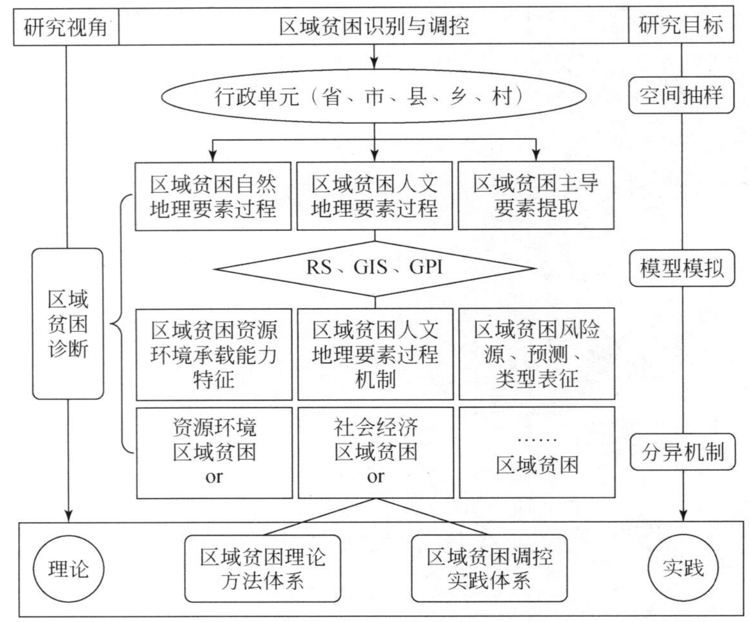

图 1-5　总体方案

GPI，geographical poverty index，地理贫困指数。

二、研究技术路线

提出区域贫困的地方形成机制问题，形成初步理论构思，完成研究设计和研究计划。进一步实施研究方案，重点开展理论学习和文献学习、数据获取和处理、研究方法熟练、运用和研究分析。在此基础上，形成研究结论，评价研究结果，形成新的理论框架体系和实践启示。具体技术路线如图 1-6 所示。

三、研究的主要内容

（一）研究对象

经初步调查和统计分析，目前宁夏六盘山片区贫困人群分布于所有乡镇和行政村。根据研究深度、精度、经费和推断归纳价值来看，开展所有乡镇和行政村区域贫困研究不现实，也没必要。根据《中国农村扶贫开发纲要（2011—2020

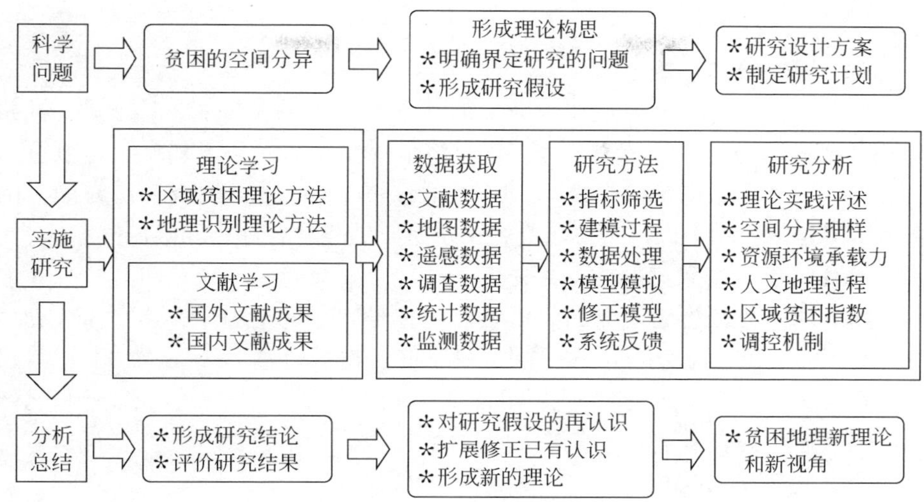

图 1-6　研究技术路线

年)》提出的整村推进、整乡推进和连片开发的政策部署，本书以国家划定的宁夏六盘山片区同心县、原州区、西吉县、彭阳县、隆德县、泾源县和海原县 7 个县（区），90 个乡（镇）为研究范围（表 1-15），以农民人均纯收入低于 2300 元（国标）的重点贫困村为基本单元，进一步确定样本量开展推断和归纳研究。

表 1-15　宁夏六盘山片区农村贫困人口分布情况

县（区）	乡/个	镇/个	村委会/个	农村户籍人口数/人	国标(2 300 元)以下/人	贫困发生率/%
同心县	4	7	194	307 787	116 273	37. 8
原州区	5	6	194	319 046	122 385	38. 4
西吉县	16	3	306	457 331	190 169	41. 6
隆德县	10	3	119	153 586	54 663	35. 6
泾源县	4	3	110	113 410	40 956	36. 1
彭阳县	9	3	156	230 178	87 043	37. 8
海原县	12	5	166	421 445	174 110	41. 3
合计	60	30	1 245	2 002 783	785 599	39. 2

（二）地理资本分析与构成

1. 样本量的计算和确定

由于宁夏贫困地区客观存在少数民族贫困村、汉族贫困村和多民族贫困村（其他少数民族很少，可忽略不计），且经济情况多样、发展不均衡、地域宽广，造成研究问题存在复杂性和差异性，所需样本量较大。考虑调查和研究的目的、性质和精度要求，本书以定量分析为主，定量定性相结合计算和确定样本量。

2. 样本贫困影响因素的相关性分析

一般来说，考虑数据获取的农村贫困导向原则、自然社会经济全面性原则等，将贫困机制因素细分为自然、社会和经济 3 类。通过 Pearson 相关分析，检验区域农村贫困因子对区域扶贫压力的影响程度。其中，负相关表示该因素导致区域贫困，正相关表示该因素缓解区域贫困。

3. 样本地理资本构成

为了更好地剖析空间贫困陷阱问题，根据 Pearson 相关分析，将地理资本细分为自然地理资本、社会地理资本和经济地理资本，通过微观数据的回归分析，并使之与区域贫困因子和类别相对应。

通过对上述微观数据的回归分析，判断自然地理资本、社会地理资本和经济地理资本对农村及其家庭的生产生活的影响，确定 SPT，为下文开展空间贫困模拟、判断 SPT 大小及贫困空间分异提供依据。

（三）空间贫困模拟分析

依据地理资本构成与分析结果，提出 NGCI、SGCI 和 EGCI 三个指数，并在 MATLAB7 环境下，运用 GIS 与 BP-ANN 神经网络模拟空间贫困水平及其分异。

1. 自然地理资本指数模拟

以构成自然地理资本指数（natural geographic capital index，NGCI）的因子为输入神经元，输出神经元为 NGCI，构建 BP-ANN 神经网络模型。采用非等距的自然断点法进行等级划分，在每个等级之间进行 Spline 线性内插以扩大样本，并线性设定影响等级，构建人工神经网络的训练数据。

2. 社会地理资本指数模拟

以构成社会地理资本指数（social geographic capital index，SGCI）的因子为输入神经元，输出神经元为 SGCI，构建 BP-ANN 神经网络模型。其他同上。

3. 经济地理资本指数模拟

以构成经济地理资本指数（economic geographic capital index，EGCI）的因子为输入神经元，输出神经元为 EGCI，构建 BP-ANN 神经网络模型。其他同上。

(四) 区域贫困分异机制分析

将地理资本和地理资本指数与贫困地域类型有机联系，提供区域贫困分异机制的解释框架。

1. 地理贫困指数

在系统研究 NGCI、SGCI 和 EGCI 的空间分异机制基础上，提出全面表征区域贫困程度的区域扶贫压力指数——地理贫困指数，即 GPI = PAI+II。其中，PAI（消贫地理资本指数）为正，II（致贫地理资本指数）为负。显然，GPI 越大，区域贫困程度越小；GPI 越小，区域贫困程度越大。

2. 区域贫困类型及 GPI 地图

根据地理贫困指数，选用分层聚类法（hierarchical cluster），离差平方和法（ward's method）计算类与类之间的距离，并画出树状聚类图。根据树状聚类图，反复实验，划分出区域贫困地域类型。进一步绘制 GPI 地图，反映区域贫困格局，从而客观表征区域贫困陷阱及其分异机制，提供贫困地域类型分异机制的解释框架和应对措施（对策库）。

基于上述思路，将全书分为八章。第一章为绪论，主要阐述研究动因、研究思路和方法、分析框架和研究内容。第二章主要介绍区域贫困相关研究进展。第三章主要阐述区域贫困研究的理论基础，包括发展地理学、贫困地理学、地理边缘和绿色减贫等理论。第四章主要构建区域贫困识别的指标体系。第五章集中研究区域贫困识别的基本程序，即自然地理区域划分、样本选择和数据来源和处理等步骤。第六章分析区域贫困的自然-社会-经济地域系统，为实证研究提供基础背景认识。第七章重点阐述区域贫困地理资本特征，包括地理资本的贡献问题、地理资本指数时空变化，进一步构建综合反映区域贫困的地理贫困指数，并探讨地理贫困指数时空分异机制。第八章提出区域贫困格局优化的基本原则、战略行动计划和供需匹配模式，进一步通过案例分析提出有针对性的减贫路径。

第二章 贫困地理相关研究进展

第一节 贫困地域类型及其要素交互作用

一、贫困的地域类型

贫困的地理空间分布研究重点是开展贫困地域类型识别。Kam 等（2005）研究孟加拉国农村贫困空间类型时指出，贫困高发生率伴随着生态环境恶化（生态环境制约型），收入增长与教育服务可以有效消减地区贫困（公共服务改善型）。Rupasingha 和 Goetz（2007）指出空间因素与经济基础、收入差异及地方竞争、福利支出等因素共同决定了美国县域贫困的发生（多要素交互型）。20 世纪80 年代中后期，国家计划委员会（现国家发展和改革委员会）、国务院贫困地区经济开发领导小组（现名为“国务院扶贫开发领导小组”）组织编制了到 2000 年贫困地区脱贫致富长期发展的规划。作为规划前期一项基础性工作，由中国科学院 国家计委地理研究所贫困地区开发研究组承担了“中国贫困地区类型划分与开发研究”课题。这是由地理学家主持完成的我国首个贫困研究解决方案（姜德华，1989）。该研究将我国贫困地区划分为黄土高原贫困类型、东西部平原与山区接壤带贫困类型、西南喀斯特山区贫困类型、东部丘陵山区贫困类型、青藏高原贫困类型和蒙新干旱贫困类型六大类共 21 个区，并对各类地区的特点、问题和发展方向进行了分析，对之后国家制定扶贫开发规划和政策起到了重大支撑作用。1994 年，“联合国社会发展问题世界首脑会议”北京社会发展国际研讨会召开，郭来喜等与会并根据《国家八七扶贫攻坚计划》将全国 592 个重点扶持贫困县划分成中部山地高原环境脆弱贫困带、西部沙漠高寒山区环境恶劣贫困带和东部平原山丘环境危急及革命根据地孤岛型贫困带三大贫困地区环境类型。近 20 年来，针对省域或更小地理单元的贫困地域类型划分研究多有报道。随着国家精准脱贫和全面建成小康社会战略的实施，精准识别贫困地域类型显得尤为重要。冯彦（2001）在研究滇西北“大河流域”区贫困问题时总结出了经济贫困型、粮食或耕地贫困型、能源缺乏贫困型、水资源利用缺乏贫困型和失去生存条件贫困型五大贫困类型。刘艳华和徐勇（2015）运用地理学的方法和技术手段，以脆弱性-可持续生计分析框架作为理论基础，通过理论方法推演、内容比对和指标筛选、验证，将全国贫困县划分为金融资本缺乏型、人力资本缺乏型、基础建设缺乏型、金融基建兼缺型、人力基建兼缺型、生计途径缺乏型、生存条件缺乏型和发展条件缺乏型8种类型。刘彦随和李进涛（2017）运用地理探测器识别农村贫困地域分异类型包括自然环境约束型、资源丰度约束型、交通区位约束型、经济区位约束型四大类型。刘小鹏等（2017）进一步从空间贫困视角探讨县域不同自然地理区、不同民族村、同一自然地理区内不同民族村的贫困地域分异，提高了贫困人口区域识别的精准度。

《中国农村扶贫开发纲要（2011—2020年）》指出："把连片特困地区作为主战场，……，努力推动贫困地区经济社会更好更快发展。"《中共中央 国务院关于打赢脱贫攻坚战的决定》（2015年）进一步提出："坚持精准帮扶与集中连片特殊困难地区开发紧密结合，……，解决区域性整体贫困"。这里的集中连片特殊困难地区是指六盘山片区、秦巴山片区、武陵山片区、乌蒙山片区、滇黔桂石漠化片区、滇西边境山区片区、大兴安岭南麓山片区、燕山-太行山片区、吕梁山片区、大别山片区、罗霄山片区、新疆南疆三地州片区、四省藏区片区和西藏片区14个片区。除新疆南疆三地州片区、四省藏区片区和西藏片区3个片区，其他11个片区共涉及19个省（自治区、直辖市）的505个县，面积达143.3万km^2，人口为2.28亿人，其中农村人口为1.96亿人。集中连片特困地区主要分布在国界、省界、地貌类型过渡地带，及远离区域中心城市及城市群，集中分布在中西部地区，且集中连片特困地区与国家扶贫重点县高度重合。

从国内外研究来看，集中连片特困地区是指某地理单元内部或相邻若干地理单元间生态脆弱民族集聚区域性贫困耦合地带，具有显著的地理边缘特征。从国家层面看，集中连片特困地区贫困属于国家内部各地区之间发展严重不均衡问题。美国、日本等发达国家在解决各自集中连片特困地区贫困问题中都积累了可借鉴经验（何芬和赵燕霞，2015）。我国地理学家自20世纪80年代末以来开展了丰富的贫困地理研究探索（丁建军，2014；王宝等，2016；袁媛和许学强，2008；刘艳华和徐勇，2015；王艳慧等，2013；袁媛等，2014；潘竟虎和胡艳兴，2016；何芬和赵燕霞，2015；姜德华，1989；刘小鹏等，2014a），但21世纪以来，集中连片特困地区研究才成为关注的焦点（丁建军，2014；王宝等，2016；姜德华，1989；刘小鹏等，2014a），其研究视角包括集中连片特困地区贫困程度比较与空间贫困特征（丁建军，2014；王宝等，2016；周侃和王传胜，2016）、评价指标体系构建（刘小鹏等，2014b）、时空格局与差别化脱贫政策（周侃和王传胜，2016）、综合开发评价（魏海等，2014）、扶贫行为与作用机制（郑瑞强等，2012）、交通等基础设施建设（王武林等，2015），以及生态补偿（许丽丽等，2016）等。这个时期，吉首大学编著了首部集中连片特困地区蓝皮书《中国连片特困区发展报告（2013）》，初步搭建了集中连片特困地区研究联盟。

集中连片特困地区具有特殊的生态位和发展位，贫困问题严重，是一个特殊的、复杂的巨系统。从地理综合研究出发，建立格局–过程–机制的系统思维，把集中连片特困地区作为一种特殊的地理边缘区科学回答其贫困格局与过程及其调控，为决策提供新的理论视角和科学依据，补充和完善贫困地理学理论体系，是学术界亟待攻关的重要科学问题。目前，集中连片特困地区研究方法涉及定性、定量以及定性定量结合，特别是遥感、GIS 等技术方法得到了广泛应用，获得了良好的效果（表 2-1）。

表 2-1　集中连片特困地区研究的主要方法

主要内容	主要方法	部分代表作者
贫困程度比较与空间特征	综合发展指数、GIS 空间分析方法等	丁建军、王宝等
评价指标体系构建	统计方法、遥感监测和科学计算等	丁建军、刘小鹏等
时空格局与差别化脱贫政策	统计分析、综合模型法等	周侃等、许丽丽等
综合开发评价	GRNN 模型与邻域计算等	魏海等
扶贫行为与作用机制	定性分析等	郑瑞强等
交通等基础设施建设	综合模型模拟等	王武林等

总体来看，目前我国农村贫困人口主要分布在中西部地区的深山区、石山区、荒漠区、高寒山区、黄土高原区、地方病高发区以及水库库区等基础设施缺乏、社会服务落后、地理位置相对偏远、交通通信落后、远离社会经济活动中心和少数民族集中聚居区。

二、贫困的地理要素交互作用

贫困是各种地理要素交互作用的结果。赵跃龙和刘燕华（1996）较早研究指出，脆弱生态环境与贫困之间有一定的相关性，但相关性的大小因不同地区的不同工业（包括农村工业）水平、经济发展水平、不同工农业比重和不同地理区位及交通条件而不同。安树伟在研究秦巴山片区贫困与反贫困问题时发现，开发历史比较晚、交通不便、粮食生产条件差、人口素质低下、发展资金严重缺乏、政府行为偏差等是造成当地贫困的主要原因。而滇西北“大河流域”区由于长期封闭、自然条件恶劣等多因素综合作用，造成区内贫困问题突出（冯彦，2001）。结合区域经济不平衡发展理论发现，黄土高原地区内部较强的极化效应，导致有些地区生产要素相对贫乏，经济条件落后。位于中国西北的陕甘宁接壤区更是由于历史原因、自然条件以及社会经济条件的制约，经济发展长期处于落后状态，是西部最为贫困的地区之一。同时学者探讨了不同地理区域灾害与贫困耦合关系、耕地资源禀赋与贫困之间的相关性、贫困与生态环境相互关系（祁新华等，2008）、生态资产与经济贫困的耦合关系（曹诗颂等，2015）、贫困与旅游资源空间关联等问题。

随着反贫困理念的转变，从绿色发展视角，围绕“贫困恶性循环”困境（殷洁和张京祥，2008），采用贫穷增长曲线方法，分析贫困与地理要素的交互作用成为学者关注的热点，在此过程中提出多因素减贫效应的分解方法，从而设计出可持续发展途径。

第二节　贫困地理识别指标和减贫模式

一、贫困地理识别指标构建和方法

地理综合研究注重涵盖经济、社会和环境在内的多维贫困地理指标构建（刘小鹏等，2014b）。许月卿等（2006）基于 GIS 和人工神经网络，土壤侵蚀模数、坡度、海拔、公路密度、粮食单产、裸岩面积比例、人均水田、人均旱地等与贫困化相关的主要因子，分别与人均农业产值进行相关分析，研究结果表明，地形、土壤侵蚀等自然要素是主要的致贫因子，而社会经济要素是缓解贫困的因子。曾永明和张果（2011）构建了由海拔等 20 个指标构成的区域农村贫困测度指标体系，并运用 GIS 与 BP 神经网络模拟了区域自然致贫指数、社会致贫指数和经济消贫指数的空间分布格局。王艳慧等（2013）在系统设计多维贫困识别指标体系及多维贫困测算算法流程的基础上，构建了基于“双临界值”的“维度加总/分解”算法，进行了“县级-村级”的贫困人口多维贫困量算和分析，并借助 Kriging 法对村级多维贫困测算结果进行空间插值处理，系统分析研究了多维贫困状况空间分布格局。丁建军（2014）基于“发展”与“贫困”之间的对应关系，通过构建涵盖经济、社会和生态 3 个维度的 24 项指标的综合发展指标体系，测算和比较分析了 11 个集中连片特困地区的贫困程度。刘艳华和徐勇（2015）借鉴国际上关于脆弱性-可持续生计框架模型在贫困研究中的学术思想，通过建立农村多维贫困测度指标体系和地理识别方法。陈烨烽等基于“十二五”期间全国贫困村“整村推进”项目村数据，建立了包括自然、生态环境、经济、社会保障等指标在内的行政村多维贫困评价指标体系候选集，构建了村级多维贫困综合测度模型，并利用加权核密度模型、空间自相关方法等，从不同尺度、不同视角系统测度并分析了研究区贫困村的相对贫困特征。刘彦随和李进涛（2017）选取了贫困发生率等8个指标，运用地理探测器、多元线性回归等模型方法，诊断出县域农村贫困化分异的主导因素。上述研究都是基于具体实证分析构建指标体系。刘小鹏等（2014b）从理论研究角度，构建了包括经济、社会、环境和政策4个维度，收入和消费、市场连通性、人口状况、学有所教、病有所医、老有所养、住有所居、劳有所得、地貌要素、自然灾害、生态安全、农业生态、粮食安全和政策的实效性共13个指标组，27个原始指标或生成指标构成的集中连片特殊困难地区村域空间贫困测度指标体系，并通过统计方法、遥感监测和科学计算等获取和处理数据。

贫困地理研究的方法正经历了从定性到定量、定性与定量相结合的发展过程。目前，基于GIS空间分析的地理模拟等新技术、新方法得到了广泛应用（图2-1）。

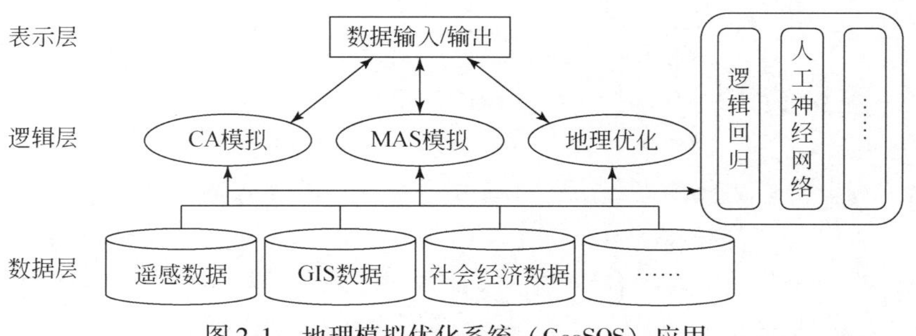

图2-1　地理模拟优化系统（GeoSOS）应用

二、减贫地域模式和对策

贫困地理研究的根本目的是为决策提供减贫策略和政策建议。曹明明本着空间协调性、时序协调性、要素协调性等原则，提出西部贫困地区实现可持续发展的模式包括资源开发模式、生态优化模式、城市先导模式、高新技术产业化驱动模式、旅游先导模式等。董锁成等通过对黄土高原丘陵沟壑区定西地区生态脆弱与贫困的双重矛盾的分析，提出了以小流域为单元的生态环境综合治理与开发、“121集雨灌溉工程”、因地制宜分类指导的扶贫开发模式，以及旱作农业产业化开发等多种生态经济型反贫困模式。刘益等探讨了传统旅游开发模式和社区旅游开发模式等旅游扶贫开发模式，提出了旅游扶贫开发的操作流程。隋文娟等基于相对贫困视角提出了经济增长的三种模式，即减贫增长（pro-poor growth）、涓滴增长（trickle down growth）、贫困化增长（immiserizing growth）。刘彦随和李进涛（2017）根据自然环境约束型、资源丰度约束型、交通区位约束型、经济区位约束型四大贫困地域类型，提出了异地搬迁扶贫模式、生态补偿扶贫模式、特色农业扶贫模式、土地整治配置模式、技能教育扶贫模式、劳务输出扶贫模式、交通道路建设扶贫模式、特色产品电商扶贫模式、异地搬迁扶贫模式、综合设施搭建扶贫模式、山地综合整治模式、休闲旅游扶贫模式12种减贫模式，并根据不同的贫困地域类型和减贫模式提出了有针对性的减贫政策措施（表2-2）。

表2-2　不同贫困化地域类型的扶贫措施与模式

农村贫困化地域类型	主要特征	政策措施	扶贫模式
自然环境约束型	地形高低起伏，沟壑纵横，降水、气候条件较差	加强交通等基础设施建设，输出农村剩余劳动力，发展特色产业，保护生态等	异地搬迁扶贫模式 生态补偿扶贫模式 特色农业扶贫模式
资源丰度约束型	耕地、淡水资源匮乏，存在剩余劳动力	加强水利等农业基础设施建设，优化土地配置，提高土地质量；进行劳动技能培训学习，发展新型产业；输出农村剩余劳动力，提供就业机会等	土地整治配置模式 技能教育扶贫模式 劳务输出扶贫模式
交通区位约束型	道路交通设施不完善，基建条件较差	加强交通设施建设，发展特色产品，引进外资，搭建农业经济发展平台；寻求销售市场，推广电商发展等	交通道路建设扶贫 特色产业电商扶贫 异地搬迁扶贫模式
经济区位约束型	距离县城中心或中心城镇较远，基础和公共服务设施不完善	加强基础设施建设，完善公共服务设施，发展特色农业、生态文化旅游产业等	综合设施搭建扶贫 山地综合整治模式 休闲旅游扶贫模式

第三节　空间贫困研究及其启示

一、空间贫困的缘起

贫困问题是一个集多学科综合研究的交叉领域，是世界各国家和地区共同面临和需要解决的重大课题。20世纪50年代早期的空间经济学（spatial economics），及之后的新经济地理学（new economic geography），重视研究贫困与地理环境的关系，并认为经济落后和贫困与地理环境紧密相关（陈全功和程蹊，2011），成为空间贫困理论雏形。20世纪六七十年代以来，随着经济全球化、社会转型、气候变化等的影响，贫困问题逐渐复杂化，贫困问题研究也已从单要素分析发展到了以地域为基础的研究方法（area- based approach）的综合贫困（multiple deprivation）研究，这也为贫困地理（geography of poverty）的发展做出了积极贡献（袁媛和许学强，2008）。20 世纪 90 年代中期，世界银行开始关注全球贫困的空间分布和分异规律，最为著名的是该行专家 Jalan 和 Ravallion（1997）通过对贫困的空间聚集（spatial poverty concentrations，or spatial clustering）的研究指出，地理资本（geographic capital）的缺乏或不足，形成了空间贫困陷阱（spatial poverty traps），也就是说，由一系列地理因素合成的地理资本影响着农户收入和减贫效果。此后，空间贫困（spatial poverty）研究逐渐延伸到城市贫困问题研究。空间贫困的理论实践，将世界贫困地理研究推向了新的高度。

二、空间贫困的概念内涵

早期的贫困研究主要关注由于收入引起的贫困现象本身，即贫困是收入水平不高、消费能力不足、食物缺乏等不能维持基本生活需求的一种状况（何仁伟等，2013）。随着对贫困问题属性的剖析和理解，Sen（1983）研究指出，贫困不仅仅是收入低下，更是指对人类基本能力和权利的剥夺。Pacione（2003）认为，贫困是由综合因素所致，即综合贫困是指个人、家庭或群体所在社区处于缺乏食物、衣物、住房条件差、缺乏教育、就业机会、社会服务和参与等综合不利状况。综合贫困注重从经济和社会两个维度判识贫困。综合贫困研究的地理学意义在于其运用了以地域为基础的研究方法，包括如何综合各方面的指标和指标所依托的地域尺度（袁媛和许学强，2008）。20 世纪 90 年代以来，世界银行等国际组织和欧美发达国家十分重视空间贫困研究及其成果应用（Jalan and Ravallion，1997）。空间贫困理论是将空间的概念引入到贫困问题的研究之中，旨在探讨贫困的空间分布以及贫困与地理环境之间的关系（陈全功和程蹊，2010）。这里的地理环境是指广义的地理环境概念。广义的地理环境是指一个由自然环境和社会环境两大部分组成的、人类赖以生存的综合体。其中，自然环境是人类生存的自然界，包括作为生产资料和劳动条件的土壤、气候、水及生物等各种自然条件的总和；社会环境即人文环境，是人类生存、社会发展所必需的经济、政治文化和历史的总和。可见，空间贫困是一个包含了经济、社会和环境三个维度在内的集合概念（图 2-2），其内涵更加丰富，由此研究消除贫困的差别化（区域）措施更加科学和可行。

显然，从传统贫困到综合贫困，再到空间贫困，其对贫困概念的解释是三个视角的不同层次（图 2-2）。其中，传统贫困的第一层次的经济维度反映贫困的经济劣势；综合贫困的第二层次的经济和社会两个维度反映贫困的经济劣势、社会和政治劣势；空间贫困的第三层次的经济、社会和环境三个维度反映贫困的经济劣势、社会和政治劣势、生态劣势。

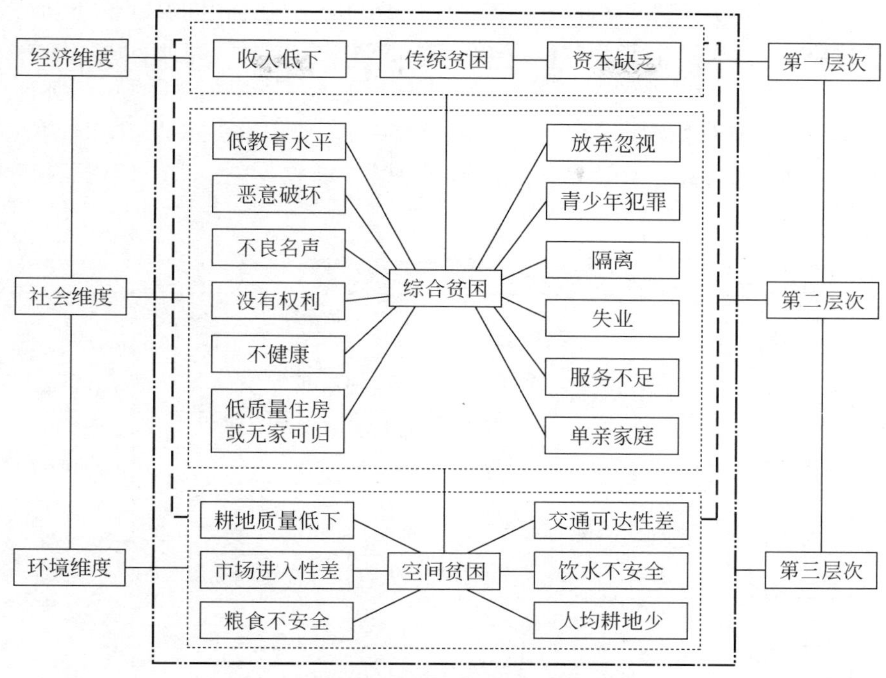

图 2-2　空间贫困的概念内涵

三、空间贫困研究的主要内容

（一）反映空间贫困的地理资本研究

在信息化时代，虽然人们可以生活在一个无地点性（placelessness）社会，地理环境决定论的观点有失偏颇而被批判（王守春，1995），但地理资本缺乏的区域与贫困空间分布的耦合，深刻地揭示了地理环境条件与贫困具有密切联系。反映空间贫困的地理资本研究正是将货币指标（消费和收入等）、社会和结构上的指标，赋予空间地理位置属性，建立由空间地理位置与自然环境条件所形成的物质资本、社会资本与人力资本等集合体（杨萍和沈茂英，2012），进一步运用先进技术手段（如 GIS）和微观模型检验空间贫困陷阱的存在。

基于上述认识，学者都是从 Jalan 视角第三层次的经济、社会和环境三个维度构建空间贫困地理资本体系。其中的经典研究是 Burke 和 Jayne（2008）、Bird 和 Shepherd（2003）建立了由经济、社会和环境三个维度表征空间贫困的范例指标（陈全功和程蹊，2010），其结果表现为经济、社会和政治、生态等地理资本劣势

(表2-3)。根据研究地理单元的大小和保证地域的公平性，相同尺度地理单元空间贫困指标体系应一致，且指标数据为比例和标准化数据。考量空间贫困的内涵，所选指标主要是负面指标（图2-2、表2-3)。由于统计或普查数据很难包括所有空间贫困指标数据，且指标体系不是一成不变的，一方面要根据实际情况适时调整指标体系；另一方面要采取综合途径获取必要的数据，如遥感数据、统计数据、普查数据和抽样调查等。

表2-3 空间贫困的范例指标

维度	构成	范例指标		
		状态	结果	特征
经济	消费、收入	贫困人口指数	生产性资产、房屋	经济劣势
社会	营养	卡路里摄入量	儿童的年龄体重	社会和政治劣势
	健康和家庭计划	基本卫生保健的获得	婴儿死亡率	
	教育	小学入学率	文盲率	
环境	卫生设施、水	安全饮水的获得	因饮水传染疾病	生态劣势
	机会的获得	土地、信用的获得，决策的参与	生产性资产，从农业剩余或非农活动所得收入	
	自然禀赋	农业气候变量	农业生产率和粮食安全的衡量	
	地理性基础设施	市场的进入	出售农业剩余获得的收入	

（二）空间贫困陷阱与贫困地图

判断空间贫困陷阱，是从经济、社会和环境多维度地理环境衡量的，其构成包括消费、收入、营养、健康、教育、水、卫生、基础设施和自然禀赋等地理资本（geographic capital)。空间特征（地理位置、公共服务等）在区域层面上的非易变性，成为空间贫困陷阱存在的关键原因。实证研究表明，乌干达、加纳、马达加斯加落后的交通状况，导致次撒哈拉农村教育、卫生服务和进入市场等地理资本严重匮乏，肯尼亚持久性贫困户和非贫困户都趋向一定地区聚集（Burke and Jayne，2008)。研究发现，越南东北和中部高山地区贫困发生率最高，在东南和大都市中心最低，但大部分穷人并没有居住在最穷的地区，而是在两个贫困发生率一般的中间地带。孟加拉国具有高贫困发生率的社区与生态恶化区一致。美国县域贫困受到相邻县贫困率变化的影响，且地区经济发展水平、产业结构调整特征、人口构成和劳动力市场等因素都是造成美国县域贫困差异的原因（Rupasingha and Goetz，2007)。

学术界和国际组织等普遍采用贫困地图或贫困绘图的方式，直观地表达空间贫困地理资本和空间贫困陷阱。贫困地图（poverty maps）或贫困绘图（poverty mapping）是空间贫困理论的重大创新，它采用 GIS 技术手段，将一系列地理资本要素进行模型模拟，得到贫困的空间分布信息，并自动绘制在一张地图上，反映区域贫困的原因、水平等，直观明了。

目前，世界银行、联合国环境规划署等国际组织、相关研究机构和学者已先后累计绘制了全球 40 余国家和地区的贫困地图，仅联合国环境规划署和全球资源信息库的网页①上就有 130 余幅贫困地图产品，其中就包括世界银行 2007 年出版的从县、乡（镇）两级绘制的中国云南贫困地图。

为了更加直观地显示贫困的空间分异，地图法无疑最显著、最受欢迎。因此，空间贫困地图化是这一研究领域的重要工作。2006 年，联合国粮食及农业组织（FAO）利用 GIS 手段建立了一个地理空间分析框架，实现了确定地域贫困与周围环境关系的可视化（陈全功和程蹊，2010）。陈斐（2008）通过集成 ArcView GIS 和 Avenue 将区域经济分析空间化。还有研究者运用数据可视化技术和软件绘制了中国城镇贫困地图，清晰明了地展示了各省份城镇贫困的动态变化趋势。Romanee 等利用 GIS 和空间统计手段分析了泰国东北部 Surin 省的 Samrongthap 地区贫困并绘制了包括自然灾害致贫等的贫困地图。综合来看，GIS 技术作为一种交互式和可视化的分析工具，在空间贫困地图和绘图研究中得到了广泛应用。

（三）空间贫困政策评估与设计

空间贫困研究最为成功之处在于提供地图式的政策建议，其主要成果被决策层广泛采用或借鉴，成为欧美发达国家和相关国际组织制订反贫困地域政策的重要依据，贫困地理学的学科地位因此得到了广泛的社会认可。

空间贫困政策研究，一方面是评估减贫与反贫困政策实施效果和问题，如 Crandal 和 Weber（2004）通过研究美国贫困的空间集聚和贫困的发生动力机制指出，美国就业增长和社会资本的发展都具有减贫的效果，且在高贫困地区影响最大；地域性目标政策能够提高反贫困政策的效率，增强社会资本在高贫困地区的使用效率；减贫具有地理上的溢出效应，即在一个地区的减贫可以影响其相邻地带。Takeshi（2001）在研究印度尼西亚、Farrow 和 Larrea（2005）在研究厄瓜多尔区域扶贫项目时发现，减贫项目必须考虑区域特点，否则就会失去政策目标。另一方面是根据空间贫困动力机制，提出相应政策建议，如 Kam 等（2005）通过对孟加拉国农村贫困的空间类型及其与影响福利因素的关系研究，指出国家政策影响农户的经济行为，提出要关注不同贫困影响因子的相对权重及其地区差

---

① http：//www. povertymap. net

异性，制定和区别不同地区的旨在提供教育和收入增长渠道与机会的减贫干预策略。Palmer 等（2006）发现农业增长是印度农村空间贫困的决定因素，灌溉又是农业增长的主要推动力量，因而要设计针对特定空间要素的减贫战略。

（四）空间贫困的研究方法

以地理学和经济学、社会学为基础的研究方法，是模拟和测度空间贫困的主要方法（表 2-4）。在开展具体区域空间贫困研究时，普遍采用 GIS 技术或 ArcView GIS 和 Avenue 集成技术等实现空间贫困可视化（陈斐，2008）。因贫困村或贫困农户样本量太大，往往是将“3S”技术与抽样调查法、参与性农村评估法（participatory rural appraisal，PRA）等社会经济学方法相结合来开展研究工作。GIS 从定性到定量、从静态到动态、从过程到模式的转化和发展等方面开展空间贫困分析。遥感、全球定位系统（global positioning system，GPS）可实时获取贫困地区和贫困农户有关的各种数据。在实地调查过程中，可辅以半结构式访谈的形式，开展分层随机抽样调查。PRA 比抽样调查更加有效。PRA 工具包括观察法、半结构访谈、问卷调查、季节历、大事记、小型座谈会、知情人深入访谈、资料回顾和分析等（何仁伟等，2013）。空间贫困研究往往以空间贫困地图的方法表达，并做进一步的地图分析。此外，GIS 及与空间自相关分析、回归分析、模糊数学与 SaTScan 软件运用、M-quantile 模型分析等方法的实证研究，取得了重要成果。

表 2-4 空间贫困主要研究方法与代表成果

研究方法	案例所在区域	方法应用
GIS、描述统计分析、空间自相关分析	泰国东北部 Surin 省 Samrongthap 地区	利用描述统计法分析农户调查问卷数据，然后利用 GIS 可视化研究区贫困的影响因素，空间自相关分析被用来分析贫困的空间分布特征
GIS、空间自相关分析、回归分析	越南的 10 479 个乡镇	使用 GIS 和空间自相关分析将越南的贫困和不平等问题在地图上可视化，同时使用回归分析定量研究区域可进入性和社会文化可进入性两大因素对越南贫困与不平等问题的影响程度
GIS、NTL 影像、问卷调查、主成分分析	非洲的 37 个国家，338 个行政区	通过问卷调查和主成分分析法计算非洲地区 37 个国家共 338 个行政区的贫困指数。使用地理信息系统计算每个行政区在 NTL 影像的平均亮度和距离，以及 NTL 影像覆盖面积的比例
OLS 回归分析	加拿大	以 1991 年加拿大调查数据为基础，使用 OLS 回归分析研究加拿大城市群贫困的空间分异状况

续表

研究方法	案例所在区域	方法应用
模糊数学、小面积估算、SaTScan 软件	意大利的 20 个省份	使用模糊数学和小面积估算方法对意大利省域尺度的贫困进行定量评价，最后运用 SaTScan 软件分析其空间分布特征
M-quantile 模型	阿尔巴尼亚 36 个行政区	使用 M-quantile 模型分析数据并绘制阿尔巴尼亚的贫困地图
GIS、多元回归分析	菲律宾的阿尔拜省、南甘马粦省	利用 GIS 在地图上可视化选取的变量，结合多元回归分析筛选贫困的重要影响因素，并在地图上表示出来
生计资产分析框架、因子分析	不丹的 23 个行政区	结合因子分析法计算不丹各种生计资产指数，并在地图可视化其空间分布特征
随机效应模型、M-quantile 模型	意大利	运用随机效应模型和 M-quantile 模型计算托斯卡纳省的 FGT 指数，并在地图上可视化其空间分布特征
回归分析、GPS	肯尼亚	使用回归分析得出贫困的主要影响因素，结合 GPS 将调查对象在地图上表示出来

四、对我国贫困地理研究的启示

目前，国内关于空间贫困的研究成果较少，已有报道主要包括民族地区空间贫困特征与减贫思路（陈全功和程蹊，2011）、空间贫困与政策分析（陈全功和程蹊，2010）、地理资本与农户增收（杨萍和沈茂英，2012）等，这些为我国深入开展空间贫困研究起到了抛砖引玉的作用。

《中国农村扶贫开发纲要（2011—2020年）》中考核扶贫目标和主要任务指标，包括农民人均纯收入等经济类指标；学前、义务教育和高中教育均等化等社会类指标；林业和生态等生态环境类指标。随着经济发展和社会转型，人们更期待有尊严的体面生活，这就需要更加关注贫困对象的自然禀赋、教育、住房、健康、公共服务和社会参与等的地理资本不平衡和不公平。为了加强我国贫困地理研究对决策者的宏观借鉴和指导，要着重研究空间贫困地理资本、空间贫困陷阱机理、空间贫困地图（绘图）等，不断拓宽我国贫困地理研究视野，完善贫困地理理论体系。

（一）区域贫困地理资本研究

《中国农村扶贫开发纲要（2011—2020年）》实施的10年，是我国贫困地理学（geography of poverty）发展的黄金期。根据国内相关学科的建设和发展，这个时期以农村贫困地理学为基础，促进农村和城市贫困地理学双轮驱动发展，加强空间贫困地理资本体系综合建设。地理资本体系重点领域包括绝对贫困、相对贫困以及义务教育、医疗卫生、社会保障与就业、公共安全、科学技术、环境保护、居住与住房政策，还包括底层阶层、社会不公、致贫因素等的空间关系、空间类型和空间重建等，并进一步加强空间贫困地理资本指标数据库建设。指标体系包括强制性指标、推荐性指标和区域性指标 3 类。其中，强制性指标为必选指标；推荐性指标为可选指标；区域性指标为特殊指标。指标数据库主要依据包括统计、普查、调查、遥感和定位观测数据等，开发贫困地理信息软件，可实现快速、高效、实时分析。引入和创新计量模型可加强“3S”技术在空间贫困地理资本中的综合应用。

（二）区域贫困陷阱机理研究

早期的国际经济学界指出，任何一个国家、区域、群体、家庭或个人，其贫困产生和延续的背景都有深刻的政治、经济、社会文化和环境的含义，一旦陷入“贫困陷阱”，将无法自拔。这种“贫困陷阱”在现时的一些国家和地区仍然广泛存在。我国扶贫政策的一项重要目标，是在消除暂时性贫困的同时，缓解长期贫困群体的贫穷程度。但是，在致贫因素日益多元化的情况下，深入研究区域贫困陷阱机理，探寻走出区域贫困陷阱的突破口，是新 10 年扶贫开发与区域发展过程中亟待解决的新问题。这个时期，需要首先明确的问题是：区域贫困地理资本体系；区域贫困陷阱的地方性；区域贫困陷阱的细分；基于区域贫困陷阱的减贫战略、政策和公共扶贫行动的效率评估等，进一步探讨和制定减贫策略和机制。

（三）区域贫困地图研制

目前，我国城市贫困地图已有个别研制出来，但还没有绘制出全国、各省份，及县级、乡镇、村级水平的较详细的贫困地图，农村贫困空间分布变化的判断还很粗糙，甚至有些基层扶贫部门对辖区内的贫困空间分布还勾勒不出来（陈全功和程蹊，2000，2011）。借鉴世界银行、联合国粮食及农业组织、联合国环境规划署、国际粮食政策研究所（IFPRI）、发展研究所（IDS）以及其他一些组织和贫困研究者的成功做法和先进成果，利用“3S”技术和数学模型，结合指标数据库，科学开展贫困地理区划，并绘制全国、省级、县级、乡镇级、村级贫困地图，设计具有差别化、针对性和可视性的地图式减贫政策，提高贫困地理学服务社会的能力。

拓展我国贫困地理研究对于丰富人文地理学研究具有重要的科学意义、理论意义和学术意义。基于空间贫困理论的区域贫困地理研究成果，在我国新 10 年扶贫开发过程中具有重要决策借鉴和实践推广意义，对构建和谐社会、建设生态文明和美丽中国具有特殊的现实意义。

第三章　区域贫困的理论基础

第一节　发展地理学理论

一、发展与发展的发展

（一）发展的内涵

“发展”一词几乎无处不在。在社会、经济和政治变革的社会领域，发展是一种社会经济变革，这种变化要么是为了更好的，要么是为了更糟的；进步和有效的发展代表着旨在改善世界上大多数人生活的变化，或者至少是在某一区域上。

概括起来讲，广义上的发展是指发展的意图，侧重于一系列机构发展政策的修订，及对欠发达国家和地区产生的重大影响；狭义上的发展是指经济增长影响人们生活变革的过程，包括产业发展与布局、区域协调与社会公正、消除贫困和改善弱势群体的生活状况等活动（图3-1）。

（二）发展的发展

对发展需要的认识与18世纪和19世纪欧洲理性主义和人文主义的兴起密切相关。在1939～1945年，一些英国地理学家作为战时兵员的一部分前往新加坡、埃及、印度和锡兰（今斯里兰卡）等国家。这个时期的发展地理研究标志性成果是*Malayan Journal of Tropical Geography*创刊和*Tropical Geography*出版。但发展实践的现代根源可以追溯到第二次世界大战之后“欠发达地区”（underdeveloped areas）概念的提出。之后，对发展就产生了两种不同的观点。赞同发展者认为，在过去的60年里，世界各地普通人的生活总体得到了改善。反对发展者认为，第二次世界大战后的发展倡议没有有效地发挥作用，尝试的发展类型最终可能永远不会成功，这一论点被称为“反发展”。

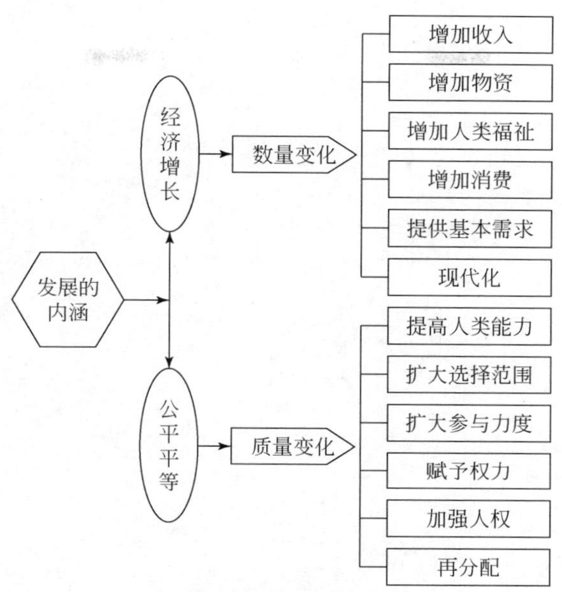

图 3-1　发展的内涵

二、发展地理学的发展

（一）发展地理学的分析模式

发展地理学是研究发展中国家、地区和全球发展与地理环境关系的地理学重要分支学科。发展地理学的三种模式包括空间分异（spatial differentiation）、空间扩散（spatial diffusion）和空间整合（spatial integration）。空间分异是从特定行政单元或区域选择发展或现代化变量来映射发展特征。空间扩散是指如何将发展或现代化的传统特征，利用空间相互作用作为扩散模式的优势。空间整合是体现空间分异所具有的发展特征，通过空间扩散整合欠发达国家的落后地区。

（二）发展地理学的基本理论

发展地理学经历了70余年的发展。总体上来看，发展地理学的理论与发展理论是一脉相承的，即包括现代化论、后现代化论、依附论和世界系统论，及新现代化论和马克思主义理论等（图3-2），这些理论的形成和发展并未与地理学基本理论的形成和发展时期相吻合。

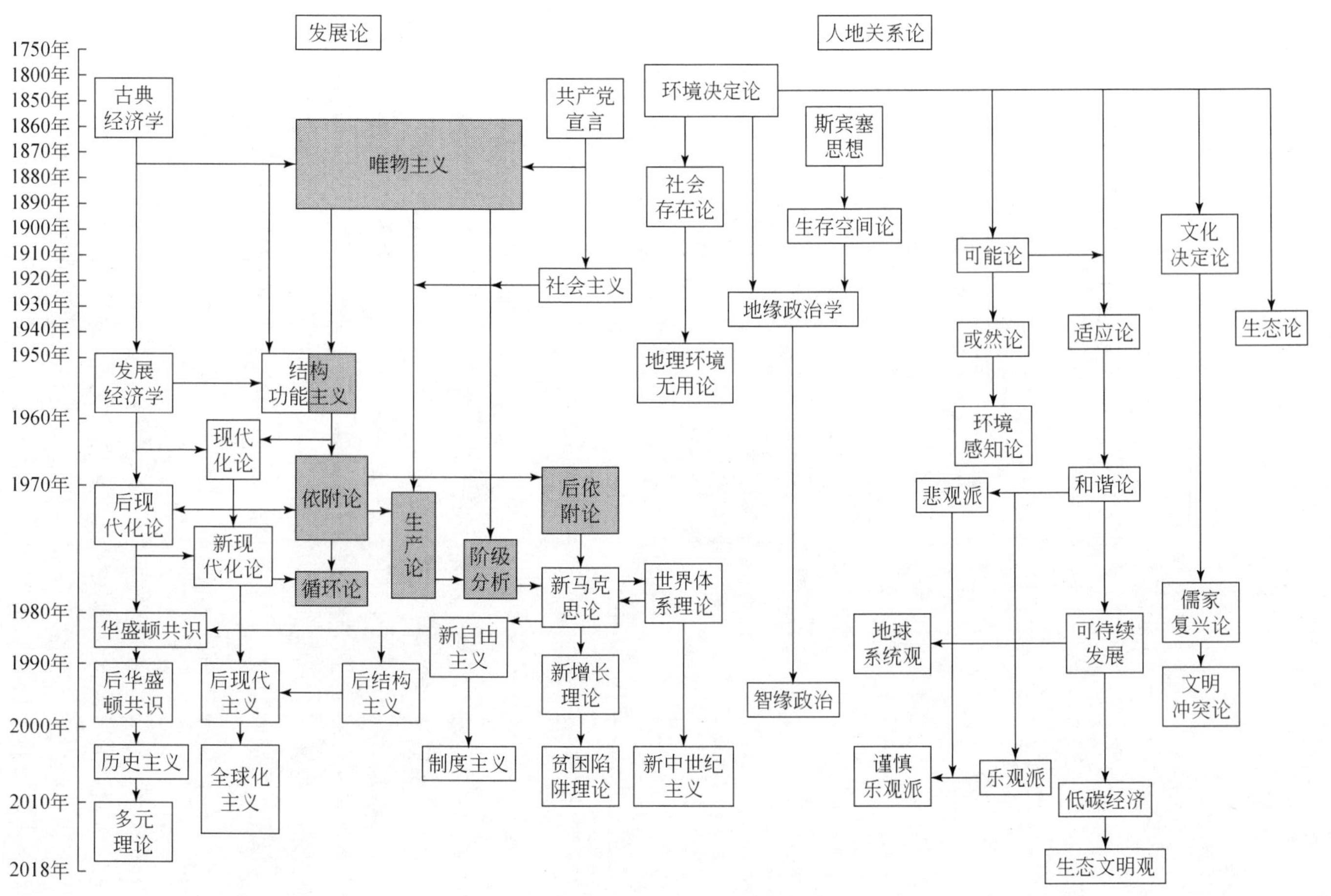

图3-2　发展地理学和人地关系论

（三）发展地理学的研究内容与趋势

发展地理学与发展经济学、发展社会学等传统的研究领域一样，都是关注贫困问题（图3-3）。千年发展目标是到2015年以规定数量减少贫穷和不发达。同时，世界在地缘经济和地缘政治方面存在广泛（和扩大）的地理差异，全球化、发展和环境变化研究成为跨学科和多学科研究的前沿。地理学尤为重视人类与环境关系以及生物物理/环境模式和进程的跨学科研究，特别是在对区域、国家和全球发展的研究中，经济学、社会学等采用或借鉴地理学的观点，为发展地理学成为地理学且重点研究发展提供了巨大机遇。目前，“创新、协调、绿色、开放、共享”五大发展理念成为共识，但人民日益增长的美好生活需要与不平衡、不充分的发展之间存在矛盾，“一带一路”倡议、生态文明建设、脱贫攻坚、新型城镇化、乡村振兴、国土空间规划、全面小康、“2035年目标”、“2050年目标”及构建人类命运共同体等发展问题，客观需要构建中国特色发展地理学。

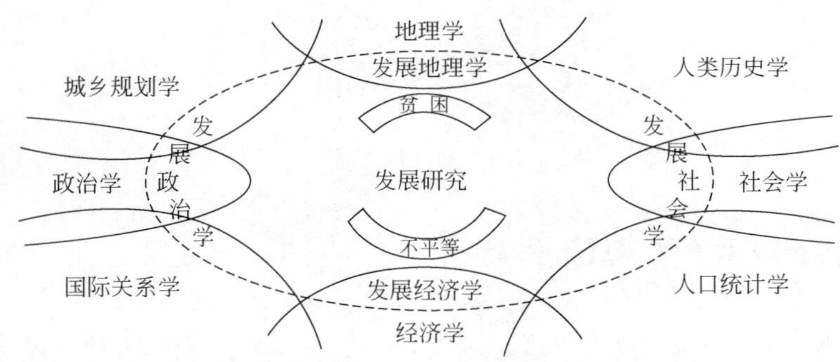

图3-3 发展地理学与相关学科的传统交叉研究领域（Potter et al.，2012）

第二节 贫困地理学理论

一、贫困地理学的内涵

我国地理学家郭焕成指出，“地理工作者一定要研究贫困地域类型及其形成因素，分析贫困人口的分布、历史变化及区域社会经济特点，研究贫困区资源综合开发和产业发展的途径，并提出发展经济、控制人口、重视文化教育、引进资金、技术及人才的建议”。由此窥见从地理学角度研究贫困问题的学科重要性。

贫困地理学是研究区域贫困和个体贫困与空间要素的关系及其空间分布、类型和地域结构规律的学科（图3-4）。其中，区域贫困是指一个国家或一国内不同行政区域或特定自然地理区域或具有共同特征的地理连接区域的贫困过程与格局；个体贫困主要是指家庭贫困。按照城乡贫困分布，可以划分为城市贫困和农村贫困两种类型。

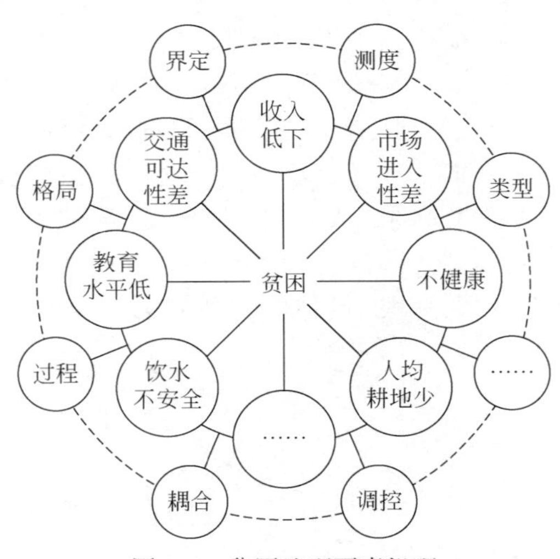

图3-4　贫困地理要素机理

二、贫困地理学的理论框架

贫困地理学以人地关系的理论为基础，以贫困现象为研究主体，以区域性贫困和个体（家庭）贫困为研究对象，从经济、社会和环境三个维度综合研究贫困的地理空间原理，以及贫困的空间关系。

贫困地理研究，是将收入、消费、医疗卫生、教育、自然禀赋、市场进入性等一系列指标赋予地理属性，合成地理资本，并分为经济地理资本、社会地理资本、环境地理资本三部分，合成“贫困地理三维结构”。地理资本在“贫困地理三维结构”中的组合结果形成消贫和致贫两大类型。区域消贫地理资本和致贫地理资本的消长，在现实中表现出区域经济增长的三大类型：减贫增长（pro-poor growth）、涓滴增长（trickle down growth）和贫困化增长（immiserizing growth）（图3-5）。将这些地理资本要素和增长类型反映在地图上，形成“贫困地图”，以此分析地图化的贫困空间分异机制和减贫策略。

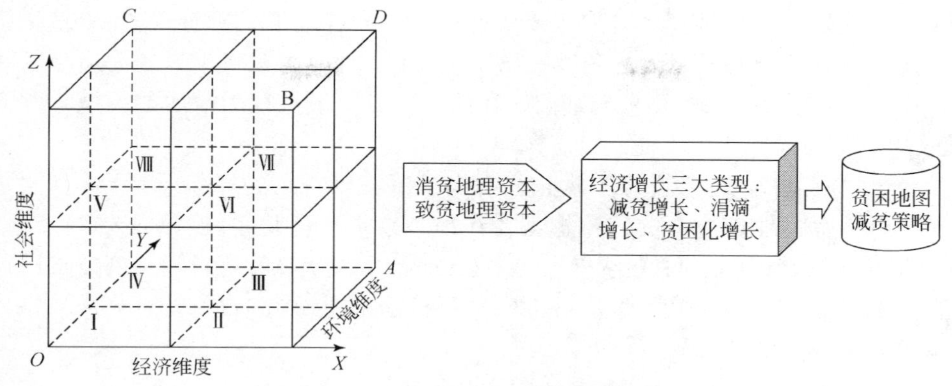

图 3-5　贫困地理三维结构解释框架

三、贫困地理学的研究方法

“贫困不仅仅是个经济概念”的思想已得到各界认可，但有关贫困研究的重心却一直围绕着经济学及其模型而建构。实质上，贫困不仅是经济现象和社会现象，更是地理现象。地理学的综合性和地域性研究方法是贫困地理研究的基本范式，具体是以“3S”技术+调查归纳法、空间模型法、社会行为法、系统结构法等开展研究（图 3-6）。

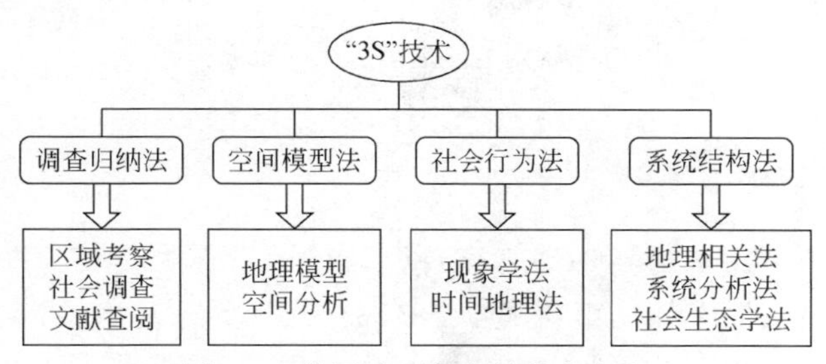

图 3-6　贫困地理研究的基本方法

第三节　地理边缘理论

一、地理边缘的内涵和类型

（一）地理边缘的内涵

地理边缘是相邻地域间具有一定的空间范围且直接受到边缘效应作用的边缘

过渡区，尤其是自然地理单元和行政地理单元的耦合地带（廖继武，2009）。历史地理学家麦金德最早从地理角度提出了边缘区（带），并将世界划为边缘区和“心脏”区。斯皮克曼运用麦氏理论解释认为世界上最具权力潜质的区域是欧亚大陆的边缘地区（斯皮克曼，1965）。

今后，依据“核心–边缘”理论，提出基于三维视角的“指示要素–空间单元–判别模型”地理边缘的理论框架，在地理模拟与优化系统（GeoSOS）支持下，运用多智能体的空间优化配置模型（Agent LA）研究特定时间尺度下贫困地区地理边缘（核心区、边缘区、外围区）的科学识别（图3-7）。

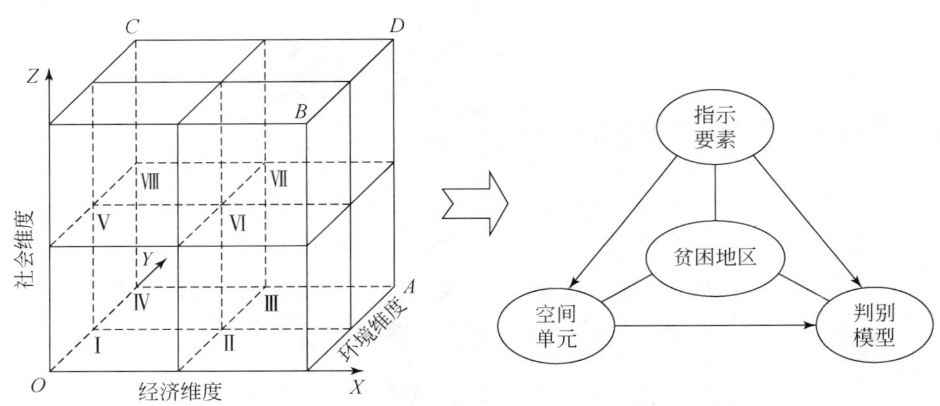

图3-7　贫困地区地理边缘的推断框架

（二）地理边缘的类型

目前，地理学者从边缘（付贵全等，2016；张学波等，2015）、边缘区（李丁等，2011；韩玉刚和李俊峰，2013；夏雪等，2014；高万辉，2016）、边缘带（彭建等，2014；邓辉和法念真，2016；宋亮平等，2016）、过渡带（张克存等，2015；穆桂金等，2013）、脆弱带（宋长春等，2003）、交错带（李飞等，2015；燕群等，2011）、交错区（周德成等，2012）、界面（乔家君和马玉玲，2016；Bengston et al.，2004）等角度对地理边缘进行研究（表3-1），但本质上都是指相邻地理单元之间的界面，或地物与地物相互接触交流的特殊地带（廖继武，2009）。多年来，农牧交错带、城乡交错带、山地平原交错带等地理边缘问题的深入研究，使地理边缘成为地理学研究的一个重要主题。

表 3-1 地理边缘相关概念

相关概念	主要研究对象	主要方法
边缘	绿洲边缘、省际边缘	空间替代时间和 O-ring 空间点格局方法、探索性空间分析等
边缘区	绿洲边缘区、省际边缘区、城市边缘社区	实地深度访谈、空间经济联系强度和经济隶属度模型等
边缘带	城市边缘带、湿地边缘带	突变检测、断裂点分析和空间聚类等方法
过渡带	沙漠-绿洲过渡带	野外站点观测、数值模拟
脆弱带	生态脆弱带生态景观结构	MATLAB 统计分析和模拟
交错带	北方农牧交错带农村居民点分布、土地集约利用	ArcGIS、熵值法和人工神经网络模型
交错区	北方农牧交错区土地利用/覆被变化	遥感、GIS、统计建模
界面	城乡界面	数理模型

近年来，学者较为系统地开展了大城市边缘区人居环境系统演变规律（祁新华等，2008）、大城市边缘带土地利用/土地覆被变化（LUCC）时空过程（巴雅尔等，2006）、省际边缘区城镇化水平变化动力系统和区域经济差异的时空机理（张学波等，2015；韩玉刚和李俊峰，2013；夏雪等，2014）、城市边缘带识别（彭建等，2014）、沙漠绿洲过渡带近地表风沙过程（张克存等，2015）、北方农牧交错带荒漠化过程（闫峰和吴波，2013）、农牧交错区人口空间过程模拟（兰玉芳等，2013）、城乡界面和港-城界面演变空间机理（乔家君和马玉玲，2016；庄佩君和汪宇明，2010）等地理边缘过程的研究，取得了系列重要成果。总体来看，地理边缘区自然环境和人类活动特征均表现为空间异质性，这种异质性环境下的界面及其格局与过程耦合是地理学综合研究的前沿（傅伯杰，2014）。图 3-8 为地理边缘时空格局演化的一般形式。

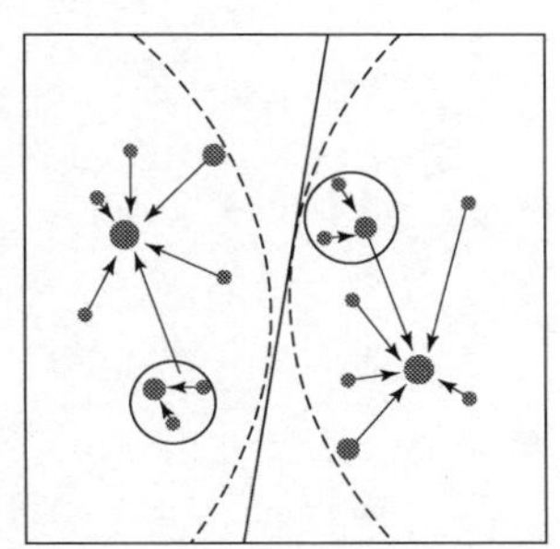
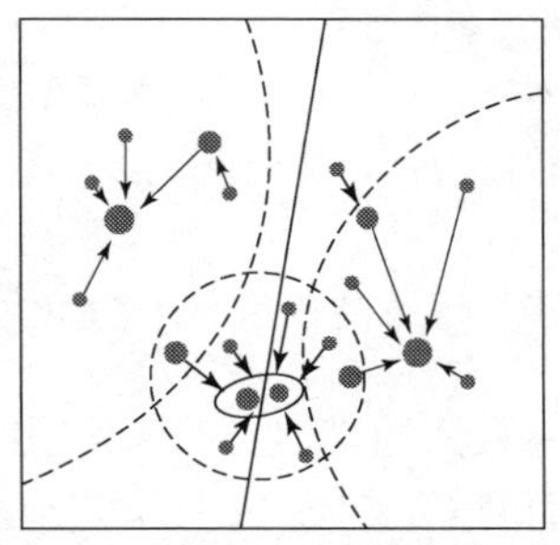
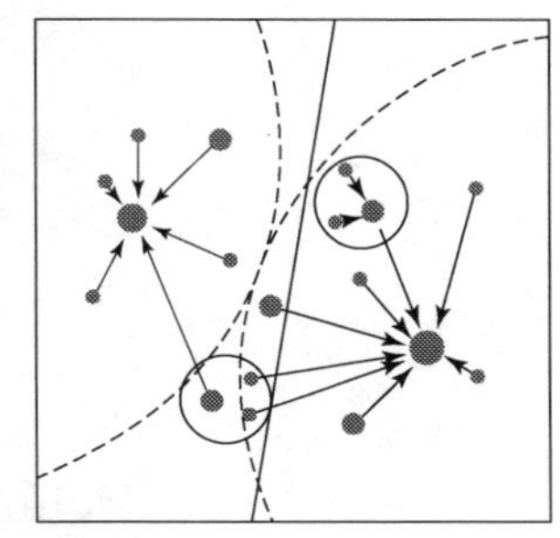

图 3-8 地理边缘时空格局演化的一般形式

（三）地理边缘过程形成机制

鉴于研究对象的特殊性和研究目标的指向性，贫困地区地理边缘自然地理过程应重点认知该地区自然圈层作用于人类活动的载体表达——资源环境承载能力。按照三维状态空间和“驱动力–压力–状态–影响–响应”（DPSIR）模型集成技术方法，实现资源环境承载状态的测度、承载机制的科学认知和对人为开发活动预警的逐次递进（图3-9）。

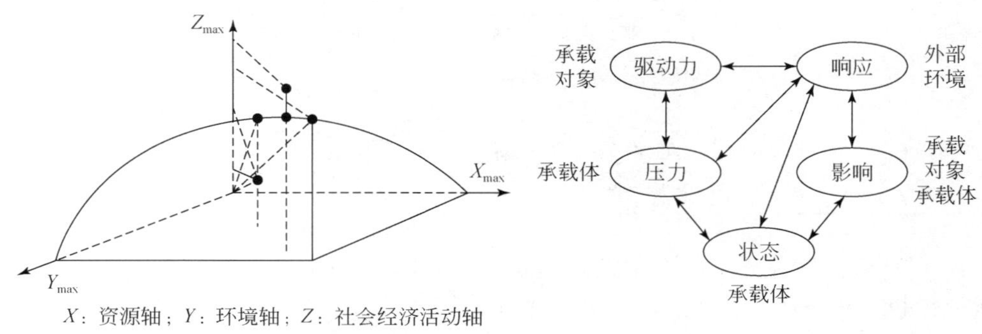

图3-9　三维状态空间和DPSIR理论模型

地理边缘人文地理过程具有序列空间层次性、推移性和类型形态性等特性，应主要采用CA–GIS空间分析研究人口空间过程（人口迁移）、经济空间过程（经济活动的集聚与扩散）、基础设施过程（基础设施网络的空间拓展）、社会文化空间过程（宗教、文化等的传播和扩散）、贫困发生率变化过程等（图3-10），阐释其空间表达形式，分析贫困地区人文–经济地理边缘证据。

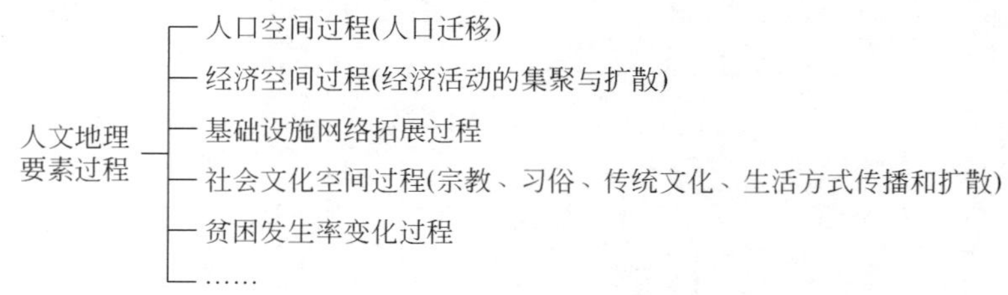

图3-10　人文地理基本要素过程框架

地理边缘自然地理过程和人文地理过程交互作用无处不在。从陆地表层系统科学和人–地系统相互作用的角度，探索贫困地区地理边缘自然地理过程和人文地理过程交互作用下最重要的要素过程和最直接的空间表达形式，及其自然与人文地理因素的相互作用强度、结果、发展模式演进等地理边缘形成机制，是解释贫困地区地理边缘机理及其贫困的空间分异机制的关键（图 3-11）。

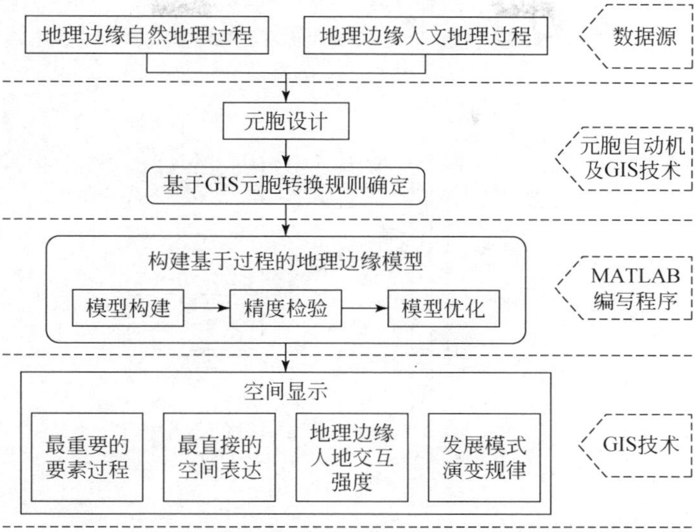

地理边缘自然地理过程　地理边缘人文地理过程　数据源

元胞设计

基于GIS元胞转换规则确定　元胞自动机及GIS技术

构建基于过程的地理边缘模型

模型构建 → 精度检验 → 模型优化　MATLAB编写程序

空间显示

最重要的要素过程　最直接的空间表达　地理边缘人地交互强度　发展模式演变规律　GIS技术

图 3-11　地理边缘过程机理分析框架

（四）地理边缘的边缘效应和地理综合

1. 地理边缘效应

在弗里德曼“核心–边缘”理论和赫希曼极化–涓滴效应理论影响下，“边缘区域”不仅指地理意义上的边缘区域，更是经济、政治、文化等边缘化区域(廖继武，2011)。一般认为，在两个或多个不同性质的生态系统（或其他系统）交互作用处，由于某些生态因子（可能是物质、能量、信息、时机或地域）或系统属性的差异和协合作用而引起系统某些组分及行为（如种群密度、生产力、多样性等）的较大变化，称为边缘效应，如河岸带所表现出的地理边缘效应、生态边缘效应、缓冲边缘效应以及社会边缘效应（夏继红等，2010）、城镇发展空间组合过程边缘效应（郭荣朝，2003）等。边缘效应最直接的表现就是边缘化。边缘化理论是在研究贫困问题时提出的，其所指的边缘化区域正是地理学研究的社会经济处于停滞或衰落的欠发达地区（Freishmann，1996；梁留科等，2008)，而在经济地理中边缘化区域路径依赖的显著特征就是“地方依赖”（place dependence)(Martin et al.，2006)，尤其边缘化城市（杨永春等，2009；修春亮和袁家冬，2002)、边缘化村落（焦胜等，2016）等成因和反边缘化研究得到了学术界的重视（曾鹏等，2011；何伟，2013)。这些研究在指导欠发达地区的发展中起到了重要的理论作用。

依据贫困地区地理边缘格局研究结果，综合运用探索性空间数据分析（ESDA）和GIS可视化等方法，探测贫困地区地理边缘格局可能产生的“桥梁效应”“切变效应”“俱乐部效应”等边缘效应（图3-12），是分析其空间贫困的重要依据。

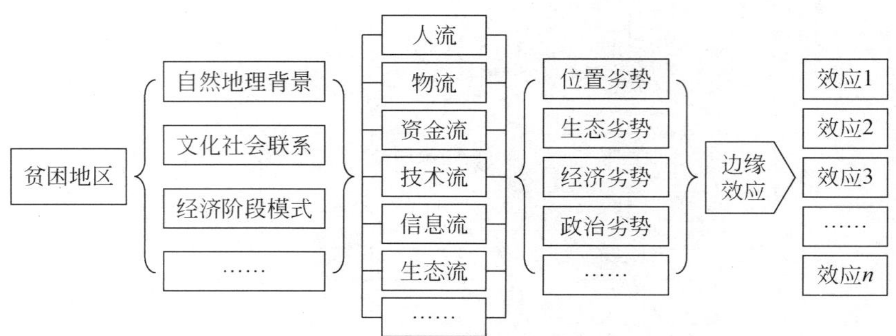

图3-12　贫困地区地理边缘的边缘效应推断框架

2. 地理边缘的综合研究

地理边缘复杂多样、涉及广泛，在“未来地球”和区域可持续发展背景下，地理边缘区自然和人文地理过程及其效应等研究必然会逐渐相互渗透融合，界限不再简单分明，探讨将地理边缘格局与过程耦合研究的地理学综合研究的途径与方法将成为该领域的焦点（傅伯杰，2014）。目前，学术界已在城乡交错带（彭建等，2014）、农牧交错带（李飞等，2015；燕群等，2011；周德成等，2012）、河岸带（夏继红等，2010）、山地平原交错地带（管华，2006；张丽萍等，2008）等地理边缘区综合研究中开展了丰富的探索。

在系统研究贫困地区地理边缘时空格局与过程的空间分异机制基础上，提出全面表征地理边缘特征的边缘化指数——地理边缘指数（geographic fringe index，GFI）。运用地理探测器科学析出地理边缘主导要素，GFI即为主导要素贡献度的函数。主导要素的贡献度不同，采用AHP-熵权法赋予权重。地理边缘格局与过程耦合变化如图3-13所示。

从国内外研究来看，贫困地区是指某地理单元内部或相邻若干地理单元间区域性贫困耦合地带，具有显著的地理边缘特征。但目前针对贫困地区地理边缘方面的学术研究却鲜有报道。贫困地区具有特殊的生态位和发展位，贫困问题严重，是一个特殊的复杂的巨系统。从地理边缘的科学内涵出发，建立格局-过程-机制的系统思维，把贫困地区作为一种特殊的地理边缘区，科学研究其地理边缘格局与过程及其形成机制与调控，为决策提供新的理论视角和科学依据，补充和完善地理边缘与贫困地理学理论体系，是学术界亟待攻关的重要科学问题。

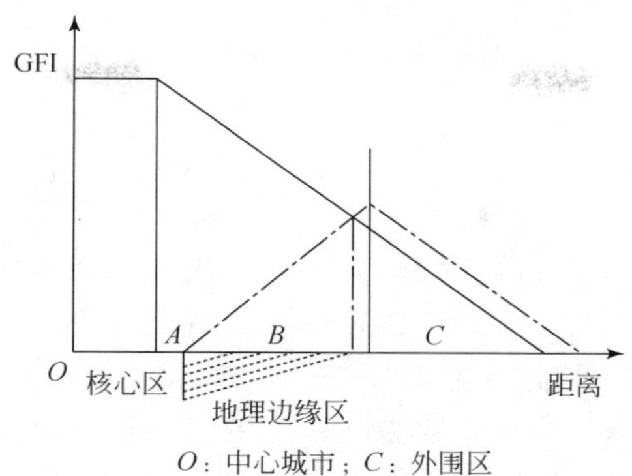

O：中心城市；C：外围区

图 3-13　地理边缘形成机制的 GFI 模型

第四节　绿色减贫理论

一、绿色发展

"发展"（development）和"增长"（growth）是两个不同的概念。"增长"是指经济总量在数量上的增加；"发展"不仅指经济总量要增加，同时还包括教育、医疗卫生、住房、生态环保等方面的提升。联合国开发计划署（UNDP）在 *Human Development Report* 1996 中提出"有增长无发展"的现象：无工作的增长（jobless growth）、无声的增长（voiceless growth）、无情的增长（ruthless growth）、无根的增长（rootless growth）、无未来的增长（futureless growth）。我国贫困地区均具经济落后-生态脆弱-民族聚居的地理边缘性，经济增长与收入分配和生态环境之间存在库茨涅兹曲线（Kuznets curve）和环境库茨涅兹曲线（environmental Kuznets curve）。华尔特·惠特曼·罗斯托（Walt Whitman Rostow）的"经济起飞"理论、弗朗索瓦·佩鲁（Francois Perroux）的增长极理论和克里斯塔勒（Christaller）的中心地与网络交织发展理论等均强调经济增长的意义，但经济合作与发展组织自 2012 年倡议进行经济可持续增长，使绿色增长成为讨论的主题。绿色增长强调效率（efficient）、清洁（clean）和能复原（弹性）（resilient）增长，但不一定是包容性的增长。包容性增长（inclusive growth）是机会平等的增长，它包括机会（opportunity）、能力（capability）、增长或获得（access）和安全（security）4 个属性。因此，将绿色增长与包容性增长整合，即促进包容性绿色发展（inclusive green development），是贫困地区减贫的必然抉择。党的十八大和十八届三中、四中全会关于扶贫开发战略内涵，以及“要守住发展和生态两条底线”，其实质就是包容性绿色发展战略。

二、绿色减贫

罗格纳·纳克斯（Ragnar Nurkse）的“贫困的恶性循环论”一个著名结论是“一国穷是因为它穷”。他认为，资本积累是打破恶性循环的唯一途径。1999年，亚洲发展银行在其提出的益贫式增长（pro-poor growth）中指出，经济增长给穷人带来的收入增长率大于平均增长率。由此，益贫式绿色增长，即有利于减贫的绿色增长，是指在保护贫困地区生态环境的前提下，合理开发利用自然资源，推动经济与人口、资源、环境相互协调发展，进而实现脱贫致富的一种新的扶贫模式，是以可持续发展为目标，以绿色发展为理念，以开发式扶贫为基础，强调扶贫开发的联动性、整体性及可持续性，要求经济效率、生态环境保护与社会和谐协调，走生产发展、生态良好、生活富裕的发展道路。绿色减贫引起减贫方式的转变，而减贫方式的转变必然影响扶贫开发的动力机制、产业方向、减贫路径等，将导致贫困人口收入来源变化、扶贫重点的不同及就业方式的新变化，进而提高扶贫效率（图3-14）。

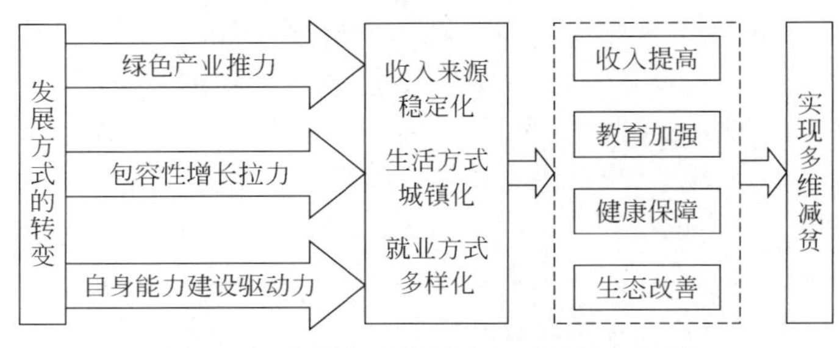

图3-14　发展方式的转变与减贫动力机制

三、绿色发展与绿色减贫实践

21世纪以来，“绿色增长”“绿色新政”“绿色经济”“绿色转型”都得到了广泛认同。2008年，OECD成员国率先在“绿色经济倡议”中制定了绿色发展的政策方案，被公认为绿色发展的典范。随之，美国提出了发展绿色经济的基本纲领。瑞典更加注重发展新能源和循环经济，以及发展生态农业，促进绿色生产与消费，加强环境教育及绿色学校建设及公众参与绿色发展等。德国绿色发展制度全球领先，重点在废物回收管理、再生能源利用和开发新能源、多渠道投资环保技术等方面制定法规，为绿色发展提供制度平台。

绿色发展促进了绿色减贫。多年来，国际绿色产业扶贫委员会率先以农业领域的绿色产业实施为基础，以农业扶贫工作为目标，努力促进和实现绿色发展与农业扶贫的双重成效（图 3-15）。

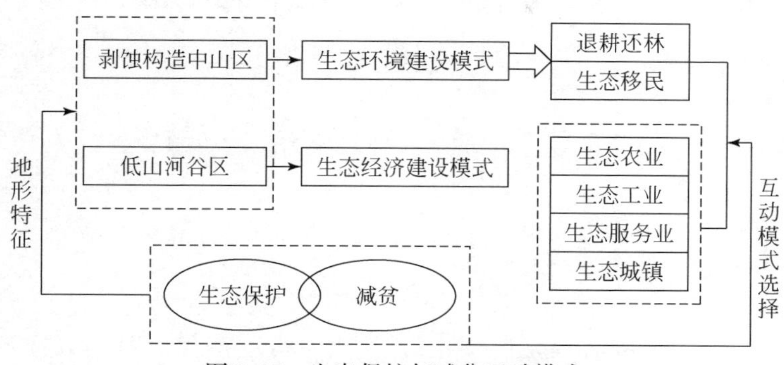

图 3-15　生态保护与减贫互动模式

印度通过实行土地制度改革、开展绿色革命、推进农村综合发展计划、建立基本的社会保障体系等措施，推进绿色减贫。中非在减贫、能力建设和绿色经济三方面的合作成为绿色发展与绿色减贫的典范。2006 年年底，由联合国开发计划署与我国科学技术部共同发起“绿色能源减贫项目”，即“中国绿色扶贫”项目，总投入 858. 5 万美元，旨在使四川、贵州、云南三省交界以及新疆、内蒙古的农户通过绿色科技提高能源供应，提高生活水平，并改善脆弱的生态系统。贵州威宁草海国家级自然保护区创造的保护与减贫相结合的“草海模式”已成为国际社会关注的一种新型减贫模式。内蒙古达里诺尔国家级自然保护区的生物多样性保护促减贫实践更是突出的典型。2011 年，湖北建始县被国务院扶贫开发领导小组办公室确定为绿色发展促减贫的试点县，在全国先行先试。2014 年 7 月 11 日，由中国国际扶贫中心、贵州省扶贫开发办公室、贵州民族大学等单位共同承办的生态文明与反贫困论坛形成了《生态文明建设与反贫困贵阳共识(2014)》，提出了绿色减贫概念和倡议。2014 年 12 月出炉的《中国绿色减贫指数报告（2014)》，首次将绿色发展和减贫融为一体，提出了绿色减贫新理念，并首次构建了中国绿色减贫指数。促进绿色发展，将生态扶贫纳入大扶贫格局、走生态文明与减贫相结合道路，成为新时期扶贫开发与减贫的科学抉择。

第四章 区域贫困识别的指标体系构建

第一节 贫困测度指标借鉴

一、多维贫困测度指标

多维贫困（multidimensional poverty）认为，贫困不仅仅是收入或消费不足，更是健康、教育、居住质量、就业机会等被剥夺的现象。关于多维贫困及其测度，Sen（1983）提出的能力贫困理论具有开拓性意义。在此基础上，联合国开发计划署从健康、教育和生活水平3个维度先后建立人类贫困指数（human poverty index）（UNDP，1998）和多维贫困指数（UNDP，2011）。虽然多维贫困能够从收入贫困（income poverty）、人类贫困（human poverty）、信息贫困（information poverty）和生态贫困（ecological poverty）等多角度准确把握贫困的内涵和本质，且学术界、国际组织或政府机构等主张贫困维度和指标可以有所差异，但受研究尺度、数据获取、指标的剥夺临界值和权重确定等限制，在实际操作中，如何科学选择维数和具体指标，成为多维贫困测度首先要解决的科学问题。

二、区域贫困测度指标

区域贫困理论是多维贫困内涵的延伸和深化。区域贫困研究地理资本（geographic capital）的表征，它是一个至少包含经济、社会、自然3个维度在内的集合概念，其结果表现为位置劣势（偏远与隔离）、生态劣势（贫乏的农业生态与气候条件）、经济劣势（脆弱的经济整合）、政治劣势（缺乏政治性优惠）等地理资本劣势，其主要衡量指标包括村庄到主干道的距离、教育的可获得性、土地的可利用性、市场的连通性等（表4-1）（陈全功和程蹊，2010；Bird et al.，2007；Deichmann，1999；陈全功和程蹊，2011）。

表 4-1　区域贫困的基本特征与主要衡量指标

基本特征	主要衡量指标
偏远与隔离（位置劣势）	村庄到基础设施（如公路、卫生服务等）的距离，教育的可获得性（包括到学校的距离、成本）等
贫乏的农业生态与气候条件（生态劣势）	土地的可利用性和质量，雨量线及其变化性（特别是在灌溉农业为主的地方）等
脆弱的经济整合（经济劣势）	与市场的连通性（包括自然连通——如到最近农资市场的距离，人为连通——如财政、进入市场的机会成本）等
缺乏政治性优惠（政治劣势）	与执政党发展思路相反的地区，或者被认为低投资回报的地区等

第二节　指标体系构建的基本原则和框架

一、基本原则

（一）强调科学性和主导性原则

建立贫困地区村域贫困测度指标体系，必须深刻理解发展地理学、国家减贫对象、2020 年后减贫瞄准和区域贫困等的特点，注重区域贫困地理资本的综合性，使指标体系能够客观地反映区域贫困的本质属性和基本特征。在此基础上，紧紧抓住区域贫困的主导因素，选择反映主导因素的指标，使建构的指标体系既能反映区域贫困的整体状况和主要特征，又具有针对性和结构层次性。

（二）重视数据的可获得性和测度的可操作性

以贫困村为贫困地区贫困测度的基本地理单元，难度较大。但现实中以瞄准贫困区域为主向工作到村、精确瞄准贫困户进行针对性扶持和“整村推进”的扶贫开发政策，又决定了区域贫困测度必须以行政村为基本空间信息单元。因此，为了强调研究成果的实践应用优势，必须克服村域小尺度研究上的难度。在指标建构上，要既能反映贫困村贫困问题，又易获得数据，所选指标数据应简单明了，尽可能使用百分比、单位面积产出等表示，保证能够通过统计、抽样调查、“3S”技术等途径获得，可比性强，方便空间表达。如果不能满足上述要求，该指标应剔除，重新选择或使用替代指标。

（三）体现减贫与反贫困的新要求

进入21世纪以来，贫困地区的扶贫任务是在基本解决农村贫困人口温饱问题的基础上，进一步改善农村基本生产生活条件和提高生活质量等。贫困地区空间贫困测度的目的是为制定改善农村基本生产生活条件和提高生活质量等减贫与发展政策和目标而服务。因此，所选区域贫困测度指标，不仅要包括收入和消费等经济维度指标，还应有社会维度和环境维度的数据。

（四）突出区域性和空间刻画能力

贫困地区贫困地理差异往往较大，区域贫困研究的落脚点正是通过判识贫困的空间差异及其贫困地理要素分布规律，来设计差别化的减贫策略。差别化的减贫策略决定了区域贫困测度必须反映地域特点。所有指标应能够开展空间处理、空间表达和空间描述等。如果所选指标空间表达能力弱，不能反映贫困地理要素的空间差异性，则应该剔除。

二、基本框架

（一）总体说明

根据发展地理学的研究内容，针对中国重点贫困村、贫困村和一般贫困村以及精确瞄准贫困户的扶贫瞄准机制和特殊的政策设计，著者认为中国贫困地区村域贫困测度指标体系应包括经济、社会、自然3个维度。借鉴相关研究，确定了贫困地区村域贫困测度指标体系（表4-2），由3个维度、共计26个原始指标或生成指标构成。其中，原始指标数据是指通过调查、统计等途径直接获得的数据；生成指标数据是指通过计算间接获得的数据。

（二）分维度说明

经济地理资本维度包括收入和消费、市场连通性两个指标组，共8个具体指标（$C_1 \sim C_8$）。其中，收入和消费指标组包括农民人均纯收入、农村恩格尔系数等指标，反映农村经济发展水平和农村居民消费质量水平；市场连通性指标组包括自然连通和人为连通两方面的指标，反映农村经济贸易活动的地理可达性和信息时代的便捷度与畅通性，及农户自身的致富能力等。

表 4-2 贫困地区村域贫困测度指标体系

指标	维度	序号	二级指标	指标单位	序号	二级指标	指标单位
地理资本 A	经济地理资本 B_1	C_1	农民人均纯收入	元	C_5	农户贷款满足率	%
		C_2	农闲经济家庭收入贡献率	%	C_6	至少掌握一门致富技术农户比	%
		C_3	农村恩格尔系数	%	C_7	至少拥有一项致富项目农户比	%
		C_4	农民生活信息化程度	%	C_8	扶贫政策满意度	%
	社会地理资本 B_2	C_9	农村贫困发生率	%	C_{13}	农村劳动力文盲率	%
		C_{10}	农村少数民族人数比例	%	C_{14}	新型农村合作医疗参合率	%
		C_{11}	农村妇女社会地位提升程度	%	C_{15}	新型农村社会养老保险参保率	%
		C_{12}	农村九年义务教育完成率	%	C_{16}	农村居民居住质量指数	%
	自然地理资本 B_3	C_{17}	到最近农商贸市场的距离	km	C_{22}	农业自然灾损率	%
		C_{18}	到最近车站的距离	km	C_{23}	环境质量指数	%
		C_{19}	到最近初级中学的距离	km	C_{24}	人均耕地面积	hm^2
		C_{20}	到最近乡镇医院的距离	km	C_{25}	农作物总播种面积比	%
		C_{21}	地形起伏度	m	C_{26}	粮食安全保障程度	%

社会地理资本维度中，农村贫困发生率表明该村贫困人口的集中程度。新10年扶贫开发规划的592个重点县是少数民族集中分布地区，少数民族的生产生活方式具有显著的减贫与反贫困效应。多年来，中国十分重视妇女在消除贫困中的地位和权益，并通过法律等形式保障妇女的社会地位不断提升，如健康状况、受教育程度、政治地位、家庭地位等。党的十八大报告指出，要扩大公共服务，努力使全体人民学有所教、劳有所得、病有所医、老有所养、住有所居，推动建设和谐社会。同时，《中国农村扶贫开发纲要（2011—2020年）》中明确指出未来10年扶贫的12项主要任务就包括“五有”计划。概括起来，社会维度包括8个具体指标（C_9 ~ C_{16}）。

自然地理资本维度包括地貌要素、自然灾害、生态安全、农业生态和粮食安全5个指标组，共10个具体指标（C_{17} ~ C_{26}），是减贫的基础内容。其中，地貌要素、自然灾害和生态安全指标组反映该地区自然地理环境基底基本状况和生态环境质量等；农业生态和粮食安全指标组综合反映贫困村土地的可利用性与质量、粮食保障与食品安全等状况。

第三节　指标获取与表达

一、指标检验

指标体系具有主观建构的特点。为了克服主观性，以获取的客观数据为基础，运用结构方程模型技术，通过指标数据缺损处理和信效度检验（数据正态分布检验、信度检验、效度检验），最终确定科学合理的指标体系。

二、指标数据获取方法

从发展地理学和本书构建的指标体系来看，区域贫困测度指标类型不一，获取方法也应不同，主要包括统计方法、遥感监测和科学计算等（表4-3）。

表4-3　贫困地区村域贫困测度指标数据获取方法

指标	原始指标或生成指标	指标单位	数据获取方法
C_1	农民人均纯收入	元	统计
C_2	农闲经济家庭收入贡献率	%	抽样调查
C_3	农村恩格尔系数	%	统计
C_4	农民生活信息化程度	%	科学计算、统计
C_5	农户贷款满足率	%	抽样调查
C_6	至少掌握一门致富技术农户比	%	抽样调查
C_7	至少拥有一项致富项目农户比	%	抽样调查
C_8	扶贫政策满意度	%	抽样调查
C_9	农村贫困发生率	%	统计
C_{10}	农村少数民族人数比例	%	统计
C_{11}	农村妇女社会地位提升程度	%	抽样调查
C_{12}	农村九年义务教育完成率	%	统计
C_{13}	农村劳动力文盲率	%	统计
C_{14}	新型农村合作医疗参合率	%	统计

续表

指标	原始指标或生成指标	指标单位	数据获取方法
C_{15}	新型农村社会养老保险参保率	%	统计
C_{16}	农村居民居住质量指数	%	科学计算、统计、抽样调查
C_{17}	到最近集市（集贸市场）的距离	km	遥感
C_{18}	到最近车站的距离	km	遥感
C_{19}	到最近初级中学的距离	km	遥感
C_{20}	到最近乡/镇医院的距离	km	遥感
C_{21}	地形起伏度	m	DEM 数据
C_{22}	农业自然灾损率	%	科学计算、统计、模型计算
C_{23}	环境质量指数	%	科学计算、遥感、模型计算
C_{24}	人均耕地面积	hm^2	统计、遥感
C_{25}	农作物总播种面积比	%	统计、遥感
C_{26}	粮食安全保障程度	%	统计、抽样调查

统计方法主要用于获取特定研究区域自然、经济和社会要素特征、规模、结构、水平等指标的数据。根据本书的需要和指标数据特点，所选统计方法包括统计报表和抽样调查等。统计报表法是由政府主管部门根据统计法规按一定程序来获取数据，如农民人均纯收入、农村普及九年义务教育完成率、新型农村合作医疗参合率、新型农村社会养老保险参保率等；抽样调查是从所有贫困村中随机抽取样本进行调查并据此推断总体特征的有效方法，如农村贷款满足率、农村妇女社会地位提升程度率、扶贫政策满意度等。遥感监测主要用于获取贫困村具有相对清晰空间形态指标的数据，如地形起伏度、土地利用与覆被变化等。科学计算法主要用于无法直接获取，而需要通过结合其他模型、调查和“3S”技术等计算才能得到的指标数据，如农民生活信息化程度、农村居民居住质量指数、环境质量指数等。

三、指标数据的空间化

区域贫困指标数据包括属性数据和空间数据两类。其中，社会经济统计数据是空间贫困研究中最常用的属性数据。例如，人口、人均农民纯收入等社会经济数据一般是以基层行政区为基本单元，通常使用关系型数据库（relationship data base management system，RDBMS）以实现存储、检索、更新、数据分析和信息重现等功能。由于 RDBMS 不直接支持空间运算、分析和可视化社会经济要素的空间分布规律，因此可在“3S”技术和多元数据的有效支持下，采用遥感反演、格点生成、多因子加权融合建模等方法转换为空间数据。同时，要进行空间一致和无量纲处理。空间一致是指综合考虑社会经济要素、研究区域位置和面积等特点，将各类空间数据处理成坐标系相同、投影一致、空间起算位置相同、空间格网大小相同的空间数据集，确保指标数据具有相同的坐标空间和特定软件需要的格式。无量纲处理也称数据的标准化、规格化，是指采取极值化、标准化或均值化等方法，消除异量纲性指标数据量纲的影响，以便综合比较分析。

贫困地图或贫困绘图是区域贫困测度结果可视化最为直接的表达方式，主要是以 GIS 为核心，构建一个简单的、易于被决策者和普通大众理解和接受的可视化软硬件环境，将信息访问和探索活动与可视化过程同步，科学表达区域地理资本和贫困陷阱，实现区域贫困综合评价。

第五章 区域贫困识别的基本程序

第一节 自然地理区域划分

一、地貌资料查阅

邹豹君在其《小地貌学原理》中认为，大小地貌，不论平原、谷地、高山，都是由不同的“坡面”组成。“地貌”的变化完全源于“坡面”的变化。坡是组成地面状态的重要要素。一般而言，许多坡可以合成一个小地貌，许多小地貌又可以合成一个大地貌。

我国的贫困地区主要分布在自然条件恶劣、地理位置偏远、生态环境差、基础设施薄弱以及少数民族聚居的中西部地区的深山区、石山区、荒漠区、高寒山区、黄土高原区、地方病高发区以及水库库区等。为了探析贫困与自然地理环境的关系，需要将研究区划分为不同的小地貌单元。

宁夏是我国新构造运动十分活跃的地区之一。以横切宁夏中部、呈北西走向的牛首山–青龙山断裂为界，新构造运动将宁夏分为截然不同的南、北两部分，南部受到来自南西方向的水平挤压，不同地区处于派生的南北向和南西西–北东东向挤压构造应力状态。东面的鄂尔多斯和北面的阿拉善古老的刚性块体阻挡来自向北东的挤压力，并在两者的三角区域形成应力积累，导致地壳抬升、凹陷和弧形断裂，形成该地区地貌的原始格局。新构造运动为该地区黄土堆积创造了簸箕形地形条件，且促使西北地区逐渐趋于干旱少雨并盛行偏西北风气流，这种气候条件保证了形成厚层黄土的丰富尘源，也保证了荒漠粉尘源源不断地向该地区输送的稳定动力。物源、气流、地形以及草本植被四条件的配合，致使荒漠粉尘经过第四纪漫长时间在该地区不断沉降，塑造了该地区黄土高原的宏观地貌。

宁夏六盘山地区地貌类型是由内力和外力共同作用的结果，受地壳运动挤压或扩张形成该地区地貌类型的原始地貌架构（图 5-1）。内力作用是该地区山地、丘陵与河流形成的根本力量。外力作用是在原始地貌架构完成的后期发挥了主要作用的，外力作用形成的地貌主要为雨蚀类小地貌、河蚀类及河积类小地貌。该地区季风降水和地形降水下落地面之后形成纹流。由纹流刻蚀坡面，形成纹沟。随着时间的推移，纹沟渐深、渐宽，互相吞并，成为小沟；小沟继续加深、加宽和加长，即可成为大沟。若雨水挖掘到地下水面，沟水演变为河谷。河流长期侵蚀与沉积，后发展演变为谷内泛滥平原，成为该地区沟壑形成的原始地貌基础。

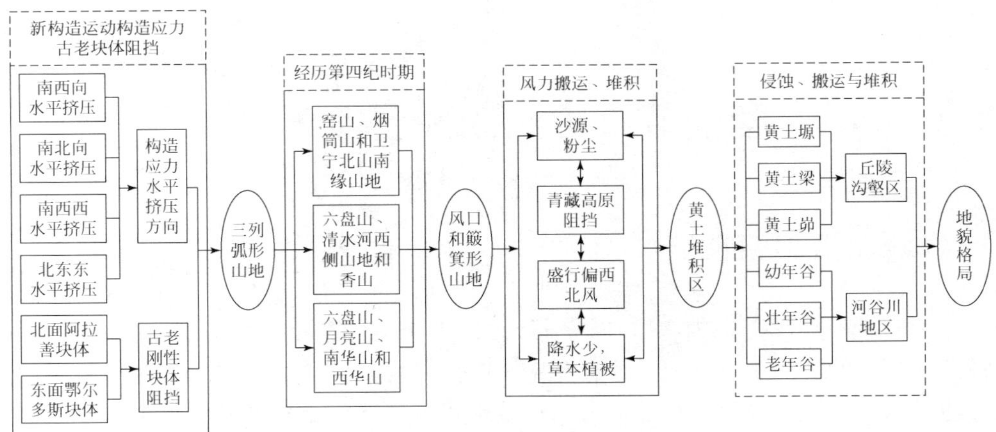

图 5-1　宁夏六盘山片区地貌演化过程

根据资料查阅，将宁夏六盘山片区各县(区)的地貌类型按照表 5-1 进行划分。

表 5-1　宁夏六盘山片区地貌划分

县（区）	地貌类型区	资料来源	县（区）	地貌类型区	资料来源
原州区	清水河河谷川台区	统计年鉴；刘魁	隆德县	河谷川区	“十三五”扶贫攻坚总体规划
	东部丘陵区			黄土丘陵区	
	六盘山阴湿山区			土石山区	
彭阳县	河谷川塬区	县城总体规划；符振平	泾源县	侵蚀堆积河谷平川区	邓鑫
	黄土丘陵区			侵蚀构造丘陵区	
	土石质山区			剥蚀构造石山区	
西吉县	葫芦河川道河谷区	统计年鉴	同心县	东部旱作塬区	同心县政府网
	黄土丘陵沟壑区			中部干旱山区	
	土石山区			西部扬黄灌区	
海原县	河谷川区	李博宇			
	红层丘陵区				
	黄土丘陵区				
	土石山区				

二、地理信息技术地形诊断

在 ArcGIS 10.2 软件支持下，将各县（区）数字高程模型（DEM）图和各行政村矢量图叠加提取各村的栅格数据；在空间分析模块下使用领域计算工具中的块统计功能，设置领域分析类型为矩形，领域的大小为 5×5，统计类型分为最大值和最小值，分别求取村域每个栅格的最大值和最小值，记为 h_{max} 和 h_{min}；使用栅格计算器求每个栅格最大值和最小值之差，即为每个栅格的相对高程；将各村域所有栅格的相对高程求平均值，就是各村的地形起伏度（图 5-2）。具体计算公式如下：

$$Q = h_{max} - h_{min} \tag{5-1}$$

式中，Q 为单位栅格的地形起伏度；h_{max} 为单位栅格内的最大值；h_{min} 为单位栅格内的最小值。

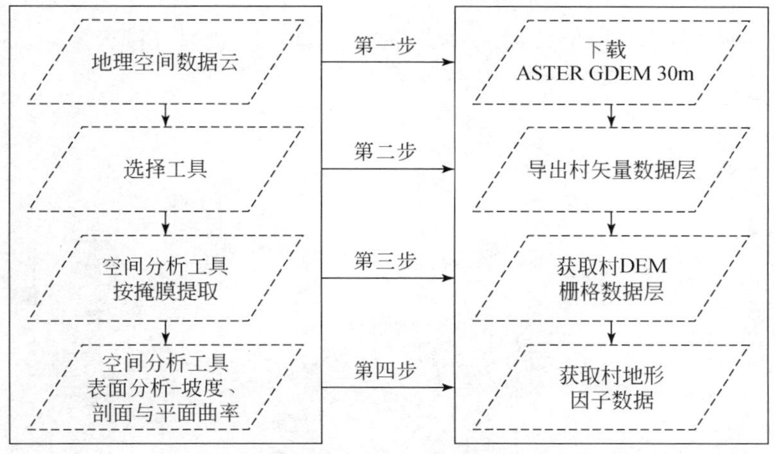

图 5-2　地貌诊断技术流程

依据国际地理联合会（International Geographical Union，IGU）地貌调查与制图委员会提出的地貌形态划分的基本指标参数（表 5-2），将各样本村的基本地貌形态进行诊断和归类。

在地理信息技术强大的网络分析和空间分析功能的背景下，运用 ArcGIS 10.2 对样本村的地貌类型进行地理信息技术诊断，利用 ArcGIS 软件的表面分析功能对样本村的地形起伏度、坡度、海拔、地表破碎度、剖面曲率以及平面曲率等进行地形因子提取。材料数据主要来源于地理空间数据云的ASTER GDEM 30m 数字高程。在收集总结该地区已有地貌区划方案的基础上，以该地区 30m 分辨率

表 5-2　地貌形态划分参数

地貌类型	相对高度/m	海拔/m	地势等级
低平原	0 ~ 30	0 以下	低平起伏
		0 ~ 200	
高平原、丘陵、高原	30 ~ 75	200 ~ 400	
		>400	和缓起伏
台原、山垄	75 ~ 300	>400	中等起伏
	300 ~ 600	<1300	
中山、低山		>1300	山地型起伏
高山	>600	>2000	高山型起伏

DEM 为主要数据源，利用相应的空间分析技术初步确定地貌类型区划界线。然后，利用空间分析模块的 3D 阴影技术将 DEM 生成三维地貌景观，后对该地区地貌类型区划进行验证和局部调整，并通过村域实地调查进一步校对（图 5-3 ~ 图 5-9）。

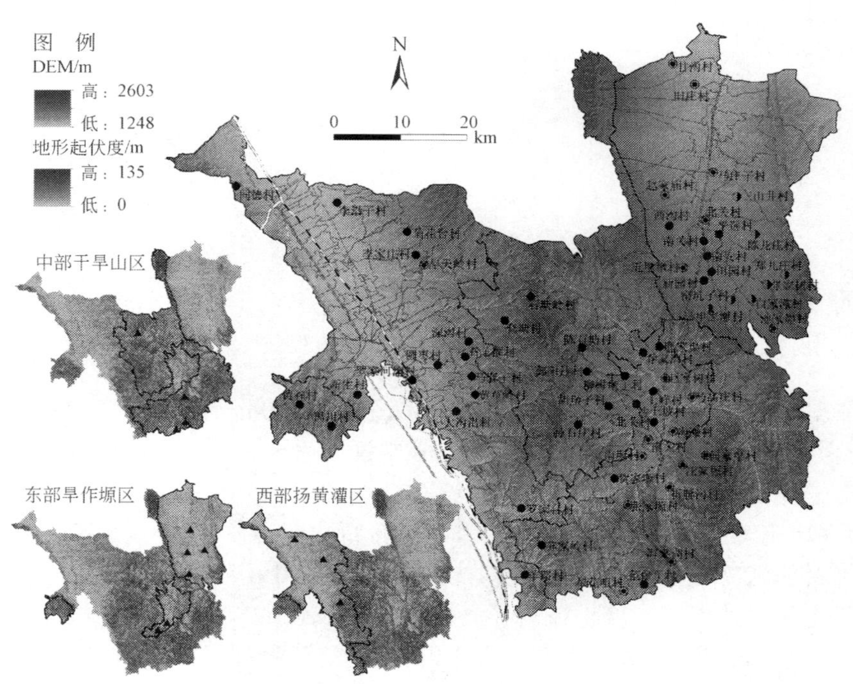

图 5-3　同心县地貌及贫困重点村分布

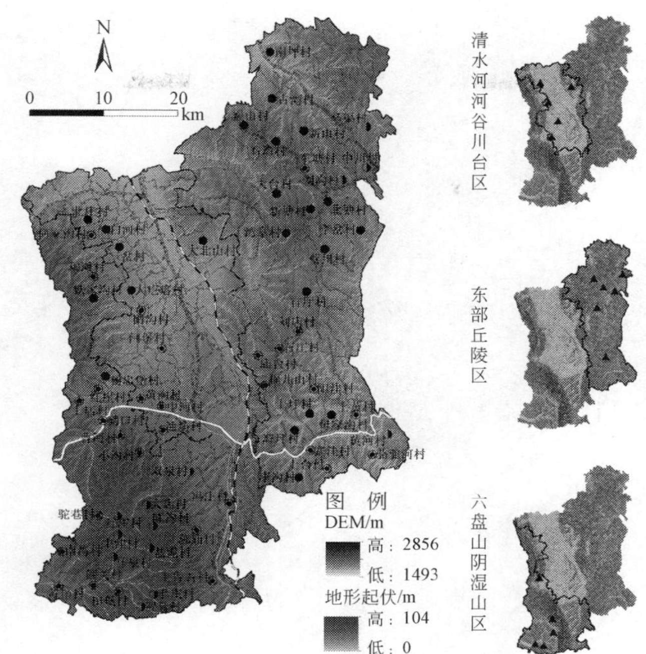

图 5-4　原州区地貌及贫困重点村分布

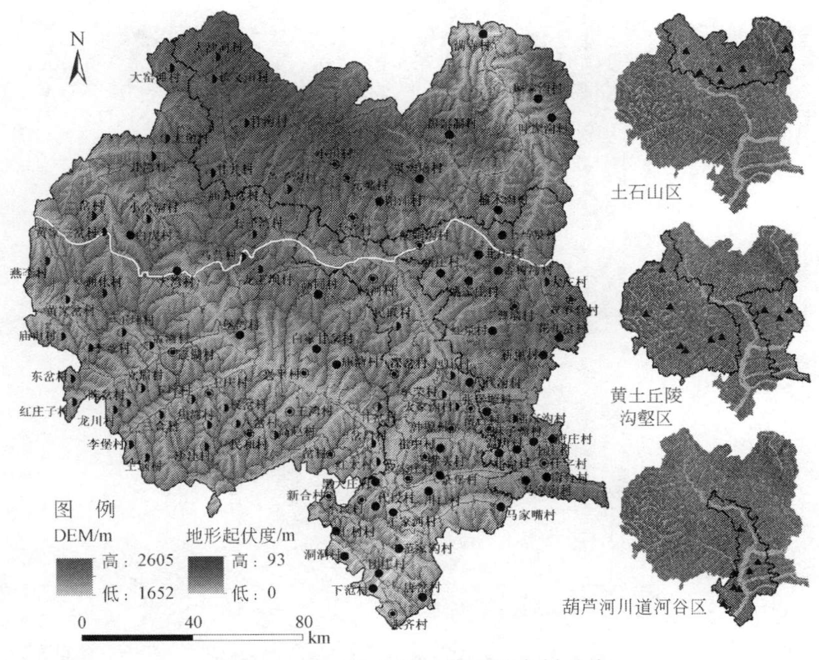

图 5-5　西吉县地貌及贫困重点村分布

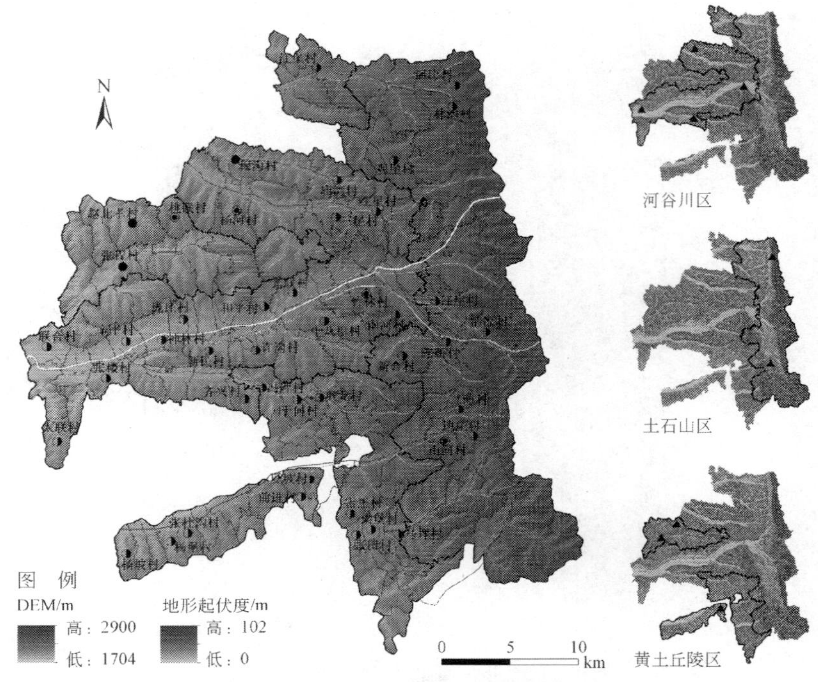

图 5-6 隆德县地貌及贫困重点村分布

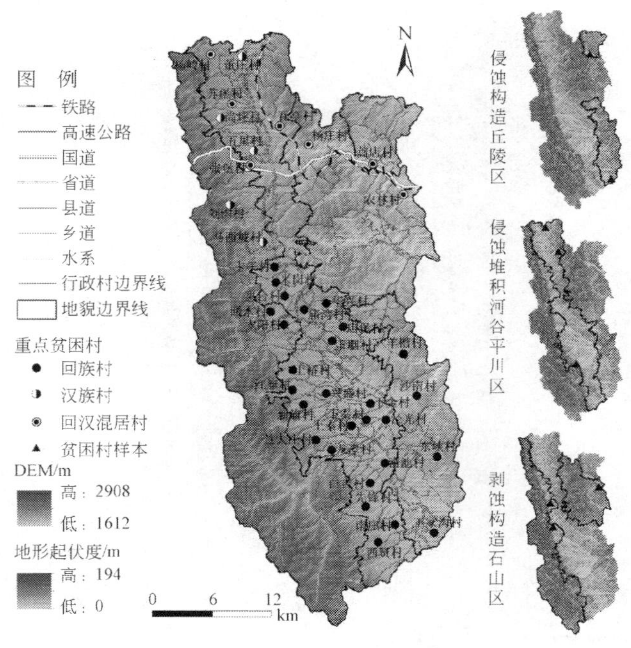

图 5-7 泾源县地貌及贫困重点村分布

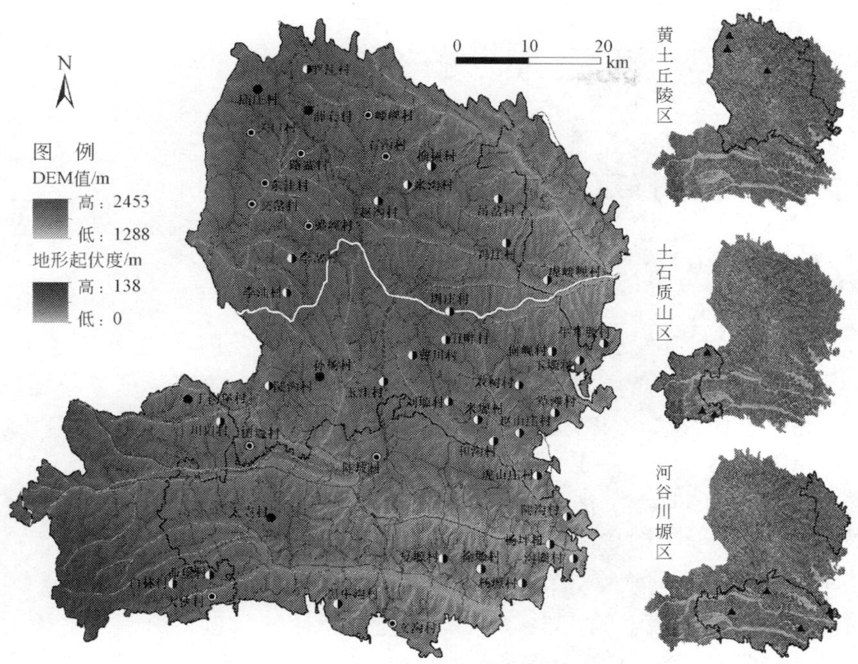

图 5-8　彭阳县地貌及贫困重点村分布

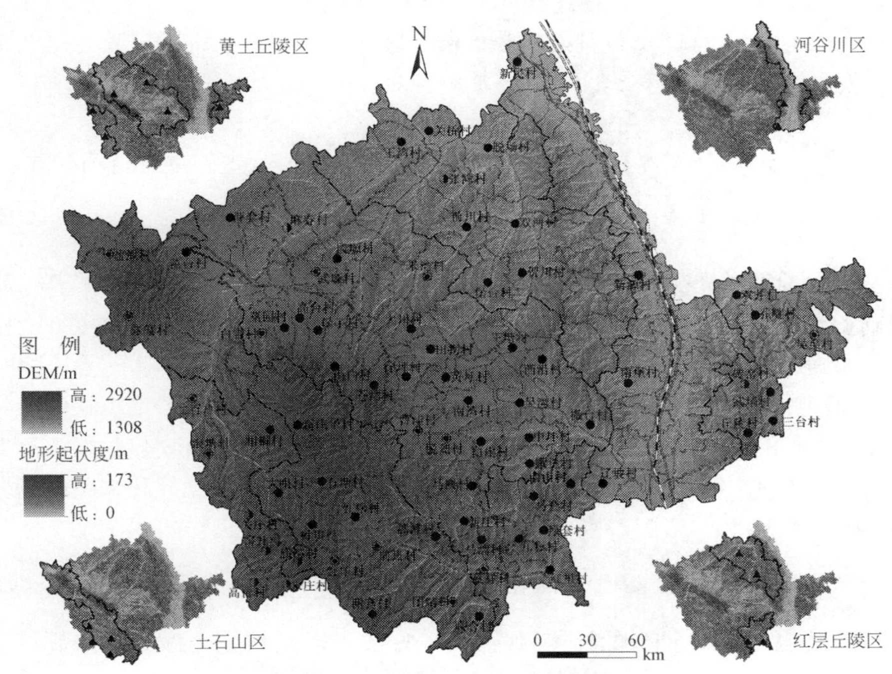

图 5-9　海原县地貌及贫困重点村分布

第二节 样本选择

一、村样本量的确定

（一）村样本总量的确定及各县（区）所占比的分配

在问卷调查过程中，抽样对搜集真实反映社会现象的资料工作有重大影响，抽样的关键是保证所选的样本对总体有足够的代表性。本书将采取简单随机抽样方法（SRS）从研究区内455个重点贫困村确定拟抽取的样本村和拟调查的样本户数。公式如下：

$$k = [f^2P(1-P)]/[e^2 + f^2P(1-P)/K] \tag{5-2}$$

式中，k为样本总量；e为期望的误差界限，取±9%，即$e=0.09$；f为置信区间所对应的标准正态分布的分位点值，取95%的置信区间，对应的分位点值$f=1.96$；K为总体规模，为455；P为样本量占总体的比例，由于没有该地区比例的真值，所以假设$P=0.5$，得到保守的样本量。经计算，$k=94$。

样本村总量确定后，在各县（区）分配样本村量时，采用按比例分配原则，方法即为各县（区）的重点贫困村数占研究区内455个重点贫困村数的比例与样本村总量的乘积。

$$N_i = 94 \cdot n_{i-p}/K \tag{5-3}$$

式中，N_i为i县（区）分配的样本村量；n_{i-p}为i县（区）内的重点贫困村数。

（二）村样本总量的地貌和民族所占比分配

贫困村的抽样充分考虑地形、地貌和民族因素，在随机抽样确定样本村数量的基础上，严格坚持“地貌-民族”抽取门槛，按地貌和民族所占有重点贫困村的比例，从确定的94个重点贫困样本村名单中进行地貌和民族所占比配置，同时考虑每一地貌类型上至少全覆盖汉族村、少数民族村和多民族村，若地貌缺失某一民族类型村，则不选该民族类型村。即将每一地貌类型上的民族村划分为汉族、少数民族及多民族村三种；在每一地貌类型上均匀抽取汉族、少数民族和多民族三种类型的贫困样本村（地貌上民族村类型=1、2、3）。具体抽样工作如下：

$$K_c = \sum_{i=1}^{j} E_i \tag{5-4}$$

式中，K_c为县（区）抽取的样本村总数；j为县（区）地貌类型的最大数量；E_i为县（区）第i种地貌上贫困村的民族类型数，可知$1 \leqslant E_i \leqslant 3$。

表 5-3　宁夏六盘山地区区域贫困自然地理小区和样本数

县(区)	类型																							
同心县	自然地理小区类型	东部旱作塬区(少数民族-汉族-多民族)							中部干旱山区(少数民族-多民族)							西部扬黄灌区(少数民族-多民族)								
	样本村(13)/个	南关	贺家塬	申家滩	陈庄	马庄	南塬		石塘	范堡子	海棠湖	折腰沟				黄草岭	李沿子	旱天岭						
	样本户数(256)/户	6	10	18	20	31	15		27	6	15	11				12	29	56						
海原县	自然地理小区类型	红层丘陵区(少数民族-汉族-多民族)							黄土丘陵区(少数民族-汉族-多民族)							土石山区(少数民族-汉族-多民族)								
	样本村(16)/个	辽坡	南堡	贺川	红星	张湾	蔡祥		菜园	吴湾	砖窑	关庄	二百户	米湾		大咀	谢套	苗湾	前进					
	样本户数(259)/户	19	19	12	11	12	9		16	17	27	23	15	20		16	13	10	20					
原州区	自然地理小区类型	清水河河谷川台区(少数民族-多民族)							东部丘陵区(少数民族-汉族-多民族)							六盘山阴湿山区(少数民族-汉族-多民族)								
	样本村(15)/个	白河	大北山	闫堡	黄沟				湾掌	石湾	马渠	刘沟	阳洼	东塘		杨忠堡	大店	盐泥	田堡	闫关				
	样本户数(259)/户	13	38	13	18				13	20	6	5	13	14		27	10	30	13	26				
隆德县	自然地理小区类型	河谷川区(少数民族-汉族-多民族)							黄土丘陵区(少数民族-汉族-多民族)							土石山区(汉族-多民族)								
	样本村(9)/个	穆沟	联合	齐兴	竹林				张程	夏坡	桃联					林沟	山河							
	样本户数(238)/户	14	27	22	44				37	26	18					21	29							
彭阳县	自然地理小区类型	河谷川塬区(少数民族-汉族-多民族)							黄土丘陵区(少数民族-汉族-多民族)							土石质山区(少数民族-汉族-多民族)								
	样本村(10)/个	太寺	徐塬	北塬	陡坡				庙庄	赵沟	关口					丁岗堡	白林	大伙						
	样本户数(246)/户	27	14	20	25				14	22	25					18	35	46						
泾源县	自然地理小区类型	侵蚀堆积河谷平川区(少数民族-汉族-多民族)							侵蚀构造丘陵区(少数民族-汉族-多民族)							剥蚀构造石山区(少数民族-汉族-多民族)								
	样本村(8)/个	龙潭	董庄	瓦亭					王家沟	蒿店						暖水	马西坡	农林						
	样本户数(237)/户	38	31	33					27	46						25	19	18						
西吉县	自然地理小区类型	葫芦河川道河谷区(少数民族-汉族-多民族)							黄土丘陵沟壑区(少数民族-汉族-多民族)							土石山区(少数民族-汉族-多民族)								
	样本村(23)/个	代段	王河	洞洞	民联	红太	韩塬	嘴头	大湾	姚庄	庙湾	井湾	大庄	通化	积岔	兴平	曹垴	王庆	泉沟垴	叶家沟	芦子沟	甘沟	元嘴	大营
	样本户数(260)/户	18	13	5	10	6	6	6	17	14	11	7	18	10	8	21	16	7	10	12	10	9	13	13

二、户样本量的确定

（一）确定抽取的样本村要调查的户数

在简单随机抽样的情况下（表5-3），取期望的误差界限 e 为±6%，即 $e=0.06$；f 为置信区间所对应的标准正态分布的分位点值，取95%的置信区间，对应的分位点值 $f=1.96$；K 为总量；P 为0.5。

（二）样本户数在各样本村的数量分配

各县（区）调查总户数确定后，在各层分配样本量时，采用按比例分配原则进行县（区）内部分配。

$$V_{ij} = S_i \cdot R_{ij}/T_i \tag{5-5}$$

式中，V_{ij}为 i 县（区）j 村分配的调查户数；S_i 为 i 县(区)分配的调查总户数；R_{ij}为 i 县（区）j 村的总户数；T_i 为 i 县（区）分配样本村的总户数。

第三节　数据来源和处理

一、数据来源

（一）基础地理数据

基础地理数据主要有研究区1∶25万的基础地理数据，包括县界、行政村村界和道路数据；利用 WorldView 卫星0.5m分辨率影像，获取土地利用数据；90m×90m的数字高程数据。

（二）社会经济数据

村级社会、经济数据采用参与性农村评估方法（participatory rural appraisal, PRA）入村入户获取。其中，C_4、C_{11}、C_{16}、C_{25}采用德尔菲法赋权重。

参与性农村评估方法是一种高效的收集农村或社区基本信息资料，获悉农村或社区资源状况与优势、了解农户愿望及发展途径的新方法（图5-10）。在调查过程中通常根据已设置好的问卷，采取分层随机抽样调查法，为使数据更加可靠和完善，在调查过程中往往辅以半结构式访谈（表5-4）。

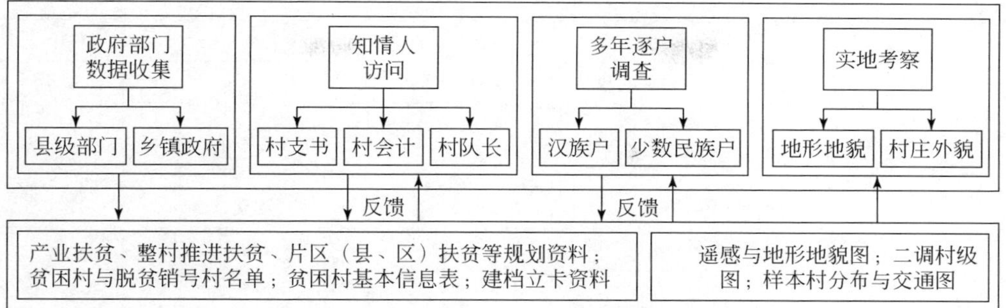

图 5-10　参与式农村评估流程

表 5-4　宁夏六盘山片区农村区域贫困地理资本细分

类别	指标名称	单位	指标名称	单位
基本情况	村域总人口	人	村域总户数	户
	家庭劳动力人口	人	文化程度	—
	60 岁以上人口数	人	从事的行业（可多选）	—
	民族	—	主要致贫原因（可多选）	—
经济类指标	总耕地面积	亩	粮食消费	kg
	农作物播种面积	亩	肉蛋类支出	元
	人均粮食产量	kg	调味品支出	元
	务工收入	元	贷款总户数	户
	家庭年总收入	元	贷款申请户数	户
	家庭年总支出	元	养殖能手人数	人
	牛羊棚数	个	有手艺人数	人
	蔬菜大棚数	个		
社会类指标	到最近集市的距离	km	是否有村幼儿园和小学	—
	到最近车站的距离	km	村卫生室医务人员数	人
	到最近乡镇医院的距离	km	新农合参合人数	人
	到最近初中学校的距离	km	新农保参保人数	人
	村域地貌类型	—	是否有农村文化大院	—
	是否有电信网点	—	是否有农村书屋	—
	电视普及率	%	村委是否有人值班	—
	手机普及率	%	是否有便民超市	—
	互联网接入率	%	村庄道路类型	—

续表

类别	指标名称	单位	指标名称	单位
社会类指标	政府为妇女免费体检次数	次	人均住房面积	m^2
	妇女在两委中的人数	人	住房类型	—
	妇女平均劳动时间	h	自来水入户率	%
	男性平均劳动时间	h	政府下乡送温暖次数	次
	初中毕业人数	人	18～60岁文盲人数	人
自然类指标	生活污水处理方式	—	水冲式厕所户数	户
	生活垃圾处理方式	—	户均农药使用量	L/hm^2
	冬季取暖方式	—	户均化肥使用量	kg/hm^2

为了降低地理资本指标的不同量纲和量纲单位对空间贫困模拟结果数据的影响，需要对原始数据进行无量纲化处理。需要指出的是，输入的指标值是经过标准化的，将数据控制在［0，1］，以更好地适应BP神经网络的应用。采用极差标准化方法对原始指标或者生成指标数据进行标准化处理，根据后续的Pearson相关分析结果可识别出各贫困指标的正向性和逆向性。其标准化公式如下：

正向指标：$X_{ij}=(\lambda_{ij}-\lambda_{j\min})/(\lambda_{j\max}-\lambda_{j\min})$；

$$\text{其中 } i=1,\ 2,\ \cdots,\ n;\ j=1,\ 2,\ \cdots,\ m \tag{5-6}$$

式中，X_{ij}为i行j列标准化之后的数据；λ_{ij}为i行j列原始数据；$\lambda_{j\max}$，$\lambda_{j\min}$分别为j列原始数据的最大值和最小值。

二、数据处理

（一）BP神经网络建模

BP神经网络是基于工作信号正向传播、误差信号反向传播算法的多层前向网络，由输入层、若干隐含层和输出层构成，每一层包含若干个神经元，层与层相互之间通过权值与阈值实现连接。BP神经网络学习过程为：①工作信号的正向传播过程。输入信号以输入层开端，经隐含层神经元，导向输出层，在输出端产生输出信号。在信号的正向传播过程中，网络的权值不变，下一层神经元的状态只受上一层神经元的影响。若期望输出不理想，则转入误差信号的反向传播。②误差信号的反向传播过程。误差信号为期望输出与网络实际输出的差值，误差信号的反向传播的过程同样由输出层向隐含层和输出层传播，而在误差信号反向传播的过程中，网络权值由误差反馈进行调节。通过调节权值使误差信号降至最低（图5-11）。

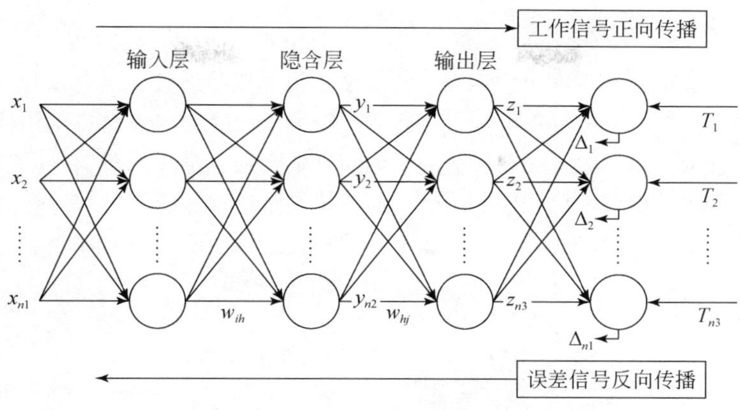

图 5-11　BP 神经网络结构

本章运用 BP 神经网络，在 MATLAB 2013 中对区域的贫困程度进行模拟。根据后续 Pearson 相关分析的结果，分别对致贫因素和消贫因素分别进行模拟，得到致贫指数和消贫指数。将各致贫因素、消贫因素的子指标作为输入，致贫指数和消贫指数作为输出，在设定固定参数的条件下，通过 BP 神经网络来不断练习、修正权值，即可模拟出各影响因子和各指数间的非线性关系，然后进行有效评估。特别注意的是，输入的指标值是经过平均数方差法标准化后的数据，需将数据控制在［-1，1］的范围内，以更好地适应 BP 神经网络的应用。将标准化的原始数据输入已经训练好的 BP 神经网络，当网络运行至最大批次后，得到研究区各样本村的消贫指数和致贫指数。

（二）Pearson 相关分析

由于抽样调查不能覆盖所有贫困村，研究借助 GIS 空间插值技术实现区域贫困模拟。选取平均数方差法对原始数据进行标准化处理。为检验地理资本指标与空间贫困之间的关系，区分出致贫地理资本和消贫地理资本，采用 Pearson 方法开展相关分析。根据 Pearson 相关分析结果，将消贫地理资本和致贫地理资本作为输入神经元，输出神经元为消贫指数（poverty alleviation index，PAI）和致贫指数（impoverishing index，II），构建 BP 神经网络模型。选取非等距的自然断点法将 PAI 划分为 5 级，采用 Spline 函数进行线性插值，线性设定影响等级，构建训练数据。网络初始权值为［-1，1］的随机数，动量参数为 0.4，训练批次为 100 000 次，目标误差为 0.0001，其他参数采用系统默认值。

应用 Pearson 相关分析判别各地理资本的贫困属性，并对其进行致贫与消贫归类。贫困因子的判别与归类是开展致贫与消贫指数空间模拟的基础。

（三）地理资本权重的求取

熵权法因其较为客观而被学术界广泛应用于指标权重的计算，它以各指标因素为基础进行综合，得出一个权重指标。该方法能较为全面地反映农村贫困指标体系所包含的贫困信息量，能有效解决农村贫困指标信息量庞杂、量化困难的问题。采用正向极差标准化方法进行归一化处理。熵权法的具体操作过程如下。

首先，对标准化后的数据求取每个指标的信息熵 IE_i，公式如下：

$$\mathrm{IE}_i = - l \sum_{j=1}^{n} (f_{ij} \ln f_{ij}),\ \text{其中} f_{ij} = r_{ij} \Big/ \sum_{j=1}^{n} r_{ij},\ l = 1/\ln n$$
$$(\text{假定：当} f_{ij} = 0 \text{ 时，} f_{ij} \ln f_{ij} = 0) \tag{5-7}$$

在每个指标信息熵求出后，根据式（5-8）求出每个指标的权重，即熵权 w_i。

（四）地理资本的贡献度

为了量化不同属性的贫困因素对各地貌和各民族重点贫困村的消贫能力和致贫能力贡献度，引入障碍度模型来量化各个指标对消贫和致贫的影响程度。计算模型公式如下：

$$N_i = w_i \cdot f_i \Big/ \sum_{i=1}^{n} w_i \cdot f_i \tag{5-8}$$

式中，w_i 为每项指标的权重值；f_i 为每项指标标准化值；N_i 为每项指标对农户生计脆弱性的影响程度。为了量化出贡献度，逐次统计出贡献度排名前 5 位的影响因素。进一步分别计算各县（区）贫困因素贡献度。

（五）区域贫困风险性检验

1. 贫困风险的识别约束

关于贫困风险的概念，学术界没有统一的解释。目前，贫困风险研究多是对导致地区或人口贫困的自然致贫因素或社会致贫因素中的某单方面致贫因素进行研究，且鲜有将经济消贫因素考虑在内。归根结底，贫困风险的实质是贫困地区或者贫困人口存在高脱贫难度，贫困对象的消贫能力无法抵消致使自身贫困的约束力。

通过对各县（区）消贫能力和致贫约束力核算，得出各县（区）的地理贫困指数，即扶贫压力指数。通过地理贫困指数找出各地貌和各民族存在扶贫压力较大的区域，即高脱贫难度区。首先找出地理贫困指数不小于 0 的节点，通过设定某些空间贫困风险约束条件，识别出各县（区）某一地貌或某一民族在某一时间段内具有高脱贫难度，即为脱贫风险存在的区域。将检验 GPI 是否存在的约束性条件设定为满足以下三种约束条件之一的，则定性为该地貌区、该民族村为脱贫难度大的区域，即存在贫困风险（表 5-5）。

表 5-5 Pearson 相关分析结果

县(区)	地理资本	相关系数	显著性水平	地理资本	相关系数	显著性水平	县(区)	地理资本	相关系数	显著性水平	地理资本	相关系数	显著性水平
同心县	C_1	1.000	0.000	C_{14}	0.450**	0.000	海原县	C_1	1.000	0.000	C_{14}	0.209*	0.041
	C_2	0.353**	0.002	C_{15}	0.428**	0.000		C_2	0.086	0.402	C_{15}	0.298**	0.003
	C_3	0.112	0.327	C_{16}	0.263*	0.020		C_3	0.145	0.159	C_{16}	0.182	0.076
	C_4	0.241*	0.034	C_{17}	-0.458**	0.000		C_4	0.509**	0.000	C_{17}	-0.111	0.283
	C_5	0.141	0.219	C_{18}	-0.129	0.261		C_5	0.165	0.108	C_{18}	-0.019	0.857
	C_6	0.637**	0.000	C_{19}	-0.456**	0.000		C_6	0.265**	0.009	C_{19}	-0.133	0.197
	C_7	0.203	0.075	C_{20}	-0.405**	0.000		C_7	0.202*	0.048	C_{20}	-0.164	0.111
	C_8	0.320**	0.004	C_{21}	-0.091	0.429		C_8	0.142	0.166	C_{21}	-0.421**	0.000
	C_9	-0.355**	0.001	C_{22}	-0.062	0.588		C_9	-0.643**	0.000	C_{22}	-0.468**	0.000
	C_{10}	-0.066	0.563	C_{23}	-0.192	0.092		C_{10}	-0.014	0.893	C_{23}	0.228*	0.025
	C_{11}	0.036	0.755	C_{24}	0.215	0.059		C_{11}	0.430**	0.000	C_{24}	-0.080	0.436
	C_{12}	0.139	0.225	C_{25}	-0.417**	0.000		C_{12}	0.283**	0.005	C_{25}	0.139	0.177
	C_{13}	-0.007	0.951	C_{26}	-0.085	0.460		C_{13}	-0.158	0.125	C_{26}	0.143	0.165
原州区	C_1	1.000	0.000	C_{14}	0.296**	0.005	隆德县	C_1	1.000	0.000	C_{14}	0.588**	0.000
	C_2	0.250*	0.017	C_{15}	0.331**	0.001		C_2	0.210	0.127	C_{15}	0.013	0.924
	C_3	0.288**	0.006	C_{16}	0.358**	0.001		C_3	0.016	0.911	C_{16}	0.461**	0.000
	C_4	0.222*	0.036	C_{17}	-0.160	0.133		C_4	0.604**	0.000	C_{17}	-0.140	0.314
	C_5	0.257*	0.014	C_{18}	-0.061	0.570		C_5	0.282*	0.039	C_{18}	-0.159	0.251
	C_6	0.267*	0.011	C_{19}	-0.048	0.651		C_6	0.467**	0.000	C_{19}	-0.193	0.161
	C_7	0.416**	0.000	C_{20}	-0.193	0.069		C_7	0.052	0.710	C_{20}	-0.154	0.265
	C_8	0.400**	0.000	C_{21}	-0.161	0.129		C_8	0.051	0.715	C_{21}	-0.026	0.851
	C_9	-0.481**	0.000	C_{22}	-0.268*	0.011		C_9	-0.705**	0.000	C_{22}	-0.199	0.150
	C_{10}	-0.132	0.214	C_{23}	-0.125	0.242		C_{10}	-0.117	0.398	C_{23}	0.276*	0.043
	C_{11}	-0.014	0.899	C_{24}	0.045	0.676		C_{11}	-0.287*	0.036	C_{24}	0.077	0.579
	C_{12}	0.427**	0.000	C_{25}	0.072	0.502		C_{12}	0.392**	0.003	C_{25}	-0.263	0.054
	C_{13}	-0.090	0.399	C_{26}	0.178	0.094		C_{13}	-0.519**	0.000	C_{26}	-0.389**	0.004

续表

县(区)	地理资本	相关系数	显著性水平	地理资本	相关系数	显著性水平	县(区)	地理资本	相关系数	显著性水平	地理资本	相关系数	显著性水平
彭阳县	C_{1}	1.000	0.000	C_{14}	0.562**	0.000	泾源县	C_{1}	1.000	0.000	C_{14}	0.061*	0.031
	C_{2}	0.282*	0.029	C_{15}	0.636**	0.000		C_{2}	0.311*	0.011	C_{15}	−0.243*	0.049
	C_{3}	0.263*	0.042	C_{16}	0.691**	0.000		C_{3}	0.575**	0.000	C_{16}	0.423**	0.000
	C_{4}	0.350**	0.006	C_{17}	−0.134	0.306		C_{4}	0.077	0.159	C_{17}	−0.051	0.285
	C_{5}	0.058	0.661	C_{18}	−0.227	0.081		C_{5}	0.288*	0.019	C_{18}	−0.082	0.215
	C_{6}	0.061	0.643	C_{19}	−0.110	0.403		C_{6}	0.223	0.072	C_{19}	−0.175	0.159
	C_{7}	0.707**	0.000	C_{20}	−0.113	0.391		C_{7}	0.299*	0.015	C_{20}	−0.130	0.297
	C_{8}	0.251	0.053	C_{21}	−0.197	0.131		C_{8}	0.345**	0.005	C_{21}	−0.295*	0.016
	C_{9}	−0.656**	0.000	C_{22}	−0.310*	0.016		C_{9}	−0.310*	0.012	C_{22}	−0.353**	0.004
	C_{10}	0.305*	0.018	C_{23}	0.495**	0.000		C_{10}	0.095	0.149	C_{23}	−0.201	0.106
	C_{11}	0.350**	0.006	C_{24}	0.682**	0.000		C_{11}	−0.397**	0.001	C_{24}	0.235	0.057
	C_{12}	0.103	0.435	C_{25}	−0.232	0.074		C_{12}	−0.110	0.098	C_{25}	−0.397**	0.001
	C_{13}	−0.448**	0.000	C_{26}	0.087	0.511		C_{13}	−0.212	0.088	C_{26}	−0.306*	0.012
西吉县	C_{1}	1.000	0.000	C_{8}	0.177*	0.038	西吉县	C_{15}	−0.075	0.385	C_{22}	−0.303**	0.000
	C_{2}	0.320**	0.000	C_{9}	−0.418**	0.000		C_{16}	0.480**	0.000	C_{23}	0.273**	0.001
	C_{3}	0.395**	0.000	C_{10}	0.356**	0.000		C_{17}	−0.052	0.547	C_{24}	−0.494**	0.000
	C_{4}	0.167	0.051	C_{11}	0.503**	0.000		C_{18}	−0.259**	0.002	C_{25}	0.123	0.151
	C_{5}	0.471**	0.000	C_{12}	0.339**	0.000		C_{19}	−0.069	0.421	$C_{2}6$	−0.293**	0.000
	C_{6}	0.272**	0.001	C_{13}	−0.496**	0.000		C_{20}	−0.102	0.232			
	C_{7}	0.039	0.652	C_{14}	0.242**	0.004		C_{21}	−0.074	0.387			

注：* 表示在0.05水平(双侧)上显著相关；** 表示在0.01水平(两侧)上显著相关

约束条件① $\begin{cases}GPI_n \geqslant 0 \\ GPI_{n-1} \geqslant 0\end{cases}$；约束条件② $\begin{cases}GPI_n \geqslant 0 \\ GPI_{n-1} \leqslant 0 \\ GPI_{n-m} \geqslant 0 \\ 2 \leqslant m \leqslant 5 \\ m \geqslant 2\text{ 个整数}\end{cases}$；约束条件③ $\begin{cases}GPI_n \leqslant 0 \\ GPI_{n-1} \geqslant 0 \\ GPI_{n-m} \geqslant 0 \\ 2 \leqslant m \leqslant 5 \\ m \geqslant 3\text{ 个整数}\end{cases}$

2. 风险约束条件解释

贫困风险约束条件的设定主要遵循致贫约束力不小于消贫能力且具有一定的时间连续性两个原则，三种约束式中，$n=2015$。

约束条件①：该约束条件表示研究期末地理贫困指数不小于0，末期前一个时间点同样不小于0，即最近两个连续的时间点GPI不小于0。这种约束要求说明研究对象贫困度高，脱贫难度大，即难脱贫风险。

约束条件②：该约束条件表示研究期末地理贫困指数不小于0，末期前一个时间点出现不大于0的情况，则要求该小于0的时间点前的任意两个时间点不小于0。这种约束要求说明研究对象趋近于脱贫，但脱贫难度具有一定的波动性，返贫具有一定的反复性，即脱贫波动风险。

约束条件③：该约束条件表示研究期末地理贫困指数不大于0，末期前一个时间点出现不小于0的情况，则要求该不大于0的时间点前的任意3个时间点不小于0。这种约束要求说明研究对象长期处于贫困状态，脱贫具有较大的暂时性，易二次陷入难脱贫区（表5-6，表5-7）。

表5-6　区域贫困地理资本分类结果

县（区）	消贫地理资本	致贫地理资本
同心县	经济：C_1、C_2、C_3、C_4、C_5、C_6、C_7、C_8； 社会：C_{11}、C_{12}、C_{14}、C_{15}、C_{16}； 自然：C_{24}	社会：C_9、C_{10}、C_{13}； 自然：C_{17}、C_{18}、C_{19}、C_{20}、C_{22}、C_{21}、C_{23}、C_{25}、C_{26}
海原县	经济：C_1、C_2、C_3、C_4、C_5、C_6、C_7、C_8； 社会：C_{11}、C_{12}、C_{14}、C_{15}、C_{16}； 自然：C_{23}、C_{25}、C_{26}	社会：C_9、C_{10}、C_{13}； 自然：C_{17}、C_{18}、C_{19}、C_{20}、C_{21}、C_{22}、C_{24}
原州区	经济：C_1、C_2、C_3、C_4、C_5、C_6、C_7、C_8； 社会：C_{12}、C_{14}、C_{15}、C_{16}； 自然：C_{24}、C_{25}、C_{26}	社会：C_9、C_{10}、C_{11}、C_{13}； 自然：C_{17}、C_{18}、C_{19}、C_{20}、C_{21}、C_{22}、C_{23}

续表

县（区）	消贫地理资本	致贫地理资本
西吉县	经济：C_1、C_2、C_3、C_4、C_5、C_6、C_7、C_8； 社会：C_{10}、C_{11}、C_{12}、C_{14}、C_{16}； 自然：C_{23}、C_{25}	社会：C_9、C_{13}、C_{15}； 自然：C_{17}、C_{18}、C_{19}、C_{20}、C_{21}、C_{22}、C_{24}、C_{26}
泾源县	经济：C_1、C_2、C_3、C_4、C_5、C_6、C_7、C_8； 社会：C_{10}、C_{14}、C_{16}； 自然：C_{24}	社会：C_9、C_{11}、C_{12}、C_{13}、C_{15}； 自然：C_{17}、C_{18}、C_{19}、C_{20}、C_{21}、C_{22}、C_{23}、C_{25}、C_{26}
隆德县	经济：C_1、C_2、C_3、C_4、C_5、C_6、C_7、C_8； 社会：C_{12}、C_{14}、C_{15}、C_{16}； 自然：C_{23}、C_{24}	社会：C_9、C_{10}、C_{11}、C_{13}； 自然：C_{17}、C_{18}、C_{19}、C_{20}、C_{21}、C_{22}、C_{25}、C_{26}
彭阳县	经济：C_1、C_2、C_3、C_4、C_5、C_6、C_7、C_8； 社会：C_{10}、C_{11}、C_{12}、C_{14}、C_{15}、C_{16}； 自然：C_{23}、C_{24}、C_{26}	社会：C_9、C_{13}； 自然：C_{17}、C_{18}、C_{19}、C_{20}、C_{21}、C_{22}、C_{25}

表 5-7　宁夏六盘山片区各县（区）区域贫困指标权重

县（区）	消贫因素				致贫因素			
同心县	C_1	0.023	C_8	0.021	C_9	0.035	C_{21}	0.04
	C_2	0.016	C_{11}	0.02	C_{10}	0.045	C_{22}	0.155
	C_3	0.026	C_{12}	0.026	C_{13}	0.038	C_{23}	0.024
	C_4	0.063	C_{14}	0.017	C_{17}	0.054	C_{25}	0.014
	C_5	0.045	C_{15}	0.024	C_{18}	0.061	C_{26}	0.005
	C_6	0.014	C_{16}	0.013	C_{19}	0.062		
	C_7	0.031	C_{24}	0.067	C_{20}	0.061		
海原县	C_1	0.026	C_{11}	0.029	C_9	0.027	C_{22}	0.033
	C_2	0.009	C_{12}	0.029	C_{10}	0.086	C_{24}	0.047
	C_3	0.01	C_{14}	0.017	C_{13}	0.053		
	C_4	0.012	C_{15}	0.102	C_{17}	0.069		
	C_5	0.048	C_{16}	0.034	C_{18}	0.056		
	C_6	0.031	C_{23}	0.03	C_{19}	0.06		
	C_7	0.035	C_{25}	0.016	C_{20}	0.073		
	C_8	0.013	C_{26}	0.019	C_{21}	0.038		

续表

县（区）	消贫因素				致贫因素			
原州区	C_1	0. 029	C_{12}	0. 022	C_9	0. 031	C_{21}	0. 043
	C_2	0. 012	C_{14}	0. 028	C_{10}	0. 076	C_{22}	0. 041
	C_3	0. 01	C_{15}	0. 014	C_{11}	0. 005	C_{23}	0. 037
	C_4	0. 02	C_{16}	0. 036	C_{13}	0. 076		
	C_5	0. 032	C_{24}	0. 033	C_{17}	0. 104		
	C_6	0. 035	C_{25}	0. 007	C_{18}	0. 096		
	C_7	0. 036	C_{26}	0. 003	C_{19}	0. 097		
	C_8	0. 01			C_{20}	0. 065		
彭阳县	C_1	0. 034	C_{11}	0. 017	C_9	0. 029		
	C_2	0. 019	C_{12}	0. 02	C_{13}	0. 066		
	C_3	0. 019	C_{14}	0. 021	C_{17}	0. 053		
	C_4	0. 031	C_{15}	0. 033	C_{18}	0. 048		
	C_5	0. 02	C_{16}	0. 01	C_{19}	0. 053		
	C_6	0. 024	C_{23}	0. 026	C_{20}	0. 048		
	C_7	0. 054	C_{24}	0. 067	C_{21}	0. 053		
	C_8	0. 011	C_{26}	0. 016	C_{22}	0. 059		
	C_{10}	0. 122			C_{25}	0. 081		
泾源县	C_1	0. 02	C_8	0. 035	C_9	0. 021	C_{19}	0. 089
	C_2	0. 008	C_{10}	0. 067	C_{11}	0. 04	C_{20}	0. 042
	C_3	0. 015	C_{14}	0. 018	C_{12}	0. 039	C_{21}	0. 039
	C_4	0. 014	C_{16}	0. 016	C_{13}	0. 029	C_{22}	0. 195
	C_5	0. 032	C_{24}	0. 053	C_{15}	0. 02	C_{23}	0. 021
	C_6	0. 032			C_{17}	0. 036	C_{25}	0. 02
	C_7	0. 052			C_{18}	0. 034	C_{26}	0. 012
隆德县	C_1	0. 014	C_8	0. 001	C_9	0. 021	C_{20}	0. 105
	C_2	0. 009	C_{12}	0. 009	C_{10}	0. 126	C_{21}	0. 065
	C_3	0. 006	C_{14}	0. 005	C_{11}	0. 038	C_{22}	0. 02
	C_4	0. 022	C_{15}	0. 012	C_{13}	0. 049	C_{25}	0. 039
	C_5	0. 019	C_{16}	0. 01	C_{17}	0. 125	C_{26}	0. 025
	C_6	0. 015	C_{23}	0. 016	C_{18}	0. 141		
	C_7	0. 034	C_{24}	0. 014	C_{19}	0. 06		

续表

县（区）	消贫因素				致贫因素			
西吉县	C_1	0.026	C_{10}	0.118	C_9	0.015	C_{22}	0.037
	C_2	0.019	C_{11}	0.029	C_{13}	0.082	C_{24}	0.024
	C_3	0.03	C_{12}	0.06	C_{15}	0.017	C_{26}	0.003
	C_4	0.013	C_{14}	0.023	C_{17}	0.044		
	C_5	0.067	C_{16}	0.056	C_{18}	0.042		
	C_6	0.054	C_{23}	0.04	C_{19}	0.053		
	C_7	0.038	C_{25}	0.014	C_{20}	0.045		
	C_8	0.006			C_{21}	0.044		

（六）区域贫困分异机制

进一步构建地理贫困指数 GPI，即

$$GPI = PAI + II \tag{5-9}$$

式中，PAI 为消贫地理资本指数，值为正；II 为致贫地理资本指数，值为负。GPI 越大，贫困程度越小；GPI 越小，贫困程度越大。

根据上述方法和流程，划分出县域贫困地理类型并制作贫困地图，进一步分析各种贫困地理类型致贫成因，为制定减贫策略提供依据。

第六章　区域贫困的自然-社会-经济地域系统分析

第一节　自然地理环境

一、地理位置

宁夏集中连片特困地区地理位置为105°09′E～106°58′E，35°15′N～37°28′N，南北长约246.05 km，东西宽约155.8km。土地面积约为2.55万km^2。属于宁夏中南地区，东、西、南三面被甘肃省环绕，东临庆阳市，南与平凉市毗邻，西与白银市接壤。《中国新农村扶贫开发纲要（2011—2020年）》划分的六盘山连片特困地区覆盖陕西省、甘肃省、青海省和宁夏回族自治区；其中吴忠市的同心县、中卫市的海原县、固原市的原州区、隆德县、彭阳县、泾源县、西吉县5个县（区）是宁夏六盘山连片特困地区的主要扶贫县区。宁夏“十二五”确定的全自治区重点贫困村名单共计500个，而本书所选研究区内覆盖455个重点贫困村，达到全自治区重点贫困村的91%，为宁夏的重点扶贫地区。

二、地貌与地势

宁夏六盘山连片特困地区（以下简称“宁夏六盘山片区”）跨华北地层区和祁连地层区，大地构造属中朝准地台和昆仑秦岭地槽褶皱区，在内外力的作用下，地形地貌十分复杂。该地区地貌类型以山地和丘陵为主，平原较少；地貌类型大致为中部山地与山间平原、南部黄土丘陵与山地两个大的地貌区，整体地势为中部的北西-南东弧形地带较高，其他地区相对较低。

宁夏六盘山片区东部为南北向的罗山、青龙山、窑山、云雾山等组成；中部和西南地区，分布着宁夏回族自治区三大列弧中的两大列弧形山地，中部为第二列弧的六盘山和清水河西侧山地，为南北走向；西南地区为第三列弧的西华山、南华山、月亮山和六盘山，海原县以北走向为北西西-东西，以南走向为南北-

北西。第二列弧形山地与东部山地间挟持清水河盆地（平原），第二列与第三列弧形山地间挟持西安州—海原盆地，弧形山地及其间的盆地（平原）组成了弧形地貌格局。

三、气候特征与水热条件

宁夏六盘山连片特困地区地处东部季风区域和西北干旱区域，且靠近青藏高原高寒区域，横跨宁南中温干旱区和六盘山高寒阴湿区两大农业气候区，这种独特的地理位置和气候条件导致该地区自然条件具有过渡性、复杂性和不均衡性的基本特征。气温和降水、日照时数和风速等气候因子具有空间分布不均、时间分配不匀的特点，空间上呈现明显的南北差异，时间上年内变幅较大，高、低值呈现单峰型（图6-1）。

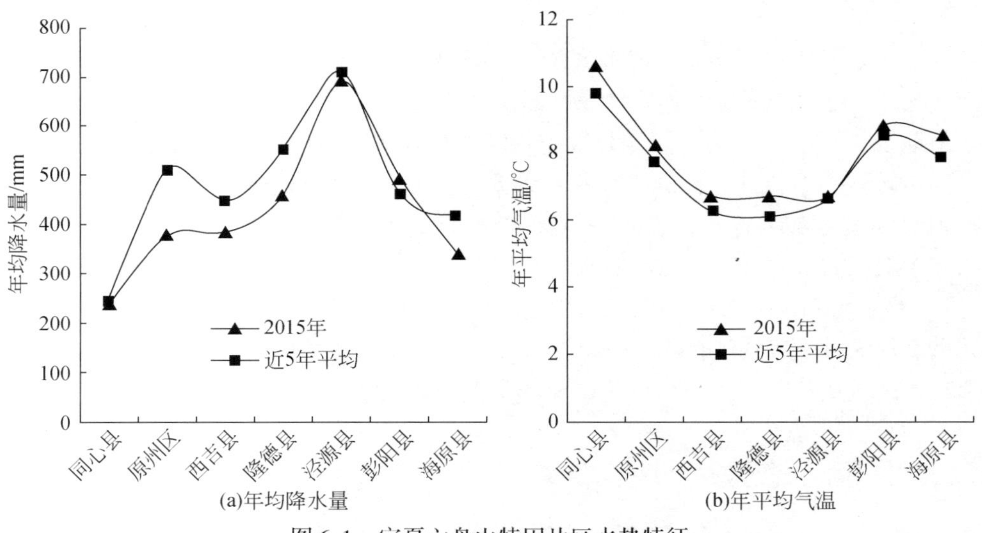

图6-1　宁夏六盘山特困片区水热特征

宁夏六盘山连片特困地区年平均降水量和年平均气温空间分布特征不同，年平均降水量由南向北逐渐减少，而年平均气温由南向北呈现递增的态势。六盘山因地势较高，是该地区的多雨中心，年平均降水量约为677mm。该地区各地年平均降水量为330～600mm，且各县（区）2013年的年均降水量高出近5年平均值很多，泾源县为雨量高值中心。各县（区）年平均气温较低，为6～9℃；2013年各地区年平均气温高于近5年平均，同心县为年平均气温的高值（图6-1）。

宁夏六盘山连片特困地区年平均风速和年日照时数空间分布由北向南递减，年平均风速为1.5～3m/s，最大风速为10～14m/s，六盘山西侧的隆德、西吉等县，因山体的屏障影响，风速较小，是宁夏年平均风速最小的地区。南部虽位置偏南，太阳高度较高，但地处六盘山高寒阴湿区，阴天较多，年日照时数反而小于中部和北部地区。南部固原地区年日照时数一般为 2250～2700h，其中同心县为高值中心，隆德、泾源为低值区（图 6-2）。

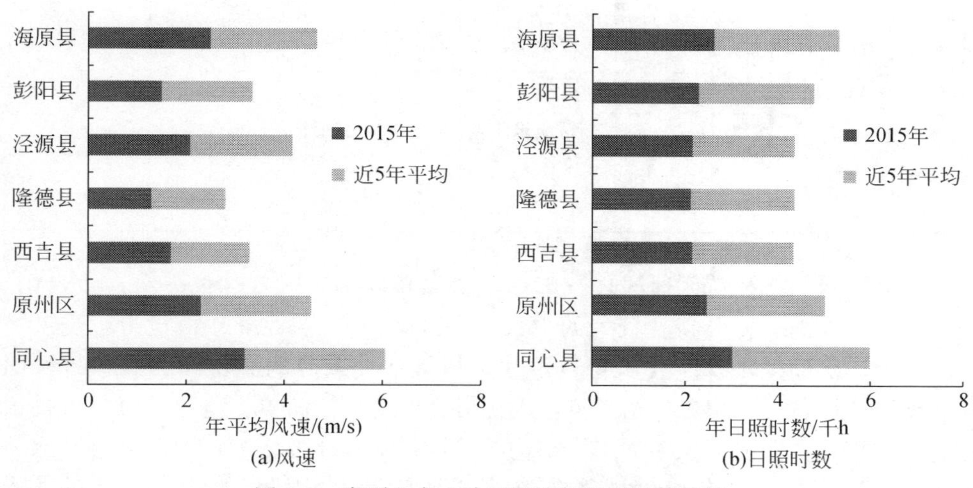

图 6-2　宁夏六盘山片区风速与日照时数特征

四、水文特征与植被

宁夏六盘山连片特困地区水文分区覆盖半湿润区、半干旱区及干旱区，水系可以划分为北部苦水河水系、中部清水河水系和南部的祖厉河水系、葫芦河水系以及泾河水系，位于黄河右岸，皆属于黄河流域。泾河干流和葫芦河东侧支流水量较丰富、水质优且泥沙含量少，其余河流，表现出干旱和半干旱区的水文特征。北部苦水河水系发源于罗山和青龙山，沿着第一列弧形山地东侧北流注入黄河。南部地区水系以六盘山和月亮山为中心作放射状分布，清水河源出六盘山北麓，北流入黄河。葫芦河源于月亮山，沿六盘山西侧南流出境，入渭河。泾河源于六盘山东麓，东流出境，入渭河（表 6-1）。

表 6-1　宁夏六盘山片区水系特征

项目	苦水河	清水河	葫芦河	泾河	祖厉河
级别	Ⅰ	Ⅰ	Ⅱ	Ⅱ	Ⅱ
源地	罗山、青龙山	六盘山北麓	六盘山西南	六盘山东麓	月亮山西南

续表

项目	苦水河	清水河	葫芦河	泾河	祖厉河
汇入	黄河	黄河	渭河	渭河	黄河
集水面积/km^2	4 942	1 3511	3 281	455	597
河长/km	218.8	320.2	119.8	38.9	—
平均比降/‰	2.5	15	51.5	70.4	18
年径流深/mm	0.125	2.02	1.69	3.49	0.107
年径流量/亿 m^3	1.4	22.7	19	39.3	1.2
年径流量占全区比/%	1.68	1.49	3.39	17.4	—

宁夏六盘山连片特困地区现存天然植被以草原为主，森林仅分布在六盘山、罗山等海拔较高、相对高度较大的少数山地（表6-2）。此外，植被由于受人类活动长期影响而呈现次生化现象。该地区植被地理成分的温带和北温带特性明显；植物种属贫乏，旱生生活类型群占优势，群落结构简单，草层低矮，生长稀疏，成层现象不明显，大多为单层结构；植被耐寒特性强，植物大多以落叶或地上部分枯死方式过冬，一年生植物则在入冬前完成生活周期，以适应冬季的寒冷气候，并导致不同季节植被季相的演替。

表6-2 宁夏六盘山片区植被区划

区域	分区	小区
温带草原区域	宁南黄土高原南部森林草原及栽培植被区	六盘山、南华山落叶阔叶林、山地草甸森林草原小区
		宁南黄土高原南部森林草原化森林草原及栽培植被小区
		固原中部灌丛草原小区
温带东部草原亚区域	宁南黄土高原北部干草原区	固北、同南、麻黄山长芒草干草原小区
		海原南部荽蒿干草原小区
草原地带	宁中、宁北洪积和间山平平原缓坡丘陵荒漠草原及灌溉栽培植被区	徐套、罗山、王乐井荒漠和干草原过渡小区
		宁中、宁北荒漠草原小区

五、土壤与土地利用

宁夏六盘山连片特困地区土地面积约为2.55万km^2，占宁夏回族自治区辖区面积的38.4%，成土条件复杂；因人口稀少，土地资源具有绝对数量少，相对数量多的特点；土壤类型多样，适宜性较广；限制因素多，地力偏低。由南向北，随着降水量减少，干燥度增大，植被条件变坏，物理风化加强，该地区地带性土壤呈现有机质积累减少，盐类淋溶作用减弱，机械组成变粗的变化规律。根据土壤形成的主要因素、形成过程及其相互间的关系，宁夏六盘山连片特困地区土壤大致可以分为水平地带性土壤、垂直地带性土壤、非地带性土壤和人为土壤。

宁夏六盘山连片特困地区土地资源分区属于温带干草原、森林草原黑垆土区的黄土丘陵亚区和六盘山石质山地亚区、温带荒漠草原灰钙土区中部山地与山间平原亚区。该地区以黄绵土为主要土壤类型，广泛分布于同心、海原、西吉、原州、彭阳和隆德等县区，灰褐土以第三列弧型山地六盘山、月亮山、南华山和西华山呈西北-东南展布，黑垆土和灰钙土在各县区均有小面积零星分布。土壤类型含有 10 个土类，29 个亚类；根据土壤总量含水率和干旱分级标准，土壤含水率为 15% ~20%，土壤干旱程度适宜，土壤墒情类别为褐墒；土壤含水率为 12% ~15%，土壤出现轻旱现象，土壤墒情类别为黄墒；土壤含水率为 8% 左右，土壤干旱程度表现为中旱，土壤墒情为灰墒。2010 年，海原、原州、西吉（彭阳数据缺失）土壤含水率为 12% ~15%，常年为轻旱土壤，墒情为黄墒；隆德、泾源土壤含水率为 15% ~18%，土壤干旱程度适宜，土壤墒情类别为褐墒；同心土壤含水率年均低于 10%，土壤为中旱，墒情为灰墒。此外，该地区各个县区 2010 年土壤含水率低于近 5 年平均值（图 6-3）。

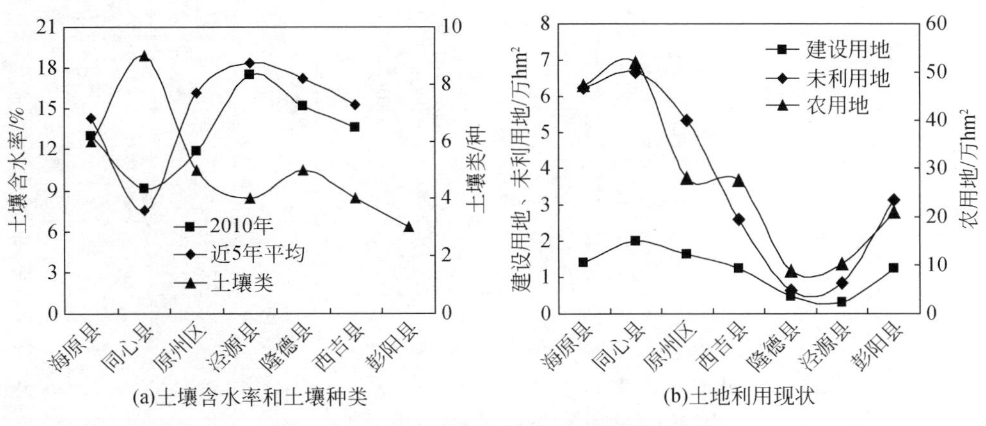

图 6-3　土壤含水率、种类与土地利用现状

宁夏土地调查一般将土地利用分为农用地、建设用地和未利用地三个大类。其中，农用地下属耕地、园地、林地、牧草地和其他农用地五个亚类；建设用地细分为居民点及工矿用地、交通运输用地和水利设施用地三个亚类。该地区土地利用结构以农用地为主，农用地占整个土地利用面积的 85. 24%，建设用地占 3. 62%，未利用地占 11. 14%。

第二节　社会经济环境

一、区域社会环境

（一）人口状况

宁夏六盘山片区是我国回族的主要聚居区，也是国家六盘山集中连片特困地区的重要组成部分。2011～2015 年，宁夏回族自治区总人口增加 28.5 万人，而宁夏六盘山片区总人口减少了近 3.3 万人，这主要与“十二五”期间生态移民有关。宁夏六盘山片区自然人口增长率高于 10‰，也高于宁夏的平均水平；回族比例超过 57%，高于宁夏平均水平 20 个百分点以上，其中 2015 年同心县、泾源县和海原县回族占比分别达 86.06%、78.4% 和 70.85%（表 6-3）。

表 6-3　六盘山片区人口状况

年份	指标	宁夏	宁夏六盘山片区	同心	原州	西吉	隆德	泾源	彭阳	海原
2011	总人口/万人	639.45	196.72	32.61	41.86	36.12	16.22	10.23	20.26	39.4
	自然人口增长率/‰	8.97	11.29	13.56	11.16	12.51	8.28	10.66	9.79	13.06
	回族人口/万人	228.66	115.69	29.75	196.51	20.92	1.85	8.52	6.16	28.82
	比重/%	35.76	58.81	91.21	46.94	57.93	11.41	83.36	30.41	73.16
2012	总人口/万人	647.19	199.59	33.13	42.42	36.66	16.4	10.38	20.54	40.03
	自然人口增长率/‰	8.93	10.98	12.63	10.08	11.65	7.51	11.91	10.51	12.58
	回族人口/万人	230.12	117.21	29.93	20.69	20.81	1.91	8.08	6.32	29.45
	比重/%	35.56	58.72	90.33	48.76	56.77	11.66	77.82	30.77	73.58
2013	总人口/万人	654.19	196.36	32.58	41.86	35.9	16.32	10.16	20.15	39.38
	自然人口增长率/‰	8.62	10.35	12.15	10.57	10.76	7.7	9.35	8.9	13.01
	回族人口/万人	232.89	114.78	28.96	19.99	20.61	1.95	8	6.28	28.97
	比重/%	35.6	58.45	88.89	47.75	57.41	11.97	78.78	31.2	73.58
2014	总人口/万人	661.53	194.7	32.41	41.55	35.14	16.06	10.26	19.7	39.55
	自然人口增长率/‰	8.57	10.51	12.44	9.52	11.05	7.77	10.89	9.61	12.31
	回族人口/万人	236.14	112.22	27.72	20.17	20.31	1.99	8.08	6.05	27.87
	比重/%	35.69	57.64	85.53	48.55	57.79	12.41	78.76	30.45	70.47
2015	总人口/万人	667.87	193.41	32.54	41.58	34.4	15.78	9.94	19.44	39.69
	自然人口增长率/‰	8.04	10.75	12.84	10.52	12.01	7.14	10.86	9.4	12.45
	回族人口/万人	240.74	111.99	28	20.19	19.96	1.98	7.8	5.92	28.12
	比重/%	36.05	57.9	86.06	48.56	58.03	12.54	78.4	30.45	70.85

（二）教育与卫生状况

近年来，宁夏六盘山片区各项社会事业取得较快发展（表6-4）。根据《自治区党委、人民政府关于加快教育和发展，全面推进素质教育的决定》，宁夏农村中小学校布局不断优化。2011～2015年，宁夏六盘山片区普通中学、小学数量分别由2011年的18所和181所减少到2015年的15所和155所，幼儿园数量由2011年的13所增加到2015年的35所。从各县区来看，西吉县的普通中学、小学数量、每万人在校学生数量均居该区域首位，其次是海原县，泾源县最低。

2011～2015年，宁夏六盘山片区卫生机构数、卫生技术员人数和卫生机构床位数总体上是在增加，其中西吉县卫生机构数量最多，其次是原州区和海原县，且均高于全自治区水平。

表6-4　宁夏六盘山片区教育与卫生资源

区域	年份	中等职业学校/所	普通中学/所	小学/所	幼儿园/所	每万人口在校学生数/人	卫生机构数/个	卫生技术员数/人	床位数/床
宁夏	2011	1	17	102	23	2019	218	1687	1362
	2015	1	14	89	41	1696	226	2184	1676
宁夏六盘山片区	2011	1	18	181	13	2365	224	739	816
	2015	1	15	155	35	1873	239	939	844
同心	2011	1	19	139	2	2675	144	369	545
	2015	1	15	111	26	1974	192	1150	645
原州	2011	1	17	172	55	2440	330	2099	2114
	2015	1	16	157	90	2085	291	1979	2050
西吉	2011	1	27	367	3	2679	385	848	787
	2015	1	27	360	23	2178	346	897	662
隆德	2011	1	15	129	6	2360	181	457	509
	2015	1	9	76	60	1616	180	640	594
泾源	2011	1	7	77	5	1930	138	257	248
	2015	1	4	60	12	1741	137	330	277
彭阳	2011	1	14	164	15	2182	199	419	704
	2015	1	10	166	19	1745	204	544	765
海原	2011	1	26	222	2	2286	189	725	807
	2015	1	21	152	18	1773	328	1030	913

二、区域经济环境

（一）GDP 与人均 GDP

2011 ~2015 年，宁夏六盘山片区 GDP 总量仅占宁夏回族自治区 GDP 增加量的 14. 73% （图 6-4）。从各县区来看，原州区、同心县和西吉县的 GDP 总量高于宁夏六盘山片区 GDP 的平均水平。2015 年，宁夏回族自治区人均 GDP 为 43 805元，而宁夏六盘山片区人均 GDP 仅为 15 689. 26 元，远低于宁夏回族自治区水平，说明宁夏六盘山片区经济基础薄弱，发展水平严重滞后。

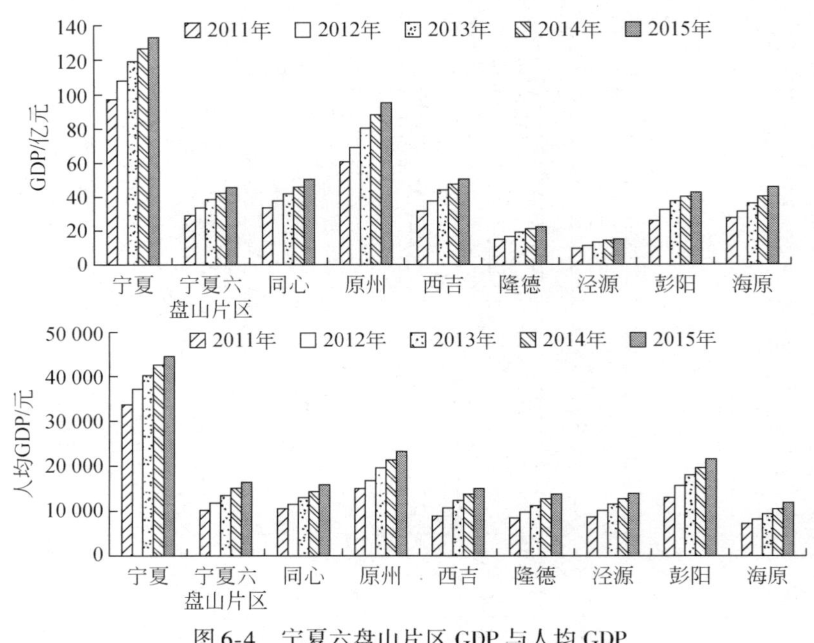

图 6-4　宁夏六盘山片区 GDP 与人均 GDP

（二）产业结构

2011 ~ 2015 年，宁夏六盘山片区第一产业比重逐年下降，由2011 年的 28. 24%下降至 2015 年的 22. 76%，而第二、第三产业比重逐年增加，分别由 2011 年的 28. 21% 和 43. 55% 增加到 2015 年的 29. 76% 和 47. 48%，说明该区域产业结构正在发生转化（表 6-5）。宁夏六盘山片区产业结构在县域尺度上存在较大差异。同心县第二产业比重较大，主要以原料工业和采掘业为主，但资源综合利用率低，环境压力较大，工业内部结构亟待优化；西吉县、隆德县、泾源县和海原县第三产业比重较大，但经营主体创新性不足，并没有将第三产业拉动区域经济增长的优势动力释放出来。

表 6-5 宁夏六盘山片区三次产业结构变化 （单位：%）

年份	产业	宁夏	宁夏六盘山片区	同心	原州	西吉	隆德	泾源	彭阳	海原
2011	第一产业	8.80	28.24	26.04	16.89	31.96	27.79	26.49	36.53	32.00
	第二产业	50.20	28.21	38.60	24.85	24.56	25.47	29.82	34.68	19.50
	第三产业	41.00	43.55	35.36	58.25	43.48	46.73	43.69	28.80	48.50
2012	第一产业	8.50	26.76	25.22	16.44	29.71	27.10	25.59	32.38	30.86
	第二产业	49.50	28.01	39.11	26.07	22.10	26.28	30.09	32.58	19.85
	第三产业	42.00	45.24	35.68	57.49	48.25	46.62	44.32	35.04	49.28
2013	第一产业	8.69	27.32	25.71	16.66	30.82	27.23	25.79	33.11	31.91
	第二产业	49.32	28.09	38.91	25.47	20.85	26.56	30.23	32.41	22.17
	第三产业	41.99	44.60	35.38	57.87	48.33	46.21	43.98	34.48	45.92
2014	第一产业	7.90	23.89	23.90	14.52	27.65	23.61	19.60	29.38	28.54
	第二产业	48.70	29.83	39.78	27.03	21.95	28.05	32.54	33.28	26.20
	第三产业	43.40	46.29	36.32	58.44	50.40	48.35	47.90	37.34	45.26
2015	第一产业	8.20	22.76	22.45	14.39	25.57	23.17	18.81	29.38	25.54
	第二产业	47.40	29.76	39.66	26.64	22.39	28.22	33.03	27.17	31.19
	第三产业	44.40	47.48	37.89	58.97	52.04	48.61	48.16	43.45	43.27

（三）收入与支出

2011~2015 年，宁夏六盘山片区各县区人均财政收入和支出均呈现逐年增加的态势，但该区域人均财政收入和支出的平均水平较低（表 6-6）。到 2015 年，该区域人均财政收入和支出分别为 775.9 元和 11 785.2 元，远低于宁夏回族自治区的平均水平 5618.2 元和 17 127.6 元。除同心县、彭阳县外，其余各县区的人均财政收入低于该区域的平均水平。在人均财政支出方面，除隆德县、泾源县和彭阳县外，其余各县区人均财政支出均达不到该区域的平均水平。

表 6-6　宁夏六盘山片区人均地方财政收入与支出　（单位：元）

区域	2011 年		2012 年		2013 年		2014 年		2015 年	
	人均财政收入	人均财政支出	人均财政收入	人均财政支出	人均财政收入	人均财政支出	人均财政收入	人均财政支出	人均财政收入	人均财政支出
宁夏	3 457.6	11 095.6	4 078.5	13 355.6	4 738.6	14 176.9	5 166.1	15 207.6	5 618.2	17 127.6
宁夏六盘山片区	370.2	7 423.2	468.6	8 966.1	612.7	10 229.3	739.8	10 905.4	775.9	11 785.2
同心	376.9	7 065.1	513.4	9 069.6	640.9	9 374.2	623	9 708.0	685.2	11 125.1
原州	360.1	4 490.6	475.3	5 368.3	552.8	6 393	600.2	6 338.4	603.1	7 453.2
西吉	235.4	7 194.6	259.2	8 628.8	314.7	9 346	382.9	9 994.7	479.5	11 100.9
隆德	286.9	8 841.9	388.9	10 485.7	588.9	11 786.3	708.8	12 085.8	847.6	13 596.0
泾源	346.9	10 040.5	442.5	11 268.4	625.2	13 763.7	992.9	14 552.5	1247.9	14 802.3
彭阳	819.1	8 336.6	986.6	10 414.5	1 250.1	12 010.1	1 470.2	14 196.9	1 128.9	14 094.6
海原	165.9	5 993.5	214.4	7 527.6	316.4	8 932.2	400.8	9 461.6	439.4	10 324.5

2015 年，宁夏六盘山片区城市居民和农村居民的人均可支配收入分别为 19 806.8 元和 6775.2 元，比 2011 年的 13 547.73 元和 4157.75 元分别增长了 46.2% 和 62.9%（图 6-5）。从各个县区来看，原州区的人均可支配收入远高于该区域的平均水平，但与宁夏全自治区相比具有较大差距；同心县城镇居民人均可支配收入最低，海原县农民人均可支配收入最低。2011 ~ 2015 年，宁夏六盘山片区农民人均纯收入由 3940 元增加到 6534 元，但与宁夏回族自治区平均水平差距不断拉大；农民人均生活消费支出由 2011 年的 3774 元增加到 2015 年的 6562 元，增加了 2788 元，增长率为 73.87%，其中 2013 ~ 2014 年增长幅度最大，增长率达 25%，其中，海原县人均消费支出由 2011 年的 3453 元增加到 2015 年的 6469 元，增长速度最快，增长率达 87.33%；其次是原州区，农村人均生活消费支出增长率达 86.55%；泾源县农村人均生活消费支出增长率仅为 46.17%，远低于该区域的平均水平（图 6-6）。

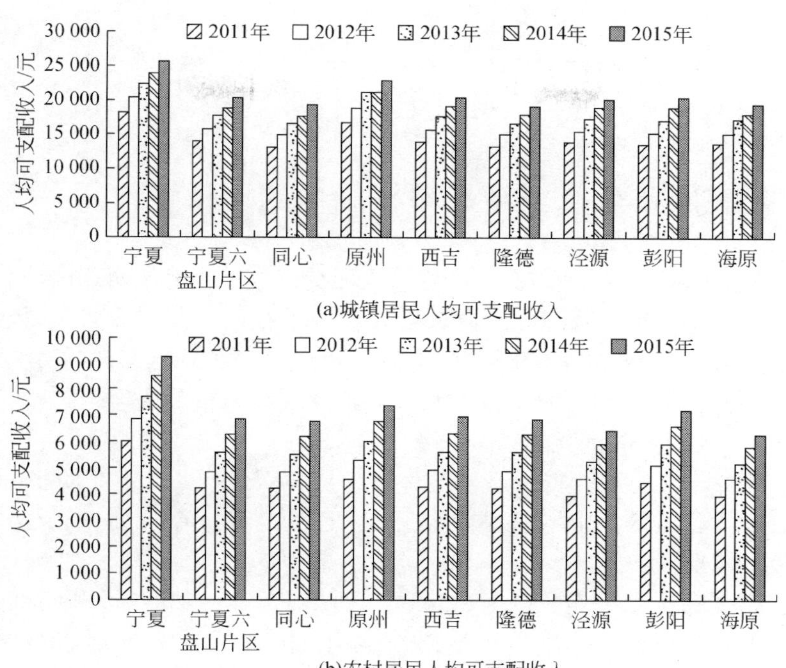

图 6-5　宁夏六盘山片区城镇、农村居民人均可支配收入

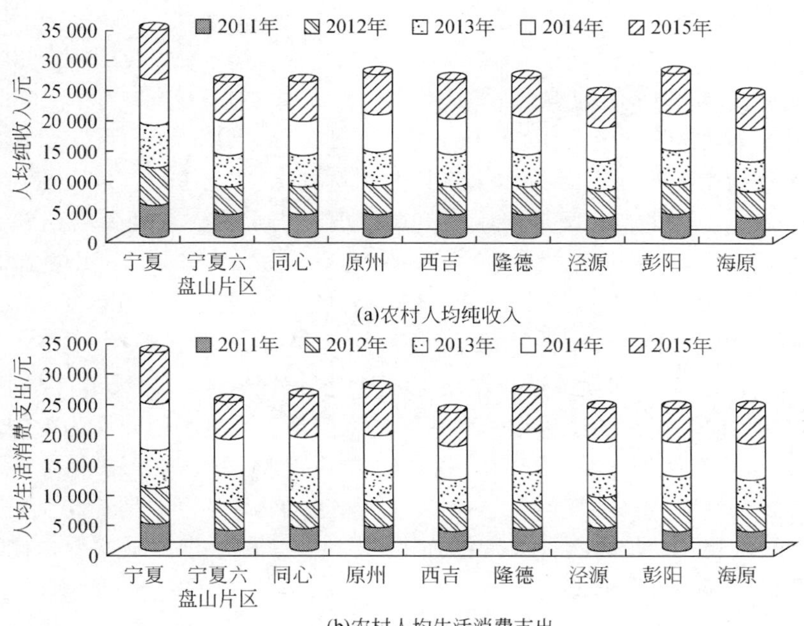

图 6-6　宁夏六盘山片区农村人均纯收入与生活消费支出

第三节 生态安全格局

一、宁夏在国家生态安全战略格局中的地位和作用

宁夏位于黄土高原、蒙古高原和青藏高原交汇地带，地处西北内陆、黄河上中游地区，属于旱半干旱地带，具有山地、黄土丘陵、灌溉平原、沙漠（地）等多种地貌类型，是我国生态安全战略格局“两屏三带一区多点”中“黄土高原—川滇生态屏障”“北方防沙带”和“其他点块状分布重点生态区域”的重要组成部分，是我国西部重要的生态屏障。

宁夏回族自治区先后实施退耕还林、天然林保护、“三北”防护林体系建设、生态移民迁出区生态修复等重大林业生态工程，森林面积由2010年的927万亩增加到2015年的984.3万亩，森林覆盖率由11.89%增加到12.63%。2003年，宁夏在全国率先实行封山禁牧。到2015年，自治区补播改良退化草场面积达到702万亩，重度沙化草原面积由634.4万亩减少到246.75万亩，草原围栏建设面积达到2330万亩。天然草原可食干草产量由2010年的183.16万t增加到2015年的189.15万t，理论载畜量由278.78万羊单位增加到287.9万羊单位。

宁夏是全国唯一的省级防沙治沙综合示范区。全自治区荒漠化面积由2009年的4348万亩减少到2015年的4183万亩，沙化面积由1743万亩减少到1686万亩，成为全国首个“人进沙退”的省区。通过“山、水、田、林、路”流域综合治理，到2015年，宁夏累计治理水土流失面积达到1.72万km^2，水土流失治理程度达到43.9%，其中，宁南黄土丘陵重点治理区水土流失治理程度达到50%～70%。每年减少入黄河泥沙量4000万t。水土流失面积占国土面积由2000年的71.1%减少到2015年的37.9%。到2015年，城市建成区绿化覆盖率、绿地率分别达到37.05%、34.68%，人均绿地面积达17.24m^2，累计建成新村365个，综合整治旧村1720个，建设改造小城镇49个。获得国家级园林城市（县城）、森林城市和绿化模范城市的比重在西北地区名列前茅，宁夏平原被评为中国“十大新天府”。全自治区建立9处国家级和4处省级自然保护区，保护区面积占全自治区土地面积的10.3%。全自治区400多种野生动物和近千种野生植物得到全面保护与有效恢复，动植物物种分别增加了62种和8种。宁夏平原湿地已成为欧亚大陆鸟类迁栖的重要通道之一。

二、宁夏六盘山片区生态安全评价

（一）宁夏六盘山片区在宁夏生态格局中的地位

在《全国生态保护与建设规划（2013—2020年）》九个区域布局中，宁夏属于“黄河上中游地区”和“三北风沙综合防治区”的组成部分。据《宁夏空间发展战略规划》和《宁夏回族自治区主体功能区规划》，同心县西北部、海原县北部属于中部荒漠草原防沙治沙区；同心县东南部、盐池县东南部、海原县大部分、原州区东北部、彭阳县东部、西吉县西部、隆德县西部属于南部黄土丘陵水土保持区；原州区、西吉县、彭阳县、隆德县、泾源县和海原县部分地区属于六盘山水源涵养林草区。

（二）生态安全评价指标构建与数据来源

压力-状态-响应（PSR）模型由经济合作与发展组织和联合国环境规划署于20世纪80年代末共同提出，以人类与自然系统的相互制约和依存关系为出发点组织指标体系，系统性强（彭建等，2012）。利用PSR模型构建的指标体系具体由压力（P）、状态（S）和响应（R）三个部分组成，压力反映人类的生产、生活行为对自然、经济、社会系统造成的压力，状态反映自然、经济、社会系统的现状，响应从经济发展、环境、以及政策等方面反映人类采取的应对各种压力的措施。遵循指标选取的独立性、科学性和实用性，以及数据的可得性等原则（郑泽娜和周伟，2013），以PSR模型为基础，借鉴生态安全领域相关学者的研究成果，本书构建了由目标层、准则层、指标层组成的合计19项指标（表6-7）。目标层表示生态安全综合指数；准则层包括压力层、状态层和响应层；指标层则是表征相应准则层状态的具体指标。由于研究对象既是国家级贫困地区，同时也是少数民族聚居区，所以在指标体系中增加了少数民族人口比例、人均粮食产量、农村恩格尔系数等指标。

指标体系所涉及的数据中，少数民族人口比例（C_6）、森林覆盖率（C_8）、农村恩格尔系数（C_{10}）、造林面积（C_{15}）等指标从各县区统计局提供的经济要情手册（2001～2011年）中获得；其余指标均可在《宁夏统计年鉴》（2002～2012年）中的相应部分获取。此外，人口密度（C_5）、第三产业产值占GDP的比重（C_{14}）、工业固体废物综合利用率（C_{16}）以及C_{17}、C_{18}和C_{19}等指标属于生成指标，需要在统计年鉴提供的数据基础上进行计算得到，由于计算公式简单，本书不再一一列出。

表 6-7　生态安全指标体系

目标层	准则层	指标层	指标代码/单位	指标属性
生态安全指数 A	压力层 B_1	化肥使用量	D_1/kg	–
		工业固体废弃物排放量	D_2/t	–
		万元工业产值煤炭消费量	D_3/（t/万元）	–
		人口自然增长率	D_4/‰	–
		人口密度	D_5/%	–
		少数民族人口比例	D_6/%	–
	状态层 B_2	年降水量	D_7/mm	+
		森林覆盖率	D_8/%	+
		人均耕地面积	D_9/(hm^2/人)	+
		农村恩格尔系数	D_{10}/%	–
		农民人均纯收入	D_{11}/（元/人）	+
		人均粮食产量	C_{12}/（kg/人）	+
	响应层 B_3	人均 GDP	D_{13}/（元/人）	+
		第三产业产值占 GDP 的比重	D_{14}/%	+
		造林面积	D_{15}/亩	+
		工业固体废物综合利用率	D_{16}/%	+
		卫生、社会保障和社会福利业投资占固定资产投资总额的比重	D_{17}/%	+
		水利、环保投资占固定投资总额的比重	D_{18}/%	+
		教育投资占固定资产投资总额的比重	D_{19}/%	+

注："+"代表正向指标；"–"代表负向指标。

（三）生态安全评价数据处理

信息熵属于信息论的范畴，是信息无序程度的度量，根据指标数据的变异程度确定指标的权重，在综合评价中具有较高的可信度。数据的变异程度越大，信息熵越小，该指标提供的信息量越大，权重越大；反之，变异程度越小，信息熵越大，权重越小，具体计算步骤如下。

1）构造原始数据矩阵，即 m 行 n 列的矩阵。

2）数据标准化。

正向指标：$X_{ij}=（x_{ij}-x_{\min}）/（x_{\max}-x_{\min}）$；$X_{ij}\in（0，1）$

负向指标：$X_{ij}=（x_{\max}-x_{ij}）/（x_{\max}-x_{\min}）$；$X_{ij}\in（0，1）$

式中，X_{ij}为标准化以后的数据；x_{ij}为原始数据；x_{max}、x_{min}分别为x_{ij}所在序列的最大值和最小值。

数据的标准化值Y_{ij}：$Y_{ij} = X_{ij} / \sum_{i=1}^{m} X_{ij}$

计算第j项指标的信息熵值（e_j）和差异性系数（g_j）。

$$e_j = -1/\ln m \left(\sum_{i=1}^{m} Y_{ij} \ln Y_{ij} \right)$$

$$g_j = 1 - e_j$$

计算第j项指标的权重a_j：$a_j = g_j / \sum_{j=1}^{n} g_j$，具体结果见表6-8。

表6-8　2005～2015年指标权重（a_j）

指标	指标权重										
	2005年	2006年	2007年	2008年	2009年	2010年	2011年	2012年	2013年	2014年	2015年
D_1	0.0608	0.0310	0.0272	0.0259	0.0424	0.0331	0.0276	0.0457	0.6476	0.0671	0.0683
D_2	0.0532	0.0301	0.0599	0.0259	0.0405	0.0269	0.0414	0.0443	0.0505	0.0379	0.0424
D_3	0.0585	0.0264	0.0417	0.0384	0.0319	0.0308	0.0254	0.0413	0.0419	0.0438	0.0454
D_4	0.0707	0.0520	0.0635	0.0544	0.0717	0.0503	0.0553	0.0585	0.0564	0.0581	0.0585
D_5	0.0545	0.0613	0.0415	0.0333	0.0386	0.0467	0.0426	0.0593	0.0594	0.0593	0.0589
D_6	0.0562	0.0590	0.0503	0.0348	0.0606	0.0597	0.0520	0.0588	0.0587	0.0584	0.0582
D_7	0.0570	0.0594	0.0688	0.0319	0.0449	0.0380	0.0533	0.0596	0.0601	0.0603	0.0590
D_8	0.0451	0.0484	0.0403	0.0480	0.0461	0.0451	0.0378	0.0578	0.0551	0.0551	0.0548
D_9	0.0511	0.0450	0.0402	0.0444	0.0502	0.0553	0.0509	0.0588	0.0592	0.0592	0.0588
D_{10}	0.0446	0.0754	0.0559	0.0622	0.0729	0.0985	0.0535	0.0561	0.0503	0.0531	0.0527
D_{11}	0.0380	0.0318	0.0265	0.1175	0.0371	0.0455	0.0308	0.0587	0.0586	0.0585	0.0588
D_{12}	0.0386	0.0526	0.0722	0.0423	0.0744	0.0577	0.0530	0.0592	0.0594	0.0594	0.0592
D_{13}	0.0876	0.0667	0.0443	0.0468	0.0763	0.0617	0.0570	0.0584	0.0584	0.0584	0.0579
D_{14}	0.0353	0.0537	0.0571	0.0619	0.0360	0.0622	0.0368	0.0586	0.0587	0.0587	0.0591
D_{15}	0.0611	0.0517	0.1412	0.0653	0.0765	0.0465	0.0572	0.0583	0.0498	0.0539	0.0563
D_{16}	0.0321	0.0259	0.0269	0.0232	0.0250	0.0410	0.0240	0.0604	0.0605	0.0604	0.0601
D_{17}	0.0905	0.1202	0.0421	0.0786	0.0472	0.0539	0.1655	0.0579	0.0584	0.0589	0.0583
D_{18}	0.0314	0.0616	0.0605	0.0418	0.0607	0.1073	0.0443	0.0569	0.0594	0.0562	0.0591
D_{19}	0.0338	0.0477	0.0400	0.1232	0.0671	0.0397	0.0916	0.0569	0.0571	0.0583	0.0591

计算综合值，得到生态安全指数 Π_i：$\Pi_i = \sum_{j=1}^{n} a_j X_{ij}$，结果见表 6-9。

表 6-9　2005 ~ 2015 年生态安全指数

年份	生态安全指数						
	同心县	原州区	西吉县	隆德县	泾源县	彭阳县	海原县
2005	0. 4908	0. 4542	0. 4167	0. 4953	0. 4141	0. 5274	0. 3853
2006	0. 4719	0. 4663	0. 4070	0. 4657	0. 4598	0. 4802	0. 3742
2007	0. 4734	0. 4015	0. 3976	0. 4248	0. 4148	0. 4613	0. 3611
2008	0. 4640	0. 3884	0. 4079	0. 4857	0. 4358	0. 4342	0. 3703
2009	0. 4922	0. 4272	0. 3961	0. 4480	0. 4251	0. 4798	0. 3665
2010	0. 4531	0. 4890	0. 3865	0. 4361	0. 4820	0. 5944	0. 3715
2011	0. 4200	0. 5282	0. 4060	0. 4886	0. 5081	0. 6194	0. 4012
2012	0. 4517	0. 4549	0. 4138	0. 5849	0. 5675	0. 5979	0. 5467
2013	0. 4413	0. 4012	0. 5843	0. 6202	0. 5801	0. 6235	0. 5773
2014	0. 4713	0. 4958	0. 5606	0. 6069	0. 5904	0. 6237	0. 4652
2015	0. 4843	0. 4832	0. 5117	0. 5474	0. 5131	0. 7120	0. 4586

（四）结果分析

1. 生态安全指数的时间尺度分析

图 6-7 显示，2005 ~ 2015 年研究区域整体的生态安全指数表现出缓慢下降至最低点之后又缓慢上升的趋势，具体可分为三个阶段：第一阶段为 2005 ~ 2007 年，整体生态安全指数表现出缓慢下降的特征。此阶段的下降主要是隆德县、彭阳县、同心县、海原县和西吉县生态安全指数的下降引起的，其各自的下降幅度分别为 0. 0910、0. 0841、0. 0655、0. 0561、0. 0024。与这五县生态安全状况开始恶化相反，原州区和泾源县的生态安全指数则不断上升，分别增长了 0. 0328、0. 0032。第二阶段为 2008 ~ 2010 年，整体生态安全指数达到研究期间的最低点。与第一阶段相比，原州区、泾源县、彭阳县、同心县和海原县均出现不同程度的下降，具体下降幅度为 0. 1079、0. 0240、0. 0460、0. 0079、0. 0039。西吉县和隆德县则表现出微弱的上升趋势，较第二阶段分别增长 0. 0009 和 0. 0200。第三阶段为 2010 ~ 2015 年，与阶段一不断下降的趋势相反，该时期整体生态安全指数呈上升趋势。从表 6-9 可以看出，原州区、隆德县、泾源县、彭阳县和海原县的生态安全指数都在上升，较第二阶段分别增长了 0. 1698、0. 0029、0. 0723、0. 1852 和 0. 0309。与此同时，西吉县和同心县的生态安全指数分别下降了

0.0019 和 0.044。虽然这两个县出现了下降的现象，但是另外五县区均在上升，且幅度较大，因而研究区整体的生态安全指数开始逐渐上升。

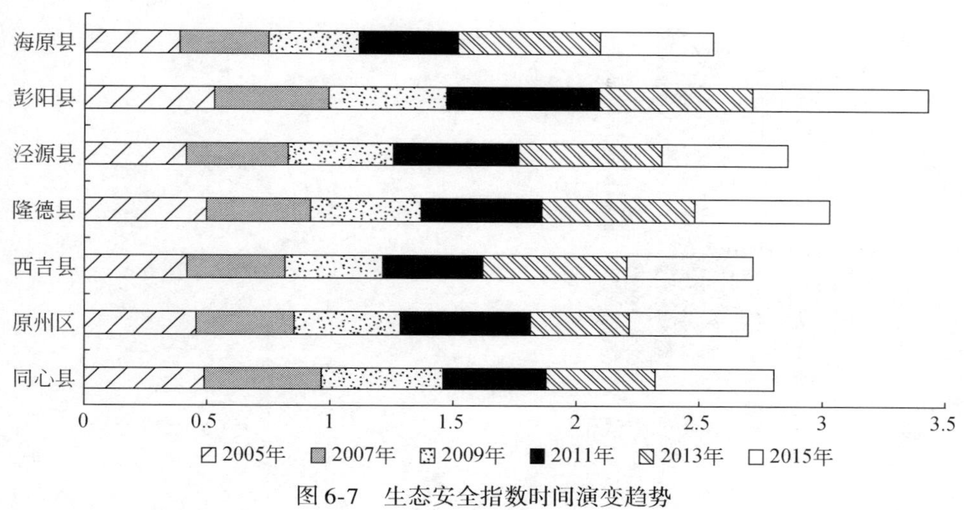

图 6-7　生态安全指数时间演变趋势

从图 6-7 可以看出，2005 ~ 2015 年研究区的生态安全状况呈现出恶化之后又逐渐好转的特征。主要是由于前期研究区域贫困问题较为突出，本地的就业机会少，但是人口持续增长并且劳动力素质偏低，到大城市诸如银川、石嘴山的生活成本高，竞争力弱，大多数人到这些地区从事一些体力劳动，工资低且自我认同感差。面对走出去的各种压力和风险，生活在这些县区的居民选择忍受贫穷、留在家乡，多以种地或者畜牧为生，无疑加剧了当地的人地矛盾，生态安全状况不断恶化。随着当地政府以及相关部门的一系列举措，如在人地矛盾突出的地区进行大规模生态移民、组织农民的致富技能培训、大面积植树造林等，减缓了人地关系紧张的局面，促进了经济、社会和环境的协调，生态安全状况也随之逐渐好转。

2. 生态安全指数的空间尺度分析

结合上述分析，从三个阶段中分别取一年，即 2005 年、2010 年和 2015 年（图 6-8）作为样本数据，具体分析研究区域生态安全指数的空间分布特征。图 6-8 显示出中部地区的颜色低于其他地区，意味着研究区内中部地区的生态安全指数要低于南部和北部（原州区和同心县除外）。结合表 6-9 可知，2007 年的生态安全指数依次为同心县（0.4734）>彭阳县（0.4613）>隆德县（0.4248）>泾源县（0.4148）>西吉县（0.3976）>海原县（0.3611）；2011 年的生态安全指数依次为彭阳县（0.6194）>泾源县（0.5081）>隆德县（0.4886）>同心县（0.4200）>西吉县（0.4060）>海原县（0.4012）。可以看出，西吉县和海原县（两者均位于中部）的生态安全指数一直处于偏低的位置。此外，原州区虽位于研究区中部，但其生态安全指数不断上升，并在2011年（0.5282）仅次于彭阳县。

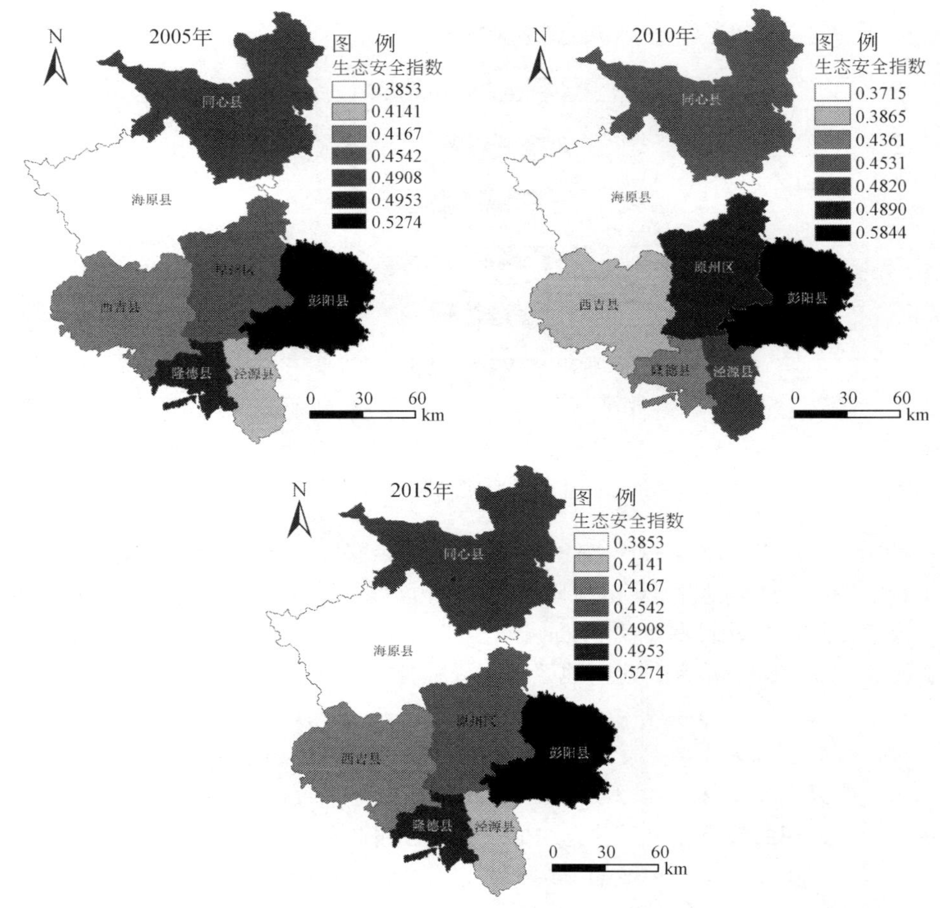

图6-8 宁夏六盘山片区生态安全指数的空间分异

第四节 农村扶贫演变

一、“三西”农业建设（1983～1993年）

为了解决“三西”（甘肃定西地区20个县、河西地区的19个县和宁夏西海固地区8个县，共计47个县、市、区，总面积38万km^2，农业人口约1200万人）地区的贫困问题，1982 年 12 月，中央决定成立“三西”地区农业建设领导小组，启动实施“三西”地区农业建设，成为全国第一个区域性扶贫开发实验地。宁夏成立了西海固扶贫开发领导小组和农业建设指挥部，制订了《宁夏西海固农业建设规划》和《尽快解决西海固农村贫困人口温饱问题的决定》，确定“有水走水路，无水走旱路，水旱路不通另找出路”的方针（表 6-10）。至此，宁夏成为全国最早开展有计划、有组织、大规模扶贫开发的省（自治区、直辖市）之一。

表 6-10　“三西”建设三次重要会议

会议	主要内容
第一次会议	会议肯定了“三西”地区建设和专项基金设立的战略意义；提出“三西”地区农业建设领导小组的工作任务和提请有关部委协助地方开展工作以及要求甘肃、宁夏成立对应的专门机构等
第二次会议	会议传达了国务院关于“三西”地区农业建设决定精神并听取甘肃、宁夏的工作报告，提出和明确了重点工作任务和专项资金分配方案，研究了组织力量开展长期建设规划等问题
第三次会议	会议提出了甘肃中部和宁夏西海固地区“三年停止破坏、五年解决温饱、十年二十年改变面貌”的奋斗目标和“有水走水路，无水走旱路，水旱路不通另找出路”的方针

1983～1985 年，为停止破坏阶段。提出了“种草种树，发展畜牧，改造山河，治穷致富”方针，主要从保护和恢复生态条件入手，实行退耕还林、种草种树等，停止滥砍滥伐、毁林毁草，停止铲草皮、砍树木，不滥开荒。妥善解决燃料和饲料问题，进行农村能源建设（省柴灶、节煤炕、沼气池、太阳能灶、风力发电机）。到 1985 年年底，人工种草 274 万亩，四旁种树 8916 万株，封山育林 75 万亩，人工种草留床 157.53 万亩，草场补播 62.17 万亩。农村能源建设进展较快，省柴灶 269 649 台，节煤炕 6891 盘，沼气池 373 个，太阳能灶 880 个，风力发电机 141 台。

1986～1990 年，为解决温饱阶段。以人均收入 300 元（包括人均有粮 300kg）和能经受住 3 年大旱的考验为标准，以加强农业基础建设为重点，进行基本农田建设、水利建设、人畜饮水工程建设、林草建设、农电建设等，增强抵御自然灾害的能力。1986 年，国家投资 2.5 亿元建成了固海扬水工程，使 57 万亩干旱土地成了水浇地，解决了 20 万人、100 万头牲畜的饮水问题。

1991～1992 年，为巩固提高阶段。在前 8 年的基础上巩固已有成绩，全面完成确定的任务，达到“基本解决温饱，初步改变面貌”的目的。

这一时期，宁夏同时实施了著名的“并庄”移民。从 1983 年开始，对少数居住在生存条件极端恶劣、自然条件极其匮乏地方的贫困农户进行有计划、有组织的移民搬迁。至 1990 年，吊庄移民 10.6 万人，共开发土地 36 万亩，造林 6.7 万亩，粮食产量达 4503 万 kg。同时，1982～1985 年，世界粮食计划署在西吉县实施了“2065”项目。1988 年，首次利用世界银行贷款进行了包括同心、固海、狼皮子梁、金银滩 4 个扬海灌溉项目在内的扶贫项目建设。

10 年“三西”农业建设，国家在宁夏共投入专项资金 33 631.07 万元，新建水浇地 50.52 万亩，新建饮水工程 85 处，打井打窖 17.7 万眼，兴修旱作“三田”183 万亩；创办吊庄移民基地 15 处，安置移民 19.3 万人；综合治理小流域 151 条，控制水土流失面积 3955km^2，建成人畜饮水饮水工程 85 处，打井打窖 17.7 万眼，累计解决了 46.37 万人、9 万头大牲畜、40 万只羊的饮水困难问题；乡通电率由 1982 年的 62.4% 提高到 74.35%；实现了乡镇通公路，80% 的行政村通公路。人均纯收入 200 元以下的贫困人口，从 1983 年的 70% 以上下降到 15.7%；农民人均纯收入从 1982 年的 44 元提高到 1992 年的 356 元。初步解决了贫困群众的基本生存问题。但尚有 139.8 万人未解决温饱问题，其中人均年收入 300 元以下的特困人口有 63.9 万人，占农村人口的 32%。

“三西”建设原计划 10 年结束，1992 年 7 月，国务院贫困地区经济开发领导小组决定将“三西”农业专项建设再延长投资 10 年。之后，“三西”农业建设与国家“八七”扶贫攻坚计划结合进行。2008 年 11 月，国务院扶贫开发领导小组办公室决定将“三西”农业专项建设补助资金使用期限从 2009 年起延续至 2015 年，并将资金总量从每年 2 亿元增加到 3 亿元，分配给宁夏“三西”资金增加到 1 亿元。

二、“双百”扶贫到村到户（1994～2000 年）

按照《国务院关于印发国家八七扶贫攻坚计划的通知》（国发〔1994〕30 号），宁夏在 8 个国定贫困县（区），以解决 98 个贫困乡镇、139.8 万贫困人口的温饱问题为目标，确立“兴水治旱、以水为核心、以科技为重点、扶贫到村到户”的思路，打井窖、修梯田、铺地膜，充分用好“三水”（天上水、地下水、地表水）、大力建设“三田”（沟坝田、压砂田、水平梯田），开辟扶贫扬黄工程、发展县域经济和劳务输出三个开发式扶贫大战场，实施基本农田建设，盐环定扬黄工程、“4071”项目、“1236”工程、“村村通工程”“两高一优”农业建设、经果林基地建设、六盘山牛肉、畜牧“双改”、林业“三造”、温饱工程、区域性支柱产业开发等十大扶贫开发工程，“用七年时间解决 100 个贫困乡（镇）、100 多万贫困人口的温饱问题”。

通过实施“双百”扶贫到村到户，完成宁夏扶贫扬黄灌溉工程，开发土地

40 万亩，实施移民 30 万人。建设了 130 处水利水保工程，治理水土流失面积 5500km^2，修建高标准基本农田 240 多万亩，造林 600 万亩，兴修公路 3400km。农民纯收入由 1993 年的 429 元增加到 2000 年的 987 元，绝对贫困人口由 139.8 万人减少到 30.5 万人，贫困面由 69.9% 下降到 13.9%，解决了农户基本温饱问题。

三、千村扶贫开发（2001～2010 年）

按照《中国农村扶贫开发纲要（2001—2010 年）》要求，宁夏制定了《宁夏农村扶贫开发规划（2001—2010 年）》和《千村扶贫开发工程实施意见》等指导性文件。

千村扶贫开发工程扶持的范围集中分布在宁夏干旱风沙区、干旱半干旱黄土丘陵沟壑区和半阴湿土石山区的西吉、海原、固原等 10 县（市）、148 个乡镇、1026 个行政村中的 19.49 万户、107.24 万贫困人口，占全自治区 128.6 万贫困人口的 83.4%。为此，宁夏决定对 1026 个扶贫开发重点村，计划分 10 年，分 3 期实施千村扶贫计划。

这个时期，宁夏扶贫开发工作按照“减少贫困，增加收入，缩小差距，构建和谐”的总体目标，努力实现以自然资源开发为主向人力资源开发与生态保护并举转变，以改善提高贫困地区生产发展条件为主向贫困地区综合开发全面发展转变。为带动南部山区和中部干旱带地区的基础教育事业发展，自治区启动实施了贫困地区义务教育工程、万名失学儿童救助工程和“两免一补”政策。到 2010 年，全自治区在校学生规模达 12.5 万人，同时开展了百万农民培训和万名劳务输出培训工程。生态环境不断恶化的趋势得到有效遏制。到 2010 年，宁夏共完成退耕还林还草 1272 万亩，森林覆盖率由 2000 年的 8.4% 提高到 11.4%，草原植被大面积恢复。退耕还林还草和封山禁牧成效显著，植被覆盖大幅度攀升；基本农田建设和小流域综合治理稳步推进；生态移民工程进展顺利，滥垦滥伐现象基本杜绝。区域特色产业带初具规模。以中卫硒砂瓜、吴忠清真食品、中宁枸杞、盐池滩羊、灵武长枣、泾源肉牛、隆德中药材等为代表的特色产业梯次崛起，以菌草种植、温棚瓜果蔬菜、舍饲养殖等为主的现代设施农业发展加快。加快劳动力转移速度，做大做强劳务产业。到 2010 年，宁夏劳务输出人员已达 75 万人次，年实现劳务收入 30 多亿元，劳务收入占人均纯收入的 34% 以上，个别县（区）超过了 40%，劳务输出被贫困群众誉为“铁杆庄稼”。农民人均纯收入由 2000 年的 987 元增加到 3415 元，贫困率由 13.9% 下降到 4.9%。

四、百万贫困人口扶贫攻坚（2011～2015年）

2011年11月，中央出台了第二个农村扶贫开发纲要（2011～2020年），提出把“连片贫困地区”作为新时期扶贫开发的主战场，并将宁夏六盘山地区的原州区、西吉县、彭阳县、隆德县、泾源县、同心县、海原县列入六盘山集中连片贫困地区。2012年6月，宁夏提出大力推进百万贫困人口扶贫攻坚战略，同年8月出台的《关于实施百万贫困人口扶贫攻坚战略的意见》提出了实施“六大扶贫攻坚工程”。2013年1月，自治区政府批复实施了《六盘山片区（宁夏）区域发展与扶贫攻坚实施规划（2011—2015）》。

“十二五”时期，建设了生态移民安置区161个、住房7.75万套，搬迁安置7.65万户，32.9万人，较好地实现了“搬得出、稳得住、管得好、逐步能致富”的目标，为全国开展“十三五”易地扶贫搬迁提供了经验、树立了样板。以整村推进为平台，采取基础设施到村、产业扶持项目和小额信贷到户、转移培训到人、帮扶责任到单位的“四到”措施，完成了300个重点贫困村整村推进脱贫销号。坚持项目到户、责任到人，大力实施以“5·30”养殖和特色种植为主的产业扶贫，年均完成10万贫困人口脱贫目标。探索和建立起了精准扶贫、精准脱贫的工作机制，形成了“闽宁协作、易地扶贫搬迁、整村推进、少生快富、雨露计划、金融扶贫”等六大品牌。

基础设施得到有效改善。启动实施了宁夏中南部城乡饮水安全等一批重大水利骨干工程，解决了110多万人的安全饮水问题。农村自来水普及率由47.4%提高到76%。铁路、机场、高速公路及国家、省级道路、乡村道路构成的交通网络，极大改善了贫困地区交通条件，国家、省级道路二级及以上公路比重达到80%以上，沥青（水泥）路面铺装率达到90%以上，行政村客车通达率达98.3%。美丽乡村建设和整村推进项目的实施，实现了电、水、路、房、通信、优美环境、清洁能源七到农家。中南部地区5年累计完成危房改造18.16万户，农村人均住房面积增加到18.1m^2，贫困村村容村貌和群众生产生活条件得到了极大改善。

基本公共服务水平显著提升。中南部地区教育办学水平明显改善，义务教育水平逐步提高，接受优质高等教育的机会不断增加，教育资源均等化明显加快。市、县、乡、村基本医疗卫生服务体系进一步完善，县级医院医疗水平明显提高，提前3年实现“乡镇有卫生院、行政村有卫生室”的目标，基本医疗保险参保率达到96%，2015年参保人数227.2万人。贫困地区公共文化服务体系基本建成，户户通广播电视率98.76%，村村通有线电视入户率52%，自然村通宽带率47.8%。广泛开展群众性文化活动，极大地丰富了农民群众文化生活。

人民生活水平明显改善。中南部9县（区）农村居民人均可支配收入由2010年的3612元提高到2015年的6818元，年均增长13.55%，增幅高于全自治区平均水平1.35个百分点；人均生活消费支出增长1.4倍。

生态环境明显改善。实施“三北”防护林和天然保护林工程，推进大六盘生态经济圈及水源涵养林建设、防沙治沙、六盘山“三河源”水源保护等重点林业生态工程。通过退耕还林（草）、围栏封育、封山禁牧、小流域综合治理、移民迁出区生态修复等措施，建设光伏、风力发电和农村沼气等清洁能源项目，有效改善了中南部地区生态环境。固原市森林覆盖率达到22.2%，首次超过全国平均水平，高于全自治区9.69个百分点。

这个时期，宁夏贫困人口大幅度减少。2015年，全自治区贫困村由2010年的1100个减少到800个；建档立卡贫困人口由101.5万人下降至58.12万人，降幅42.74%；贫困发生率由25.6%下降到14.5%。

五、打赢脱贫攻坚战（2016~2020年）

“十二五”末，宁夏六盘山片区7县（区）共有贫困人口610 760人；其中极度贫困户（家庭年人均纯收入2500元以下）30 447户，共计115 030人；重点贫困户（家庭年人均纯收入2500~2700元）70 080户，共计269 272人；一般贫困户（家庭年人均纯收入2700~4500元）58 472户，共计226 458人（表6-11）。

表6-11　宁夏六盘山片区“十二五”末贫困统计表

县（区）	合计		户均/人	极度贫困户		重点贫困户		一般贫困户	
	户数/户	人数/人		户数/户	人数/人	户数/户	人数/人	户数/户	人数/人
同心县	26 183	94 400	3.6	4 350	14 415	11 936	44 287	9 897	35 698
原州区	28 700	104 664	3.6	3 612	12 705	14 792	53 709	10 296	38 250
西吉县	37 374	155 618	4.2	8 630	35 136	12 114	50 761	16 630	69 721
隆德县	10 441	40 198	3.9	1 640	5 674	5 311	20 630	3 490	13 894
泾源县	7 749	29 550	3.8	2 691	10 230	2 230	8 485	2 828	10 835
彭阳县	15 940	63 835	4.0	3 388	13 535	7 480	30 382	5 072	19 918
海原县	32 613	122 495	3.8	6 136	23 335	16 217	61 018	10 260	38 142
合计	159 000	610 760	3.84	30 447	115 030	70 080	269 272	58 472	226 458

数据来源：自治区扶贫开发办公室，2015。

从全面建成小康社会的形势看，这个时期的脱贫攻坚任务艰巨而繁重。从全国看，贫困区域占比是全国最高的省份，集中连片贫困区域面积占54%，贫困人口分布在全自治区5个地级市和91%的县（市、区）。宁夏小康社会实现程度低，较全国平均水平低10个百分点，中南部地区经济发展指数大多低于50%。从全国集中连片特困地区看，宁夏贫困地区GDP、地方财政收入等主要指标依然落后，农民人均可支配收入增幅位于14个片区后列，比六盘山片区低1.7个百分点，比14个片区低1.6个百分点。贫困发生率高，贫困程度深，扶贫成本高，脱贫难度大，区域性整体贫困问题依然突出。从全自治区看，由于贫困地区农民人均可支配收入基数低，虽然近年来增幅高于全自治区平均水平，但收入差距拉大的趋势未得到扭转。中南部地区农民人均可支配收入与全自治区平均水平的差距由2010年的1513元拉大到2015年的2301元。在经济发展新常态下，农民可支配收入中工资性收入占比下降，且增幅趋缓；受农产品价格“天花板”下压、农业生产成本“地板”抬升的双重挤压，生产经营性收入空间收窄；转移性收入虽然逐年增长，但占比较小；财产性收入成为增收的最大短板，缩小发展差距的任务更加艰巨。从贫困地区看，中南部9县（区）2015年地方财政收入仅占全区的5.9%，财政自给率仅8.6%；拉动贫困地区发展的固定资产投资不足，仅占全自治区的13.4%。水利和交通依然是制约贫困地区发展的主要瓶颈。水资源供需矛盾依然突出，供水保证能力不高，库井灌区设施配套率低，部分农村饮水水质存在安全隐患。农村村组道路尚不完善，综合交通运输管理水平和安全保障能力不足。经济总量小，产业层次低，竞争能力不强，工业基础薄弱，辐射带动能力弱。农村信息、文化、体育等设施建设滞后，医疗卫生服务水平低，学前教育基础薄弱，公共服务均等化难度大。生态环境依然脆弱，水土流失严重，自然灾害频发，资源环境承载能力不足，生态功能修复仍需较长周期。剩余的贫困人口是贫中之贫、困中之困，属于自我发展能力最弱、脱贫难度最大、减贫成本最高的群体，是最难啃的“硬骨头”。58.12万贫困人口中，因病、因残、因学致贫的家庭占32%，初中及初中以下文化程度的人口占87.7%。

基于上述形势，以《中共中央 国务院关于打赢脱贫攻坚战的决定》（中发〔2015〕34号）和“银川会议”为标志，以“创新、协调、绿色、开放、共享”为发展理念，宁夏按照脱贫攻坚“1536”工作思路，围绕“三年集中攻坚，两年巩固提高，力争提前脱贫”目标，坚持五条脱贫路径，突出三大工作抓手，强化六项保障机制，着力实施“十三项”行动计划，加快破解贫困地区区域发展瓶颈制约，不断增强贫困地区和贫困人口自我发展能力，坚决打赢脱贫攻坚战，全面建成小康社会（表6-12）。为了从制度上保障脱贫攻坚的顺利实现，2016年，宁夏回族自治区人民代表大会常务委员会制定出台了《宁夏回族自治区农村扶贫开发条例》，确定了脱贫攻坚的主要指标（表6-12）。

表 6-12　宁夏脱贫攻坚主要指标

序号	主要指标	2015 年	2020 年	属性
1	贫困县（区）/个	9	0	约束性
2	建档立卡贫困村/个	800	0	约束性
3	建档立卡贫困人口/万人	58.12	实现脱贫	约束性
4	易地扶贫搬迁/万人	—	8.2	约束性
5	贫困地区农民人均可支配收入增速/%	9.5	年均增速高于全国平均水平	预期性
6	有条件的村组道路硬化覆盖率/%	56	95	预期性
7	农村自来水普及率/%	76	87	预期性
8	贫困地区学前三年毛入园率/%	65	72	预期性
9	贫困县（区）九年义务教育巩固率/%	85	93	约束性
10	建档立卡贫困户存量危窑危房改造率/%	76	近 100	约束性
11	建档立卡贫困户因病致（返）贫户数/万户	2.24	基本解决	预期性
12	建档立卡贫困村村集体经济年收入/万元	—	≥5	预期性

第七章　区域贫困的地方形成机制分析

第一节　地理资本贡献度分析

一、同心县地理资本贡献度分析

（一）不同地貌类型区地理资本贡献度

同心县东部旱作塬区消贫因素对消贫贡献度较大的为农民生活信息化程度（C_4）、农村九年义务教育完成率（C_{12}）以及人均耕地面积（C_{24}）、农闲经济家庭收入贡献率（C_2）、农村恩格尔系数（C_3）和扶贫政策满意度（C_8）。致贫因素对致贫贡献度较大的为农村贫困发生率（C_9）、到最近车站的距离（C_{18}）、农业自然灾损率（C_{22}）以及农村劳动力文盲率（C_{13}）、地形起伏度（C_{21}）。

中部干旱山区消贫因素对消贫贡献度较大的为农户贷款满足率（C_5）、农村九年义务教育完成率（C_{12}）以及人均耕地面积（C_{24}）、农村妇女地位提升程度（C_{11}）、新型农村社会养老保险参保率（C_{15}）。致贫因素对致贫贡献度较大的为农村贫困发生率（C_9）、到最近车站的距离（C_{18}）、农业自然灾损率（C_{22}）以及农村劳动力文盲率（C_{13}）和最近乡镇医院的距离（C_{20}）。

西部扬黄灌区消贫因素对消贫贡献度较大的为农户贷款满足率（C_5）、农民生活信息化程度（C_4）、农村九年义务教育完成率（C_{12}）、新型农村合作医疗参合率（C_{14}）以及农闲经济家庭收入贡献率（C_2）。致贫因素对致贫贡献度较大的为农村贫困发生率（C_9）、到最近农商贸市场的距离（C_{17}）、环境质量指数（C_{23}）、到最近乡镇医院（C_{20}）和车站（C_{18}）的距离、农业自然灾损率（C_{22}）（图7-1）。

（二）不同民族村地理资本贡献度分析

同心县各民族类的重点贫困村贫困因素的消贫和致贫贡献程度差别较大。少数民族村消贫因素对消贫贡献度大的为农民生活信息化程度（C_4）、农村九年义务教育完成率（C_{12}）、农村恩格尔系数（C_3）、新型农村社会养老保险参保率

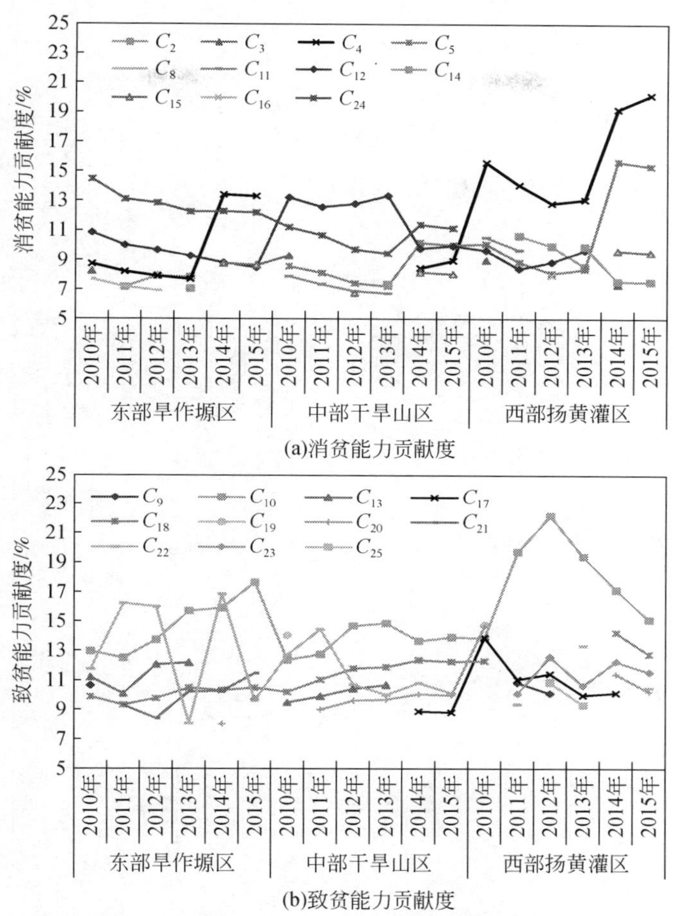

图 7-1　同心县各地貌类型区消贫能力和致贫能力贡献度

(C_{15})。致贫因素对致贫贡献度大的为农村贫困发生率（C_9）、到最近农商贸市场的距离（C_{17}）、地形起伏度（C_{21}）、贫困人口以及农村劳动力文盲率（C_{13}）。

汉族村消贫因素对消贫贡献度较大的为农民生活信息化程度（C_4）、人均耕地面积（C_{24}）、扶贫政策满意度（C_8）以及农村九年义务教育完成率（C_{12}）。致贫因素对致贫贡献度较大的为到最近车站（C_{18}）、乡镇医院（C_{20}）和农商贸市场的距离（C_{17}）等。

多民族村消贫因素对消贫贡献度较大的为农民生活信息化程度（C_4）、人均耕地面积（C_{24}）、九年义务教育完成率（C_{12}）以及贷款满足率（C_5）。致贫因素对致贫贡献度较大的为到最近车站的距离（C_{18}）、农业自然灾损率（C_{22}）、农村劳动力文盲率（C_{13}）、环境质量指数（C_{23}）、地形起伏度（C_{21}）（图 7-2）。

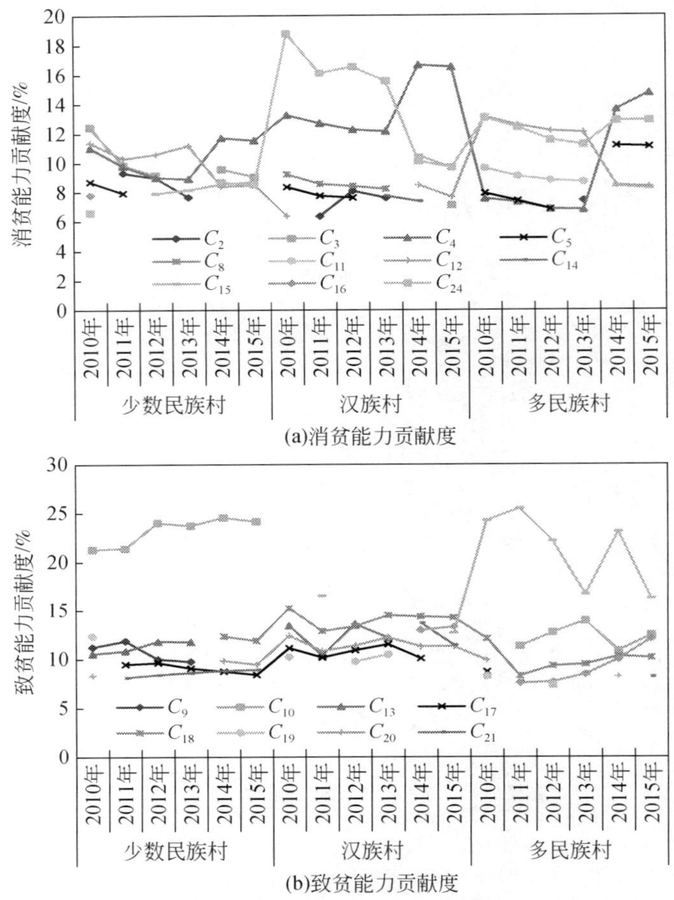

图 7-2 同心县民族村消贫能力和致贫能力贡献度

二、原州区地理资本贡献度分析

（一）不同地貌类型区地理资本贡献度分析

原州区清水河河谷川台区消贫因素对消贫贡献度较大的为农村居民居住质量指数（C_{16}）、农户贷款满足率（C_5）、新型农村合作医疗参合率（C_{14}）、农民生活信息化程度（C_4）、人均耕地面积（C_{24}）。致贫因素对致贫贡献度较大的为农村贫困发生率（C_9）、到最近车站（C_{18}）、初级中学（C_{19}）和乡镇医院（C_{20}）的距离、农业自然灾损率（C_{22}）。

六盘山阴湿山区消贫因素对消贫贡献度较大的为农民人均纯收入（C_1）、农村居民居住质量指数（C_{16}）、农户贷款满足率（C_5）、新型农村合作医疗参合率（C_{14}）、农村九年义务教育完成率（C_{12}）。致贫因素对致贫贡献度较大的为农村贫困发生率（C_9）、到最近乡镇医院的距离（C_{20}）、地形起伏度（C_{21}）、农业自然灾损率（C_{22}）。

东部丘陵区消贫因素对消贫贡献度较大的为至少掌握一门致富技术农户比（C_6）、新型农村合作医疗参合率（C_{14}）、人均耕地面积（C_{24}）、农民人均纯收入（C_1）、农村九年义务教育完成率（C_{12}）。致贫因素对致贫贡献度较大的为农村贫困发生率（C_9）、到最近初级中学的距离（C_{19}）、地形起伏度（C_{21}）、农业自然灾损率（C_{22}）（图 7-3）。

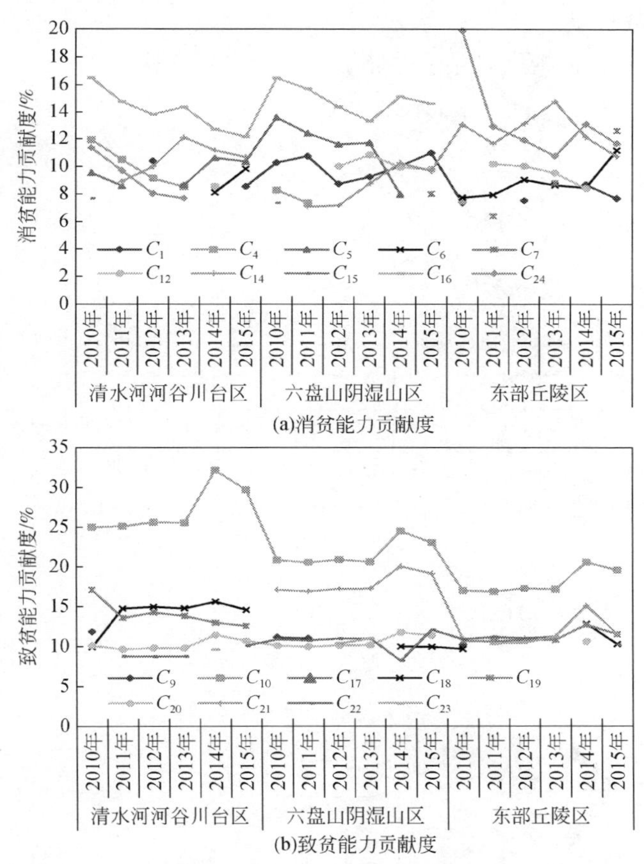

图 7-3　原州区各地貌类型区消贫能力和致贫能力贡献度

（二）不同民族村地理资本贡献度分析

原州区少数民族村消贫因素对消贫贡献度大的为农户贷款满足率（C_5）、农村居民居住质量指数（C_{16}）、人均耕地面积（C_{24}）、新型农村合作医疗参合率（C_{14}）。致贫因素对致贫贡献度大的为农村贫困发生率（C_9）、到最近乡镇医院（C_{20}）、初级中学（C_{19}）的距离、农业自然灾损率（C_{22}）。

汉族村消贫因素对消贫贡献度较大的为农村居民居住质量指数（C_{16}）、农村九年义务教育完成率（C_{12}）、新型农村合作医疗参合率（C_{14}）。致贫因素对致贫贡献度大的为到最近车站（C_{18}）和乡镇医院（C_{20}）的距离、地形起伏度（C_{21}）、贫困人口、农业自然灾损率（C_{22}）。

多民族村消贫因素对消贫贡献度较大的为农民人均纯收入（C_1）、农户贷款满足率（C_5）、新型农村合作医疗参合率（C_{14}）、农村居民居住质量指数（C_{16}）。致贫因素对致贫贡献度较大的为农村贫困发生率（C_9）、到最近车站（C_{18}）和初级中学（C_{19}）的距离、环境质量指数（C_{23}）（图7-4）。

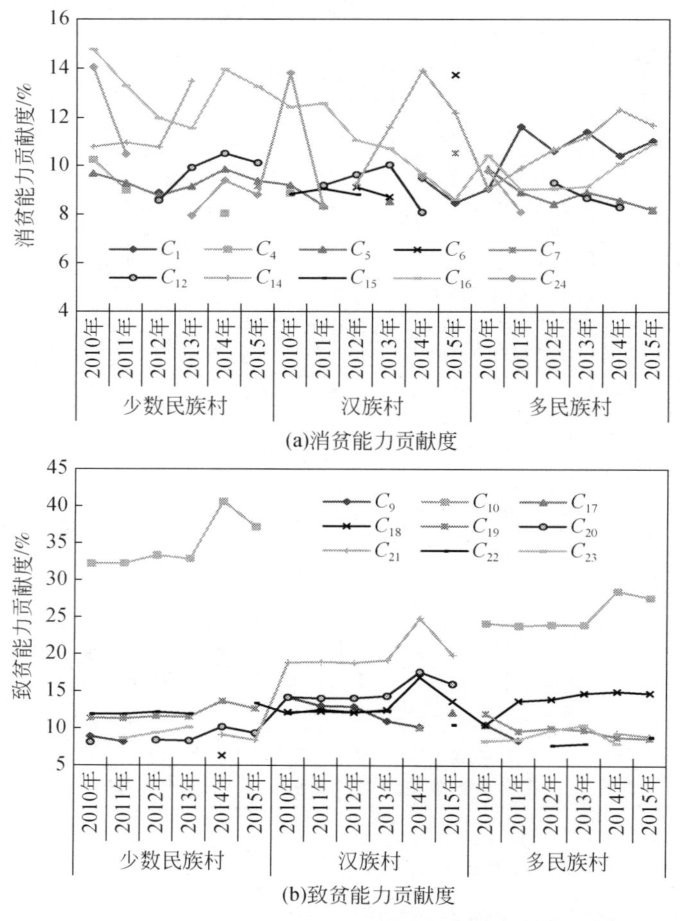

(a)消贫能力贡献度

(b)致贫能力贡献度

图7-4 原州区民族村消贫能力和致贫能力贡献度

三、西吉县地理资本贡献度分析

（一）不同地貌类型区地理资本贡献度分析

从图7-5可以看出，西吉县土石山区消贫因素对消贫贡献度较大的为农户贷款满足率（C_5）、农村贫困发生率（C_9）、农村九年义务教育完成率（C_{12}）、农村居民居住质量指数（C_{16}）、至少掌握一门致富技术农户比（C_6）。致贫因素对致贫贡献度较大的为到最近农商贸市场（C_{17}）、车站（C_{18}）和初级中学（C_{19}）的距离、地形起伏度（C_{21}）、农村劳动力文盲率（C_{13}）。

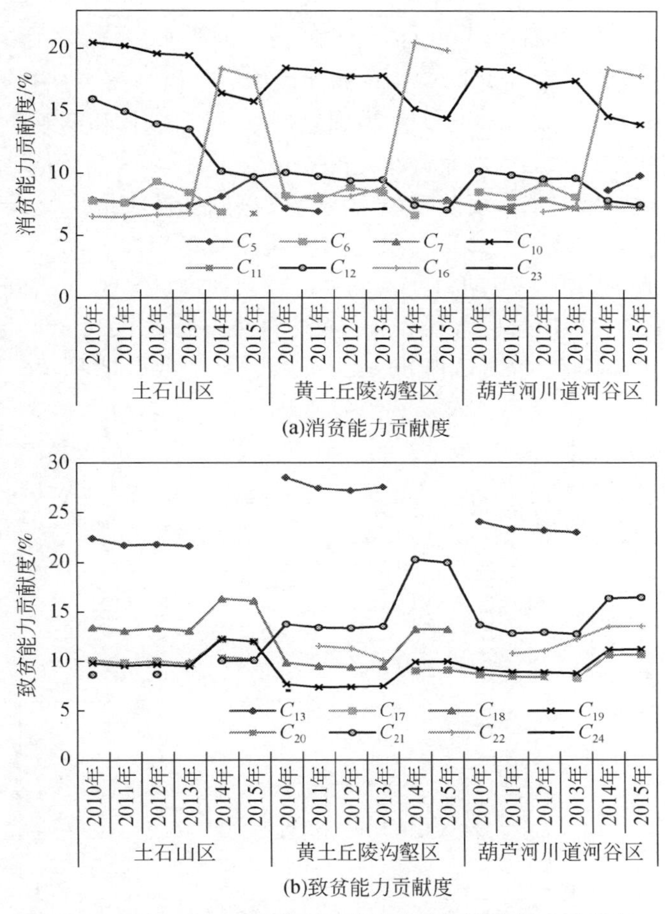

图7-5 西吉县各地貌类型区消贫能力和致贫能力贡献度

黄土丘陵沟壑区消贫因素对消贫贡献度较大的为农村贫困发生率（C_9）、农村九年义务教育完成率（C_{12}）、农村居民居住质量指数（C_{16}）、至少掌握一门致富技术农户比（C_6）。致贫因素对致贫贡献度较大的为到最近车站（C_{18}）和初级中学（C_{19}）的距离、地形起伏度（C_{21}）、农村劳动力文盲率（C_{13}）。

葫芦河川道河谷区消贫因素对消贫贡献度较大的为农村贫困发生率（C_9）、农村妇女社会地位提升程度（C_{11}）、农村九年义务教育完成率（C_{12}）、农村居民居住质量指数（C_{16}）、至少掌握一门致富技术农户比（C_6）。致贫因素对致贫贡献度较大的为到最近农商贸市场（C_{17}）、初级中学（C_{19}）和乡镇医院（C_{20}）的距离、地形起伏度（C_{21}）、农业自然灾损率（C_{22}）、农村劳动力文盲率（C_{13}）（图 7-5）。

（二）不同民族村地理资本贡献度分析

西吉县少数民族村消贫因素对消贫贡献度大的为农户贷款满足率（C_5）、农村贫困发生率（C_9）、农村九年义务教育完成率（C_{12}）、至少拥有一项致富技术农户比。致贫因素对致贫贡献度大的为到最近车站（C_{18}）和初级中学（C_{19}）的距离、地形起伏度（C_{21}）、农业自然灾损率（C_{22}）。

汉族村消贫因素对消贫贡献度较大的为农村妇女社会地位提升程度（C_{11}）、农村九年义务教育完成率（C_{12}）、农村居民居住质量指数（C_{16}）等。致贫因素对致贫贡献度大的为农村劳动力文盲率（C_{13}）、到最近车站（C_{18}）和农商贸市场（C_{17}）的距离、地形起伏度（C_{21}）、农业自然灾损率（C_{22}）。

多民族村消贫因素对消贫贡献度较大的为农户贷款满足率（C_5）、至少掌握一门致富技术农户比（C_6）、农村贫困发生率（C_9）、农村九年义务教育完成率（C_{12}）、农村居民居住质量指数（C_{16}）。致贫因素对致贫贡献度较大的为到最近车站（C_{18}）和初级中学（C_{19}）的距离、地形起伏度（C_{21}）、农村劳动力文盲率（C_{13}）、农业自然灾损率（C_{22}）（图 7-6）。

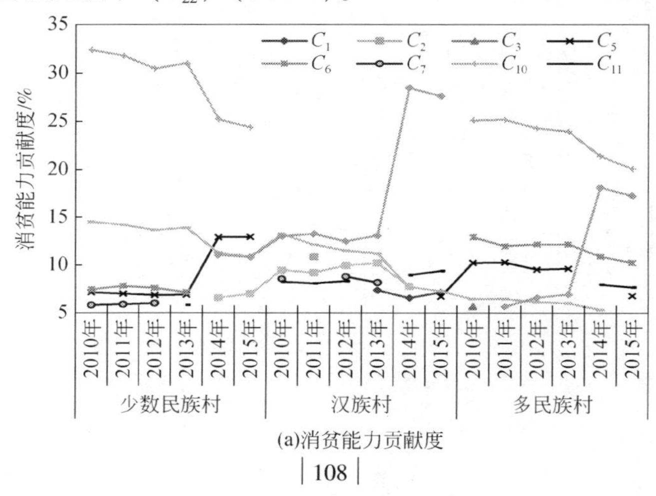

(a)消贫能力贡献度

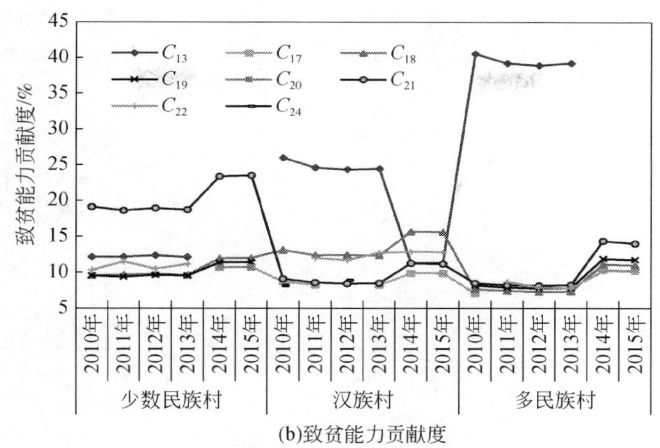

(b)致贫能力贡献度

图7-6　西吉县民族村消贫能力和致贫能力贡献度

四、隆德县地理资本贡献度分析

（一）不同地貌类型区地理资本贡献度分析

隆德县土石山区消贫因素对消贫贡献度较大的为至少拥有一项致富项目农户比（C_7）、新型农村社会养老保险参保率（C_{15}）、农户贷款满足率（C_5）、农闲经济家庭收入贡献率（C_2）、农村恩格尔系数（C_3）。致贫因素对致贫贡献度较大的为农村贫困发生率（C_9）、到最近初级中学（C_{19}）的距离、地形起伏度（C_{21}）、农村妇女社会地位提升程度（C_{11}）、农村劳动力文盲率（C_{13}）。

黄土丘陵区消贫因素对消贫贡献度较大的为农民生活信息化程度（C_4）、至少拥有一项致富项目农户比（C_7）、人均耕地面积（C_{24}）、新型农村社会养老保险参保率（C_{15}）、至少掌握一门致富技术农户比（C_6）。致贫因素对致贫贡献度较大的为农村贫困发生率（C_9）、到最近车站（C_{18}）、初级中学（C_{19}）和乡镇医院（C_{20}）的距离、粮食安全保障程度（C_{26}）。

河谷川区消贫因素对消贫贡献度较大的为至少拥有一项致富项目农户比（C_7）、新型农村社会养老保险参保率（C_{15}）、农村居民居住质量指数（C_{16}）、农民人均纯收入（C_1）、环境质量指数（C_{23}）。致贫因素对致贫贡献度较大的为农村贫困发生率（C_9）、到最近初级中学（C_{19}）的距离、地形起伏度（C_{21}）、粮食安全保障程度（C_{26}）（图7-7）。

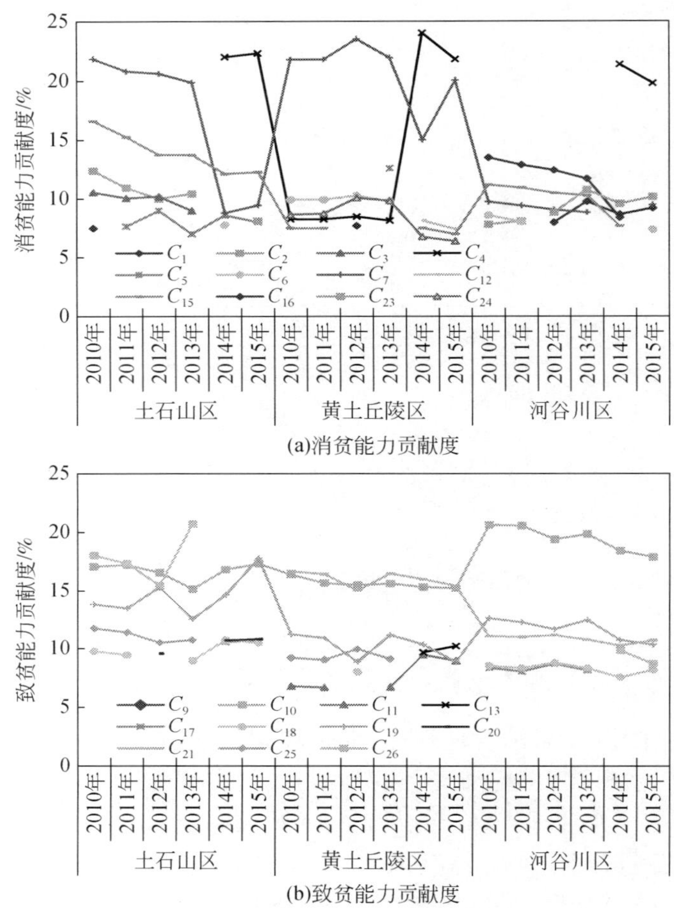

图 7-7 隆德县各地貌类型区消贫能力和致贫能力贡献度

（二）不同民族村地理资本贡献度分析

隆德县少数民族村消贫因素对消贫贡献度大的为农户贷款满足率（C_5）、至少拥有一项致富项目农户比（C_7）、农村居民居住质量指数（C_{16}）。致贫因素对致贫贡献度大的为农村贫困发生率（C_9）、农作物总播种面积比（C_{25}）、粮食安全保障程度。

汉族村消贫因素对消贫贡献度较大的为农民生活信息化程度（C_4）、新型农村社会养老保险参保率（C_{15}）、至少拥有一项致富项目农户比（C_7）、农村居民居住质量指数（C_{16}）、农闲经济家庭收入贡献率（C_2）。致贫因素对致贫贡献度大的为农村贫困发生率（C_9）、到最近初级中学（C_{19}）和乡镇医院（C_{20}）的距离、粮食安全保障程度（C_{26}）、农村妇女社会地位提升程度（C_{11}）、农村劳动力文盲率（C_{13}）。

多民族村消贫因素对消贫贡献度较大的为至少拥有一项致富项目农户比（C_7）、至少掌握一门致富技术农户比（C_6）、农民人均纯收入（C_1）、新型农村社会养老保险参保率（C_{15}）。致贫因素对致贫贡献度较大的为农村贫困发生率（C_9）、地形起伏度（C_{21}）、到最近车站（C_{18}）和农商贸市场（C_{17}）的距离、农村劳动力文盲率（C_{13}）（图 7-8）。

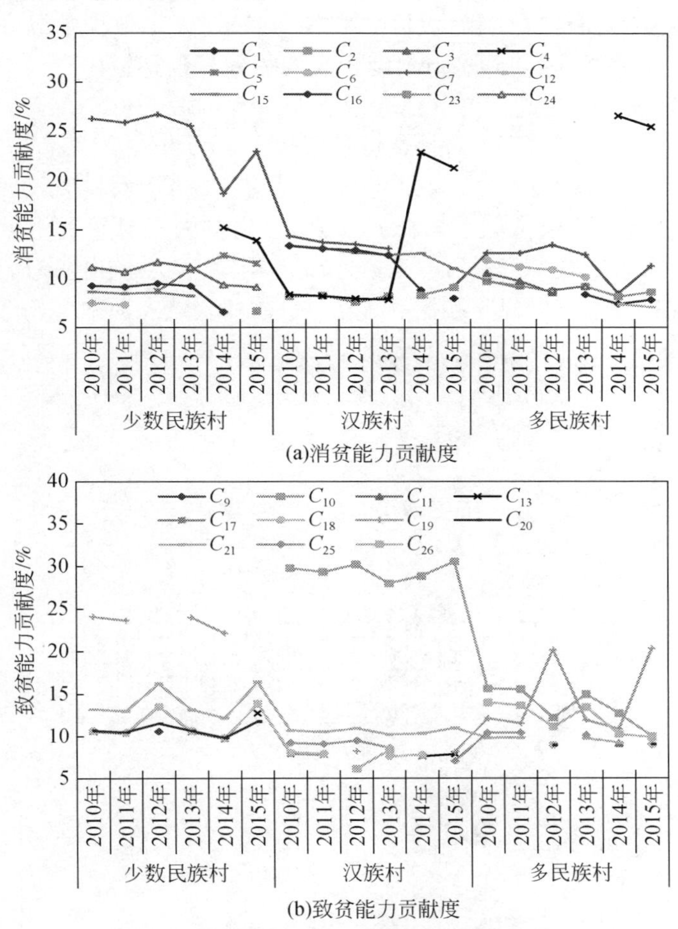

图 7-8　隆德县民族村消贫能力和致贫能力贡献度

五、泾源县地理资本贡献度分析

（一）不同地貌类型区地理资本贡献度分析

泾源县侵蚀堆积河谷平川区消贫因素对消贫贡献度较大的为至少掌握一门致

富技术农户比（C_6）、至少拥有一项致富项目农户比（C_7）、扶贫政策满意度（C_8）、农村贫困发生率（C_9）、农民生活信息化程度（C_4）。致贫因素对致贫贡献度较大的为农村妇女社会地位提升程度（C_{11}）、农村九年义务教育完成率（C_{12}）、农村劳动力文盲率（C_{13}）、地形起伏度（C_{21}）。

剥蚀构造丘陵区消贫因素对消贫贡献度较大的为农民生活信息化程度（C_4）、扶贫政策满意度（C_8）、农村贫困发生率（C_9）、至少掌握一门致富技术农户比（C_6）。致贫因素对致贫贡献度较大的为到最近初级中学（C_{19}）、乡镇医院（C_{20}）的距离、地形起伏度（C_{21}）、农业自然灾损率（C_{22}）。

侵蚀构造石山区消贫因素对消贫贡献度较大的为农村贫困发生率（C_9）、新型农村合作医疗参合率（C_{14}）、农户贷款满足率（C_5）、农村居民居住质量指数（C_{16}）、至少拥有一项致富项目农户比（C_7）。致贫因素对致贫贡献度较大的为农村九年义务教育完成率（C_{12}）、到最近初级中学（C_{19}）和乡镇医院（C_{20}）的距离、新型农村社会养老保险参保率（C_{15}）、农业自然灾损率（C_{22}）（图 7-9）。

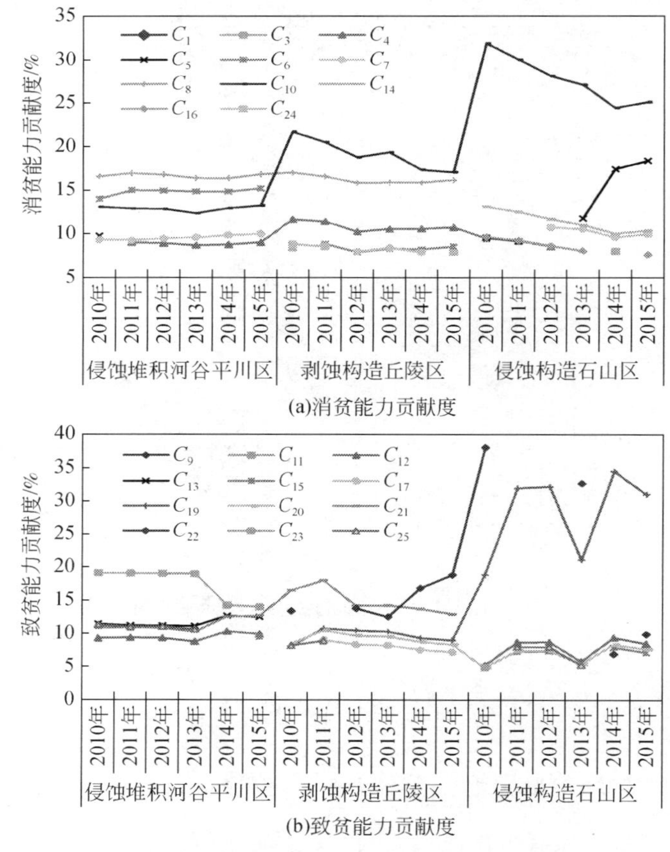

(a)消贫能力贡献度

(b)致贫能力贡献度

图 7-9 泾源县各地貌类型区消贫能力和致贫能力贡献度

（二）不同民族村地理资本贡献度分析

泾源县少数民族村消贫因素对消贫贡献度大的为农户贷款满足率（C_5）、至少拥有一项致富项目农户比（C_7）、农村贫困发生率（C_9）、新型农村合作医疗参合率（C_{14}）、农村居民居住质量指数（C_{16}）。致贫因素对致贫贡献度大的为农村妇女社会地位提升程度（C_{11}）、到最近初级中学（C_{19}）的距离、农村九年义务教育完成率（C_{12}）、新型农村社会养老保险参保率（C_{15}）。

汉族村消贫因素对消贫贡献度较大的为农民生活信息化程度（C_4）、至少掌握一门致富技术农户比（C_6）、扶贫政策满意度（C_8）、新型农村合作医疗参合率（C_{14}）、农村居民居住质量指数（C_{16}）。致贫因素对致贫贡献度大的为到农村妇女社会地位提升程度（C_{11}）、农村劳动力文盲率（C_{13}）、地形起伏度（C_{21}）、农作物总播种面积比（C_{25}）。

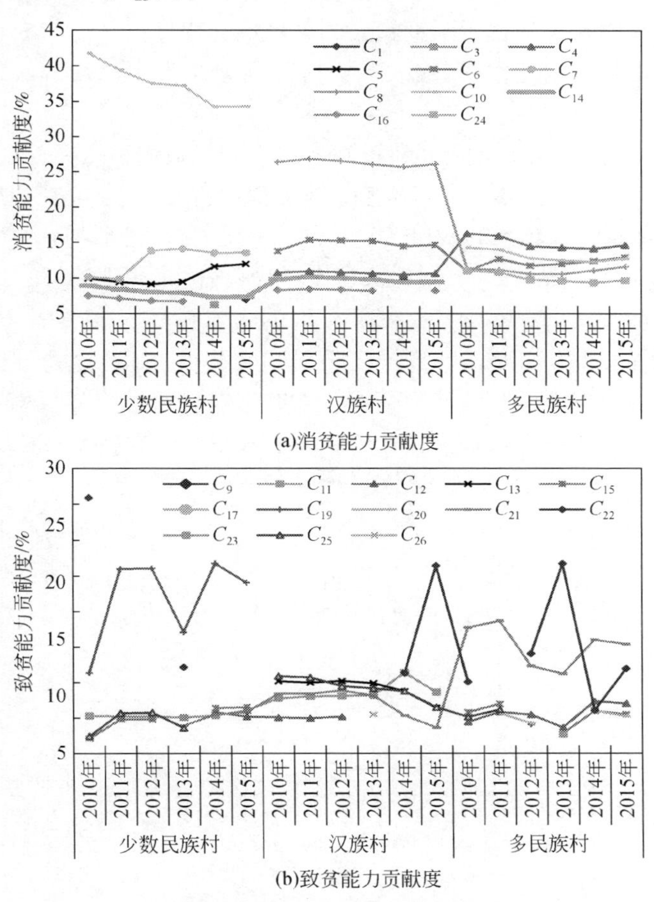

图 7-10　泾源县民族村消贫能力和致贫能力贡献度

多民族村消贫因素对消贫贡献度较大的为农民生活信息化程度（C_4）、至少掌握一门致富技术农户比（C_6）、扶贫政策满意度（C_8）、农村贫困发生率（C_9）、人均耕地面积（C_{24}）。致贫因素对致贫贡献度较大的为农村九年义务教育完成率（C_{12}）、地形起伏度（C_{21}）、新型农村社会养老保险参保率（C_{15}）、到最近乡镇医院的距离（C_{20}）、农业自然灾损率（C_{22}）（图7-10）。

六、彭阳县地理资本贡献度分析

（一）不同地貌类型区地理资本贡献度分析

彭阳县河谷川塬区消贫因素对消贫贡献度较大的为农村贫困发生率（C_9）、农村九年义务教育完成率（C_{12}）、新型农村合作医疗参合率（C_{14}）、环境质量指数（C_{23}）。致贫因素对致贫贡献度较大的为地形起伏度（C_{21}）、农作物总播种面积比（C_{25}）、农村贫困发生率（C_9）、农村劳动力文盲率（C_{13}）、到最近车站的距离（C_{18}）。

黄土丘陵区消贫因素对消贫贡献度较大的为农村贫困发生率（C_9）、农民生活信息化程度（C_4）、新型农村社会养老保险参保率（C_{15}）、人均耕地面积（C_{24}）。致贫因素对致贫贡献度较大的农村劳动力文盲率（C_{13}）、到最近初级中学（C_{19}）、乡镇医院（C_{20}）和车站（C_{18}）的距离、农作物总播种面积比（C_{25}）。

土石质山区消贫因素对消贫贡献度较大的为农村贫困发生率（C_9）、新型农村社会养老保险参保率（C_{15}）、农民生活信息化程度（C_4）、新型农村合作医疗参合率（C_{14}）。致贫因素对致贫贡献度较大的为农村劳动力文盲率（C_{13}）、地形起伏度（C_{21}）、农作物总播种面积比（C_{25}）、农村贫困发生率（C_9）（图7-11）。

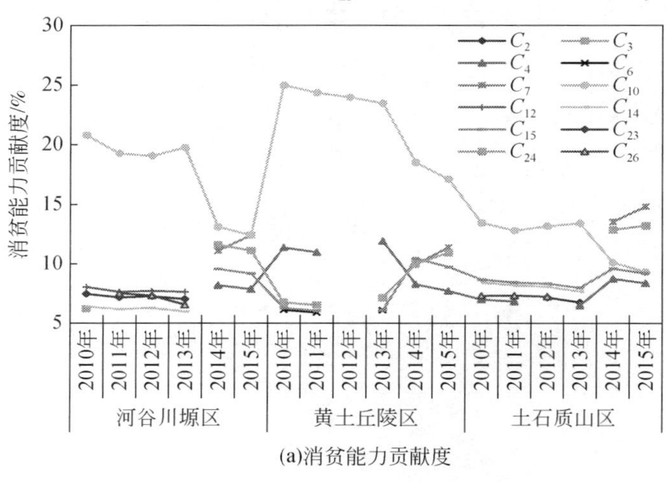

(a)消贫能力贡献度

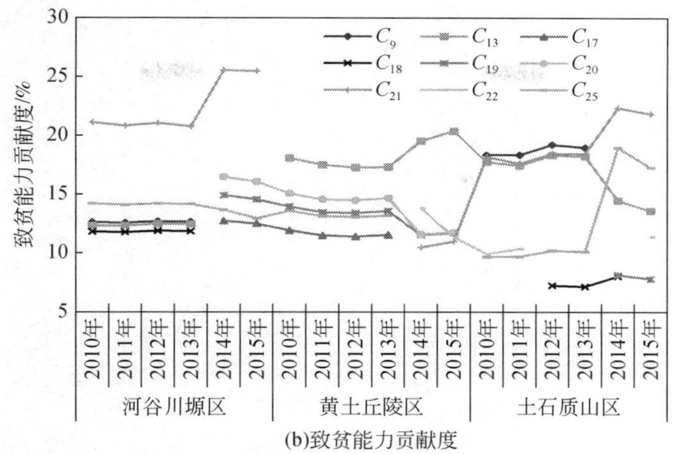

(b)致贫能力贡献度

图 7-11　彭阳县各地貌类型区消贫能力和致贫能力贡献度

(二) 不同民族村地理资本贡献度分析

彭阳少数民族村消贫因素对消贫贡献度大的为至少拥有一项致富项目农户比（C_7）、民族成分（C_9）、人均耕地面积（C_{24}）、新型农村社会养老保险参保率（C_{15}）。致贫因素对致贫贡献度大的为到最近车站（C_{18}）和乡镇医院（C_{20}）的距离、农作物总播种面积比（C_{25}）、农村贫困发生率（C_9）、农村劳动力文盲率（C_{13}）。

汉族村消贫因素对消贫贡献度较大的为新型农村合作医疗参合率（C_{14}）、农村九年义务教育完成率（C_{12}）、农民生活信息化程度（C_4）等。致贫因素对致贫贡献度大的为到最近乡镇医院的距离（C_{20}）、地形起伏度（C_{21}）、农作物总播种面积比（C_{25}）、贫困人口、农村劳动力文盲率（C_{13}）。

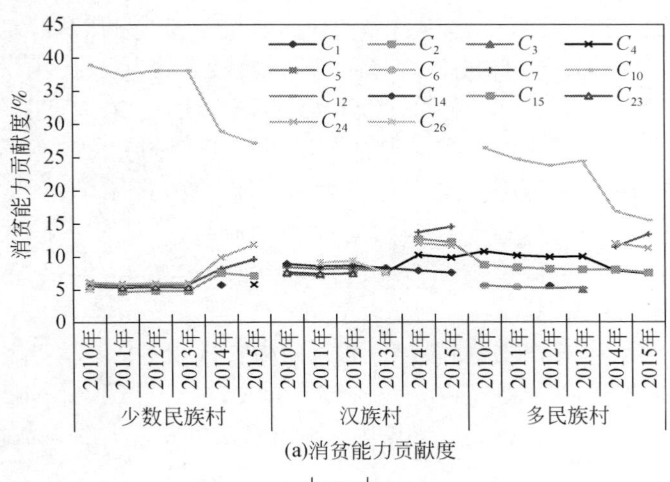

(a)消贫能力贡献度

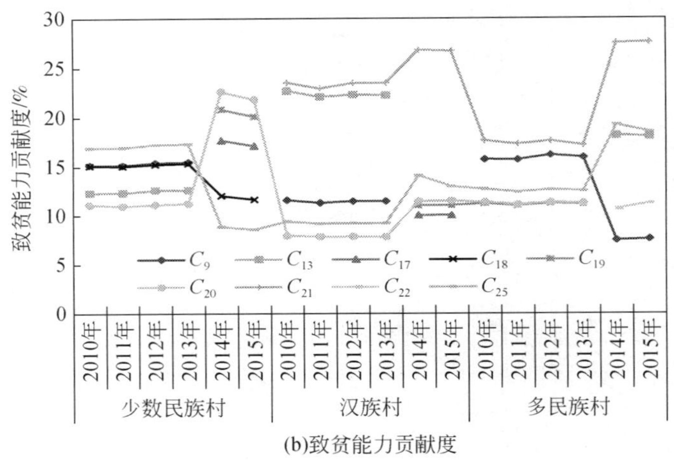

(b)致贫能力贡献度

图 7-12 彭阳县民族村消贫能力和致贫能力贡献度

多民族村消贫因素对消贫贡献度较大的为农民生活信息化程度（C_4）、新型农村社会养老保险参保率（C_{15}）、农村九年义务教育完成率（C_{12}）。致贫因素对致贫贡献度较大的为农村贫困发生率（C_9）、地形起伏度（C_{21}）、农作物总播种面积比（C_{25}）、到最近初级中学（C_{19}）和乡镇医院（C_{20}）的距离（图 7-12）。

七、海原县地理资本贡献度分析

（一）不同地貌类型区地理资本贡献度分析

海原县各地貌上的重点贫困村贫困因素的消贫和致贫贡献程度区域化特征明显(图 7-13)。河谷川区消贫因素对消贫贡献度较大的为农村妇女社会地位提升程度（C_{11}）、新型农村社会养老保险参保率（C_{15}）、农村环境质量指数（C_{23}）与农村九年义务教育完成率（C_{12}）。致贫因素对致贫贡献度较大的为农村贫困发生率（C_9）、到最近车站的距离（C_{18}）、贫困人口劳动力文盲率（C_{13}）、农业灾损率（C_{22}）。

红层丘陵区消贫因素对消贫贡献度较大的为至少拥有一项致富项目农户比（C_7）、新型农村社会养老保险参保率（C_{15}）、粮食安全保障程度、至少掌握一门致富技术农户比（C_6）。致贫因素对致贫贡献度较大的为农村贫困发生率（C_9）、农村劳动力文盲率（C_{13}）、地形起伏度（C_{21}）、到最近车站的距离（C_{18}）、农业自然灾损率（C_{22}）。

黄土丘陵区消贫因素对消贫贡献度较大的为农村九年义务教育完成率（C_{12}）、新型农村社会养老保险参保率（C_{15}）、至少掌握一门致富技术农户比（C_6）、至少拥有一项致富项目农户比（C_7）。致贫因素对致贫贡献度较大的为农村贫困发生率

(C_9)、到最近农商贸市场(C_{17})与初级中学(C_{19})和乡镇医院(C_{20})的距离等。

土石山区消贫因素对消贫贡献度较大的为至少拥有一项致富项目农户比(C_7)、新型农村合作医疗参合率(C_{14})、农村居民居住质量指数(C_{16})、至少掌握一门致富技术农户比(C_6)、农作物总播种面积比(C_{25})。致贫因素对致贫贡献度较大的为农村贫困发生率(C_9)、到最近农商贸市场(C_{17})与初级中学(C_{19})和乡镇医院(C_{20})的距离、农业灾损率(C_{22})。

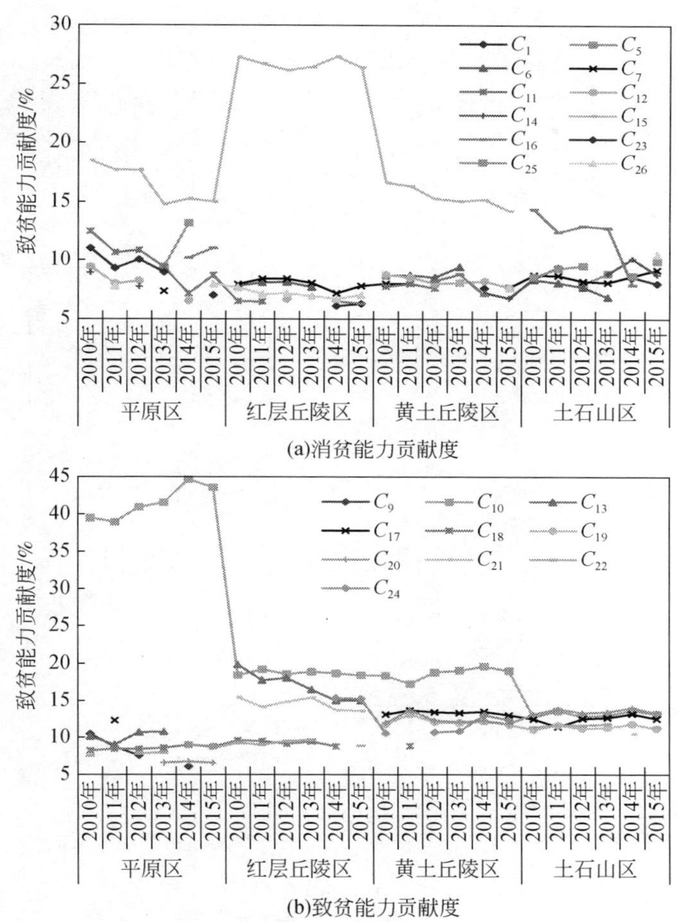

图 7-13 海原县各地貌类型区消贫能力和致贫能力贡献度

(二)不同民族村地理资本贡献度分析

海原县少数民族村消贫因素对消贫贡献度大的为新型农村社会养老保险参保率(C_{15})、农村居民居住质量指数(C_{16})、至少掌握一门致富技术农户比(C_6)、农作物总播种面积比（C_{25}）。致贫因素对致贫贡献度大的为农村贫困发生率（C_9）、到最近车站（C_{18}）、乡镇医院（C_{20}）、初级中学（C_{19}）和农贸市场的距离。

汉族村消贫因素对消贫贡献度较大的为新型农村社会养老保险参保率（C_{15}）、农作物总播种面积比（C_{25}）、农户贷款满足率（C_5）、新型农村合作医疗参合率（C_{14}）。致贫因素对致贫贡献度较大的为农村劳动力文盲率（C_{13}）、到最近乡镇医院（C_{20}）、农贸市场（C_{17}）、初级中学（C_{19}）的距离等。

多民族村消贫因素对消贫贡献度较大的为至少掌握一门致富技术农户比（C_6）、至少拥有一项致富项目农户比（C_7）、新型农村社会养老保险参保率（C_{15}）、农村居民居住质量指数（C_{16}）。致贫因素对致贫贡献度较大的为农村贫困发生率（C_9）、地形起伏度（C_{21}）、农业自然灾损率（C_{22}）、人均耕地面积（C_{24}）（图 7-14）。

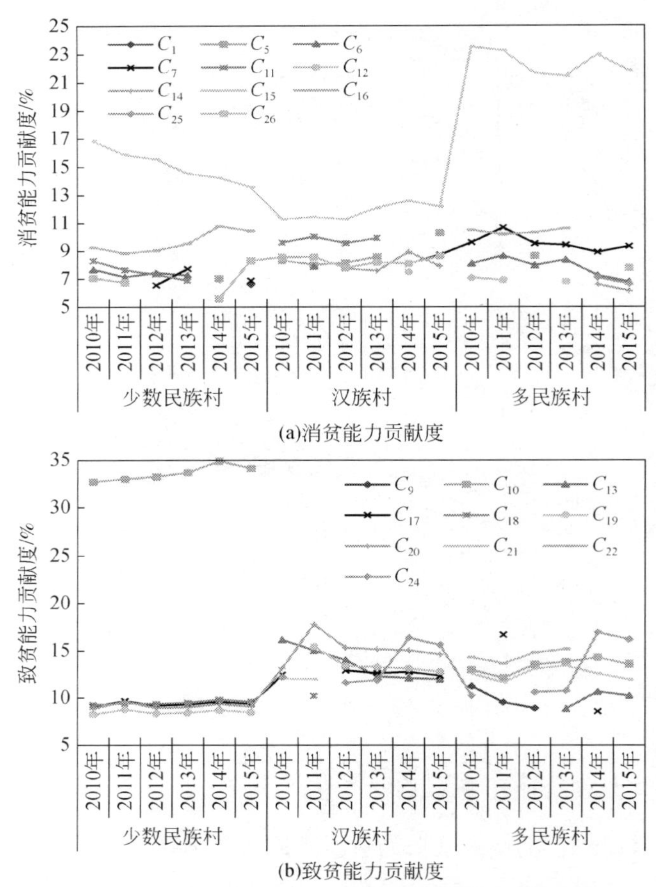

图 7-14　海原县民族村消贫能力和致贫能力贡献度

第二节 地理资本指数分析

一、同心县地理资本指数分析

（一）消贫地理资本指数

选取同心县消贫因素中的8个经济因子、5个社会因子和1个自然因子，共计14个消贫因子作为输入神经元，输出神经元为消贫指数，构建BP神经网络模型。运用非等距自然断点法将消贫指数断为5个等级（表7-1），地理资本消贫能力由低到高。“1”表示消贫能力低，“2”表示消贫能力较低，“3”表示消贫能力中等，“4”表示消贫能力较高，“5”表示消贫能力高。

表7-1 消贫指数的BP神经网络评价标准

等级	C_1	C_2	C_3	C_4	C_5	C_6	C_7
1	0.055	0.102	0.092	0.021	0.067	0.060	0.021
2	0.196	0.425	0.246	0.212	0.212	0.287	0.151
3	0.362	0.654	0.430	0.376	0.429	0.567	0.288
4	0.548	0.819	0.708	0.664	0.700	0.727	0.453
5	1.000	1.000	1.000	1.000	1.000	1.000	1.000

等级	C_8	C_{11}	C_{12}	C_{14}	C_{15}	C_{16}	C_{24}
1	0.223	0.021	0.023	0.250	0.167	0.137	0.023
2	0.417	0.219	0.367	0.375	0.250	0.347	0.141
3	0.584	0.401	0.607	0.583	0.438	0.635	0.289
4	0.806	0.599	0.775	0.750	0.702	0.775	0.484
5	1.000	1.000	1.000	1.000	1.000	1.000	1.000

采用表7-1作为同心县消贫指数的神经网络评价标准数据，对模型的有效性进行测试。最终确定输入神经元为14个，隐层神经元为20个，输出神经元为1个，消贫指数的网络拓扑结构为14×20×1。网络初始权值为［0，1］的随机数，学习速率为0.01，动量因子为0.9，训练批次为10 000次，目标误差为10^{-5}，其他参数采用系统默认值。经过训练达到要求后，应用得到的权值和阈值进行仿真，将消贫因子标准化数据导入，通过sim仿真函数得到同心县各样本重点贫困村的消贫指数；运用ArcGIS 10.2强大的空间表达能力，使同心县重点贫困村的消贫指数实现空间可视化。

从地貌类型区看，同心县2010～2015年重点贫困村（与下文的“贫困村”具有同一含义）中消贫能力最强的区域主要集中分布在该县的整个东北部、中部地区的旱作塬区，尤其是东北部的旱作塬区；西部扬黄灌区的重点贫困村2010～2013年消贫能力一直维持一种中等状态，2014～2015年消贫能力向较强状态转变；中部干旱山区重点贫困村消贫能力弱和消贫能力强两种消贫状态兼有，北部干旱山区消贫能力为该县最弱的集中区域，反之，南部干旱山区消贫能力较强，这与一级河流折死沟流经南部干旱山区有关。自然条件差的南部干旱山区、自然条件较差的东部旱作塬区的重点贫困村消贫能力反而强于自然、经济条件较好的西部扬黄灌区的重点贫困村，其重要原因可能与扶贫资源投放的重点区域有很大关系，贫困山区一直以来是扶贫开发最难攻克的区域，而丘陵地区是扶贫开发最主要和最广泛的地区，相反，西部扬黄灌区自然条件较好，享受经济发展成果的优势和机遇明显多于贫困山区和丘陵地区，因此扶贫资源投放的重点区域主要在东部旱作塬区和中部干旱山区［图7-15（a）］。

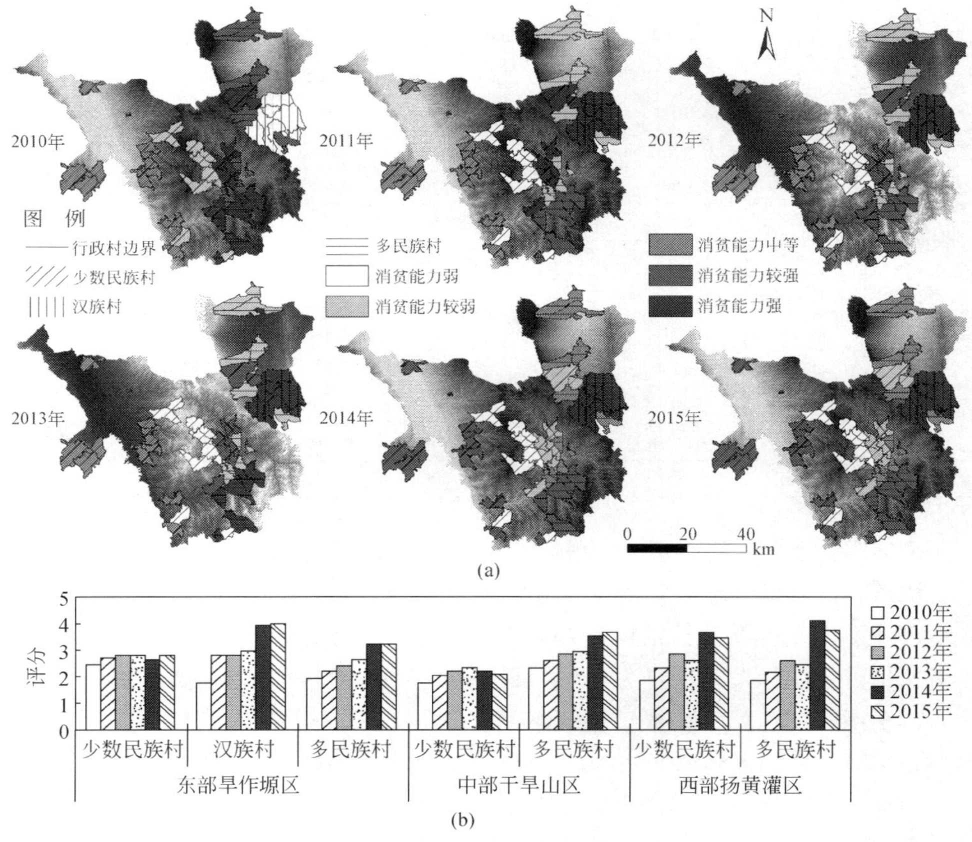

图7-15　2010～2015年同心县重点贫困村消贫指数

从民族村-地貌类型区综合看，东部旱作塬区汉族重点贫困村消贫指数最高，优于少数民族村和多民族村，少数民族村与多民族村消贫指数波浪式交错更替；西部扬黄灌区和中部干旱山区没有汉族重点贫困村分布，多民族村消贫指数略优于少数民族村。整体而言，汉族村消贫指数最高，其次为多民族村。

从时间变化看，2010～2015 年同心县东部旱作塬区、中部干旱山区及西部扬黄灌区重点贫困村的消贫能力整体处于上升趋势，扶贫开发形势较好，而各地貌区的不同民族类型重点贫困村消贫指数增幅又呈现差异化。东部旱作塬区、中部干旱山区少数民族重点贫困村的消贫能力较为低迷，皆出现微增长后转入下降的趋势。东部旱作塬区汉族重点贫困村期间消贫指数增长 56.55%，各地貌多民族重点贫困村 2010～2015 年消贫能力指数增长了 35%～40%，西部扬黄灌区汉族重点贫困村 6 年增长了 45.3%。整体而言，同心县汉族、多民族重点贫困村消贫指数呈现较高的增长幅度［图 7-15（b）］。

（二）致贫地理资本指数

选取同心县致贫因素中的 3 个社会因子和 9 个自然因子，共计 12 个致贫因子作为输入神经元，输出神经元为致贫指数，构建 BP 神经网络模型。运用非等距自然断点法将致贫指数断为 5 个等级（表 7-2），地理资本致贫能力由低到高。“1”表示致贫能力低，“2”表示致贫能力较低，“3”表示致贫能力中等，“4”表示致贫能力较高，“5”表示致贫能力高。

表 7-2　致贫指数的 BP 神经网络评价标准

等级	C_9	C_{10}	C_{13}	C_{17}	C_{18}	C_{19}	C_{20}	C_{21}	C_{22}	C_{23}	C_{25}	C_{26}
1	0.046	0.145	0.055	0.003	0.016	0.014	0.016	0.164	0.020	0.079	0.013	0.120
2	0.249	0.162	0.274	0.122	0.160	0.101	0.119	0.242	0.099	0.450	0.354	0.604
3	0.473	0.548	0.449	0.392	0.320	0.224	0.278	0.374	0.294	0.623	0.671	0.750
4	0.672	0.671	0.546	0.615	0.600	0.520	0.736	0.516	0.562	0.754	0.884	0.884
5	1.000	1.000	1.000	1.000	1.000	1.000	1.000	1.000	1.000	1.000	1.000	1.000

采用表 7-2 作为同心县致贫指数的神经网络评价标准数据，对模型的有效性进行测试。最终确定输入神经元为 12 个，隐层神经元为 20 个，输出神经元为 1 个,消贫指数的网络拓扑结构为 12×20×1。网络初始权值为［0，1］的随机数，学习速率为 0.01，动量因子为 0.9，训练批次为 10 000 次，目标误差为 10^{-5}，其他参数采用系统默认值。

经训练达到要求后，应用得到的权值和阈值进行仿真，将致贫因子标准化数据导入，通过 sim 仿真函数得到同心县各样本重点贫困村的致贫指数；运用

ArcGIS 10.2 强大的空间表达能力，使县重点贫困村的致贫指数实现空间可视化。

从地貌类型区看，根据同心县重点贫困村致贫指数的空间模拟［图7-16（a）］显示，同心县各民族重点贫困村致贫指数的地貌等级化分布较为明显，需要指出的是，西部扬黄灌区、东部旱作塬区重点贫困村致贫指数呈现“反理想化”现象，西部扬黄灌区重点贫困村的致贫能力在一定程度上高于东部旱作塬区，这主要与社会致贫因素有关。东部旱作塬区虽贫困人口居多，但贫困面积广泛，导致贫困人口密度小，加之此地形起伏度小，耕地面积大；而西部扬黄灌区贫困面窄，贫困人口密度大，人均耕地面积少，这样的地区差异造成按一定比例投放的扶贫资源、扶贫资金所占的人均化比例也会不相同。中部干旱山区重点贫困村的致贫指数最高，山区自然致贫因素复杂，地形起伏较大，土地不易耕种，农业生态环境极其脆弱，甚至气象灾害可以导致农户绝收；此外，北部干旱山区致贫指数是该县最高的集中区域，南部干旱山区致贫指数较低，这与一级河流折死够流经南部干旱山区有关。

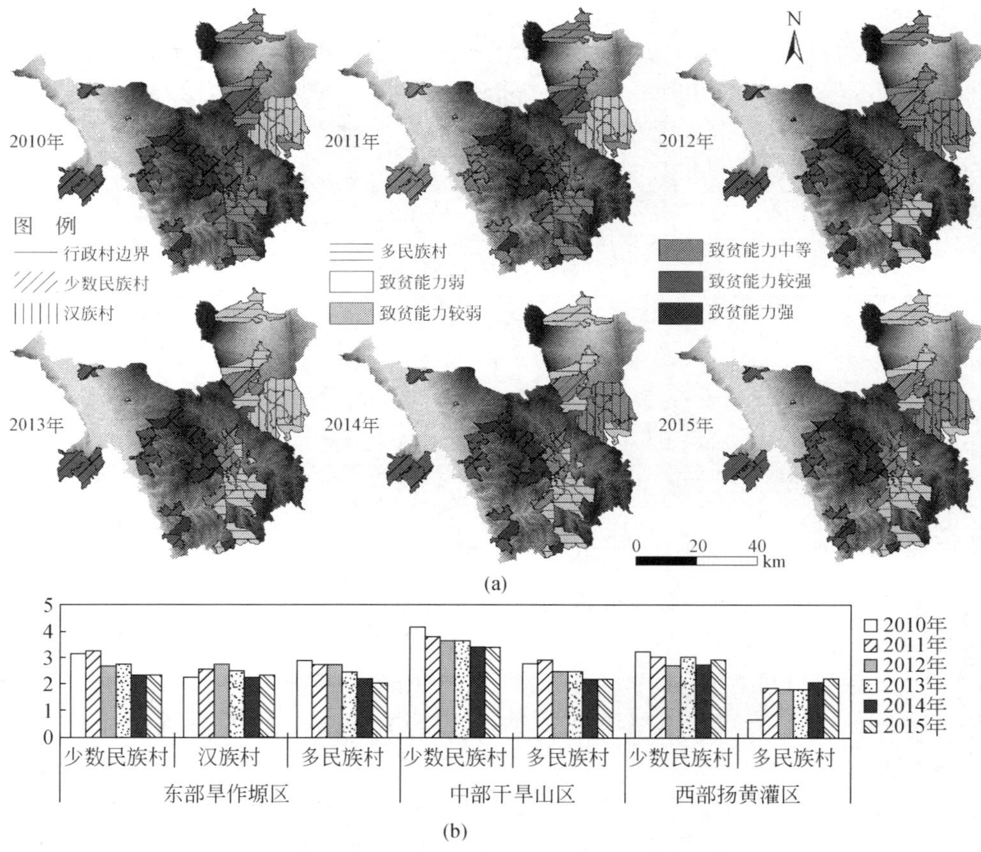

图7-16　2010～2015年同心县重点贫困村致贫指数

从民族村-地貌类型区看，除西部扬黄灌区多民族重点贫困村外，同心县各民族类重点贫困村的致贫指数逐年下降趋势明显，西部扬黄灌区多民族样本村为生态移民村，社会服务、基础设施等尚不健全。整体上而言，各地貌区内多民族重点贫困村的致贫指数最低，约为2.227，少数民族重点贫困村致贫指数最高，约为3.115。东部旱作塬区的汉族、多民族重点贫困村致贫指数较低，中部干旱山区的少数民族重点贫困村致贫指数较高。

从时间变化看，同心县2010～2015年东部旱作塬区、中部干旱山区的少数民族、多民族重点贫困村的致贫指数整体处于下降趋势；西部扬黄灌区的多民族重点贫困村致贫指数却处于上升状态［图7-16（b）］。整体而言，研究期间同心县汉族重点贫困村致贫指数上升了2.80%；少数民族重点贫困村下降了21.48%；多民族重点贫困村下降了1.05%。西部扬黄灌区重点贫困村致贫指数上升了21.07%，中部干旱山区重点贫困村下降了23.92%，东部旱作塬区重点贫困村下降了23.97%。

二、原州区地理资本指数分析

（一）消贫地理资本指数

选取原州区消贫因素中的8个经济因子、4个社会因子和3个自然因子，共计15个消贫因子作为输入神经元，输出神经元为消贫指数，构建BP神经网络模型。运用非等距自然断点法将消贫指数断为5个等级（表7-3），地理资本消贫能力由低到高。“1”表示消贫能力低，“2”表示消贫能力较低，“3”表示消贫能力中等，“4”表示消贫能力较高，“5”表示消贫能力高。

表7-3　消贫指数的BP神经网络评价标准

等级	C_1	C_2	C_3	C_4	C_5	C_6	C_7	C_8
1	0.050	0.072	0.203	0.196	0.126	0.008	0.005	0.127
2	0.258	0.329	0.288	0.377	0.249	0.156	0.167	0.384
3	0.477	0.558	0.541	0.672	0.395	0.361	0.340	0.560
4	0.732	0.664	0.728	0.760	0.554	0.578	0.556	0.706
5	1.000	1.000	1.000	1.000	1.000	1.000	1.000	1.000
等级	C_{12}	C_{14}	C_{15}	C_{16}	C_{24}	C_{25}	C_{26}	
1	0.033	0.045	0.050	0.055	0.104	0.217	0.695	
2	0.288	0.227	0.367	0.156	0.299	0.424	0.742	

续表

等级	C_{12}	C_{14}	C_{15}	C_{16}	C_{24}	C_{25}	C_{26}	
3	0.509	0.455	0.583	0.474	0.478	0.541	0.835	
4	0.712	0.727	0.783	0.666	0.687	0.632	0.924	
5	1.000	1.000	1.000	1.000	1.000	1.000	1.000	

采用表 7-3 作为原州区消贫指数的神经网络评价标准数据，对模型的有效性进行测试。最终确定输入神经元为 15 个，隐层神经元为 20 个，输出神经元为 1 个，消贫指数的网络拓扑结构为 $15\times20\times1$。网络初始权值为［0，1］的随机数，学习速率为 0.01，动量因子为 0.9，训练批次为 10 000 次，目标误差为 10^{-5}，其他参数采用系统默认值。

经训练达到要求后，应用得到的权值和阈值进行仿真，将消贫因子标准化数据导入，通过 sim 仿真函数得到原州区各样本重点贫困村的消贫指数；运用 ArcGIS 10.2 强大的空间表达能力，使重点贫困村的消贫指数实现空间可视化。

从地貌类型区看，从原州区消贫指数的空间模拟可以看出［图 7-17（a）］，2010～2015 年重点贫困村中消贫能力较强的区域主要集中分布在东部丘陵区，2012 年之前其他地貌单元消贫能力较强的重点贫困村也有少量分布，主要为清水河河谷川台区和六盘山阴湿山区的回汉混居重点贫困村；消贫能力较弱的重点贫困村主要分布于该区西南部的六盘山阴湿山区。在研究期间，东部丘陵区重点贫困村消贫能力较高，且连年多为增长趋势；六盘山阴湿山区重点贫困村的消贫能力整体表现较弱，以汉族和少数民族重点贫困村为甚；清水河河谷川台区重点贫困村消贫能力强弱皆有，多民族重点贫困村消贫趋势较好，少数民族村多为生态移民迁入村，消贫能力在一定程度上较弱，此外清水河河谷川台区重点贫困村分布少，投送的扶贫资源有限。

从民族村–地貌类型区看，原州区各民族类型的重点贫困村消贫指数虽有强弱之分，但皆表现出明显的增长态势。原州区消贫指数较强的民族类型村为东部丘陵区的少数民族和多民族重点贫困村，逐年增长趋势明显；六盘山阴湿山区多民族重点贫困村消贫指数虽然较高，但有一定的波动，少数民族与汉族重点贫困村消贫指数呈现低基数增长趋势；清水河河谷川台区多民族重点贫困村消贫能力整体表现为中等以下水平，少数民族村具有一定的增长趋势，汉族与多民族村消贫能力指数整体表现优于少数民族村。

从时间序列上看，根据图 7-17（b）原州区消贫指数的时间动态趋势显示，2010～2015 年各地貌类型的重点贫困村消贫能力整体处于上升态势，而各地貌区内部以及各地貌间的不同民族类型重点贫困村消贫指数差异化较为明显。期间

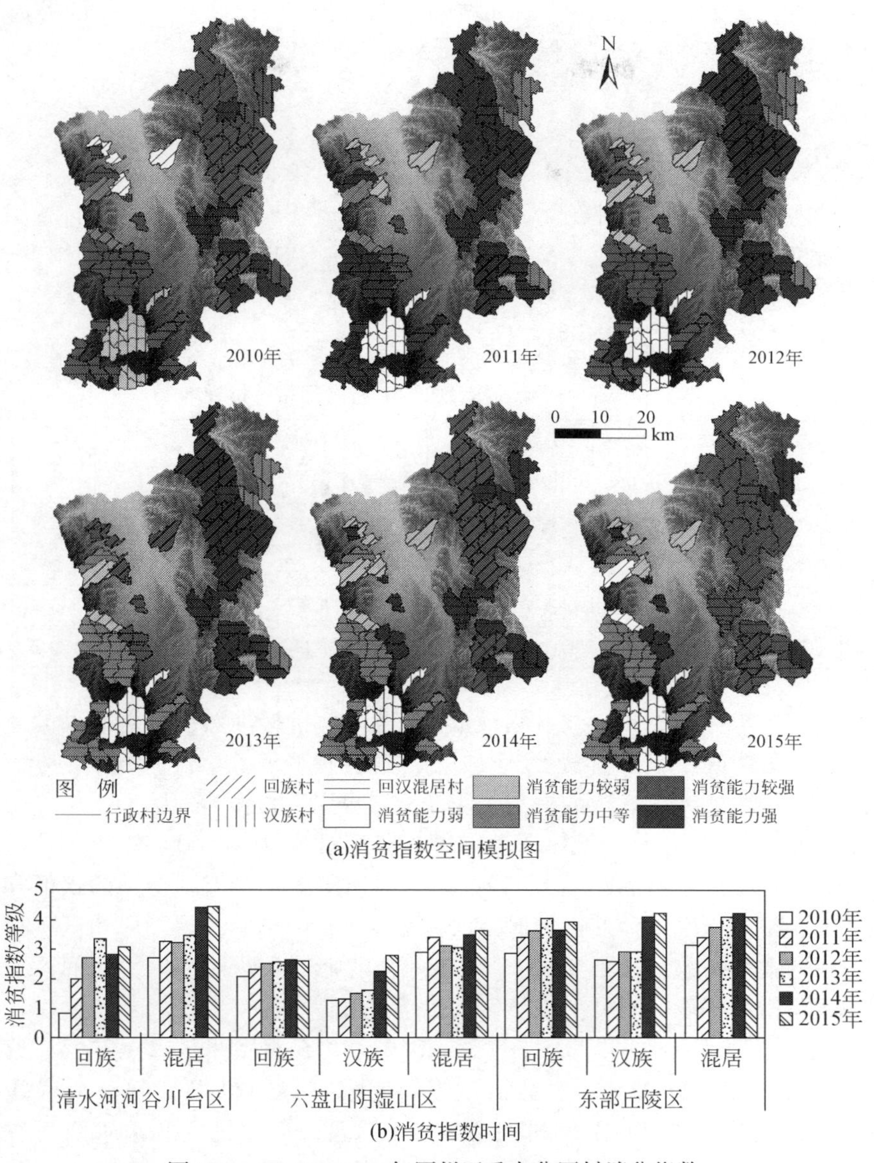

图 7-17 2010 ~ 2015 年原州区重点贫困村消贫指数

消贫指数增长幅度最大的为清水河河谷川台区的少数民族村，实现增幅 72. 21%，最小的为六盘山阴湿山区的多民族重点贫困村，增幅为 20. 45%，增幅差距为 51. 76%。清水河河谷川台区混居重点贫困村实现增幅 39. 04%，地貌内部增幅差距为 33. 18%；六盘山阴湿山区少数民族重点贫困村增长率为 21. 34%，汉族重点贫困村消贫指数为 55.35%，内部增幅差距为 34.90%；东部丘陵区各民族重点贫困村内部增幅差距较小，保持在 14.27%。

（二）致贫地理资本指数

选取原州区致贫因素中的 4 个社会因子和 7 个自然因子，共计 11 个致贫因子作为输入神经元，输出神经元为致贫指数，构建 BP 神经网络模型。运用非等距自然断点法将致贫指数断为 5 个等级（表 7-4），地理资本致贫能力由低到高。“1”表示致贫能力低，“2”表示致贫能力较低，“3”表示致贫能力中等，“4”表示致贫能力较高，“5”表示致贫能力高。

表 7-4　原州区致贫指数的 BP 神经网络评价标准

等级	C_9	C_{10}	C_{11}	C_{13}	C_{17}	C_{18}	C_{19}	C_{20}	C_{21}	C_{22}	C_{23}
1	0.015	0.029	0.359	0.001	0.004	0.025	0.016	0.042	0.021	0.103	0.011
2	0.231	0.032	0.614	0.066	0.058	0.103	0.037	0.096	0.089	0.273	0.239
3	0.476	0.668	0.689	0.127	0.134	0.231	0.135	0.314	0.513	0.452	0.495
4	0.727	0.850	0.788	0.395	0.287	0.379	0.395	0.468	0.692	0.562	0.723
5	1.000	1.000	1.000	1.000	1.000	1.000	1.000	1.000	1.000	1.000	1.000

采用表 7-4 作为原州区致贫指数的 BP 网络评价标准数据，对模型的有效性进行测试。最终确定输入神经元为 11 个，隐层神经元为 20 个，输出神经元为 1 个，消贫指数的网络拓扑结构为 11×20×1。网络初始权值为［0，1］的随机数，学习速率为 0.01，动量因子为 0.9，训练批次为 10 000 次，目标误差为 10^{-5}，其他参数采用系统默认值。经过训练达到要求后，应用得到的权值和阈值进行仿真，将致贫因子标准化数据导入，通过 sim 仿真函数得到原州区各样本重点贫困村的致贫指数；运用 ArcGIS 10.2 强大的空间表达能力，使原州区重点贫困村的致贫指数实现空间可视化。

从地貌类型区看［图 7-18（a）］，2010～2015 年原州区重点贫困村致贫指数高低地貌分区十分明显，消贫指数较低的重点贫困村主要分布于东部丘陵区，消贫指数较低的重点贫困村主要分布于六盘山阴湿山区和清水河河谷川台区。东部丘陵区贫困人口多，贫困面广，贫困人口密度小；而清水河河谷川台区重点贫困村数量少，贫困面窄，贫困人口密度大。

从民族村–地貌类型区看，原州区各民族重点贫困村的致贫指数皆呈现下降的态势，并表现出 2014～2015 年微升的共同特征，扶贫开发取得一定成效。六盘山阴湿山区各民族重点贫困村致贫指数普遍较高，清水河河谷川台区少数民族重点贫困村致贫指数维持中等趋高的状态，东部丘陵区少数民族重点贫困村致贫指数较低。

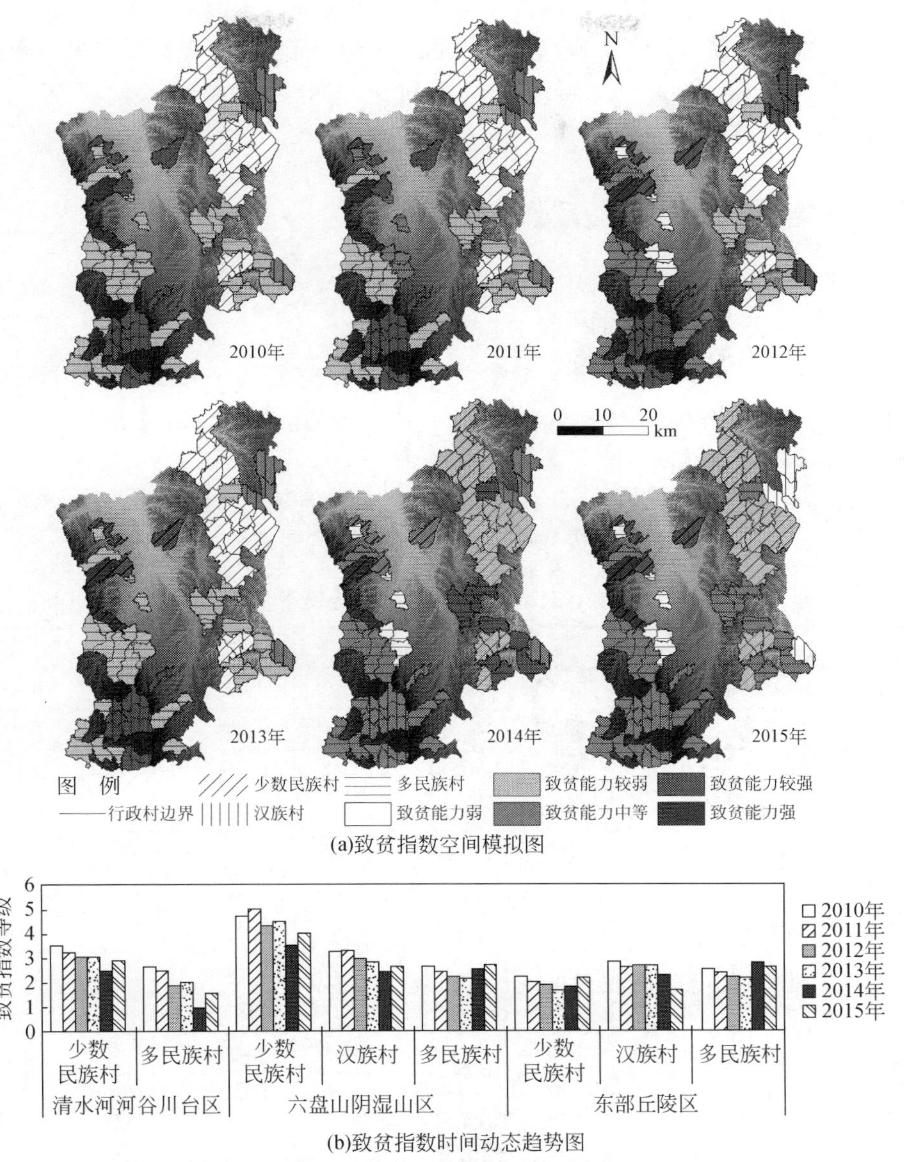

(a)致贫指数空间模拟图

(b)致贫指数时间动态趋势图

图 7-18　2010～2015 年原州区重点贫困村致贫指数

从时间序列上看［图 7-18（b）］，2010～2015 年原州区各地貌区、各民族重点贫困村致贫指数整体处于下降趋势。清水河河谷川台区重点贫困村致贫指数为高基数高降速，降速为 37.54%；六盘山阴湿山区重点贫困村致贫指数呈现高基数低降速状态，降速为12.93%；东部丘陵区为低基数低降速，降速为16.21%。

各民族重点贫困村致贫指数基数和降速各不相同，少数民族重点贫困村致贫指数为高基数低降速，降速为14.33%；致贫指数低基数低降速为多民族重点贫困村，降速为11.90%；汉族重点贫困村致贫指数为高基数高降速，降幅为42.17%。

三、西吉县地理资本指数分析

（一）消贫地理资本指数

选取西吉县消贫因素中的8个经济因子、5个社会因子和2个自然因子，共计15个消贫因子作为输入神经元，输出神经元为消贫指数，构建BP神经网络模型。运用非等距自然断点法将消贫指数断为5个等级（表7-5），地理资本消贫能力由低到高。“1”表示消贫能力低，“2”表示消贫能力较低，“3”表示消贫能力中等，“4”表示消贫能力较高，“5”表示消贫能力高。

表7-5　西吉县消贫指数的BP神经网络评价标准

等级	C_1	C_2	C_3	C_4	C_5	C_6	C_7	C_8
1	0.029	0.004	0.005	0.104	0.019	0.028	0.032	0.454
2	0.286	0.244	0.267	0.313	0.156	0.209	0.259	0.738
3	0.478	0.559	0.440	0.510	0.282	0.451	0.465	0.818
4	0.688	0.780	0.646	0.750	0.583	0.664	0.722	0.909
5	1.000	1.000	1.000	1.000	1.000	1.000	1.000	1.000
等级	C_{10}	C_{11}	C_{12}	C_{14}	C_{16}	C_{23}	C_{25}	
1	0.196	0.058	0.146	0.071	0.010	0.013	0.065	
2	0.302	0.218	0.262	0.357	0.209	0.218	0.395	
3	0.500	0.500	0.440	0.571	0.322	0.398	0.630	
4	0.797	0.731	0.734	0.736	0.466	0.620	0.805	
5	1.000	1.000	1.000	1.000	1.000	1.000	1.000	

采用表7-5作为西吉县消贫指数的BP神经网络评价标准数据，对模型的有效性进行测试。最终确定输入神经元为15个，隐层神经元为20个，输出神经元为1个，消贫指数的网络拓扑结构为15×20×1。网络初始权值为［0，1］的随机数，学习速率为0.01，动量因子为0.9，训练批次为10 000次，目标误差为10^{-5}，其他参数采用系统默认值。

经过训练达到要求后，应用得到的权值和阈值进行仿真，将消贫因子标准化数据导入，通过 sim 仿真函数得到西吉县各样本重点贫困村的消贫指数；运用 ArcGIS 10.2 强大的空间表达能力，使重点贫困村的消贫指数实现空间可视化。

从地貌类型区看［图 7-19（a）］，西吉县各民族重点贫困村消贫指数的地貌等级分布较为零散，需要指出的是，各地貌内消贫能力较强的重点贫困村大部分沿葫芦河、滥泥河以及臭水河分布，且葫芦河东部重点贫困村消贫能力强于葫芦河西部地区。已有研究表明，葫芦河川道河谷平原区的贫困程度低于土石山区，而黄土丘陵沟壑区的贫困程度最高。葫芦河川道河谷区消贫能力较强的重点贫困村大多分布于西吉县境内的葫芦河下游地区；此外，黄土丘陵沟壑区重点贫困村的贫困广度、贫困深度和贫困强度是三种地貌之最，扶贫负担很重。西吉县黄土丘陵沟壑区各民族类重点贫困村的消贫能力较弱，尤其是葫芦河西部广布的丘陵区；土石山区重点贫困村消贫指数出现东西分化现象，东部土石山区消贫指数远高于西部土石山区，这与臭水河流经东部山区有关。这与已有研究结果相吻合，切合地区实际。

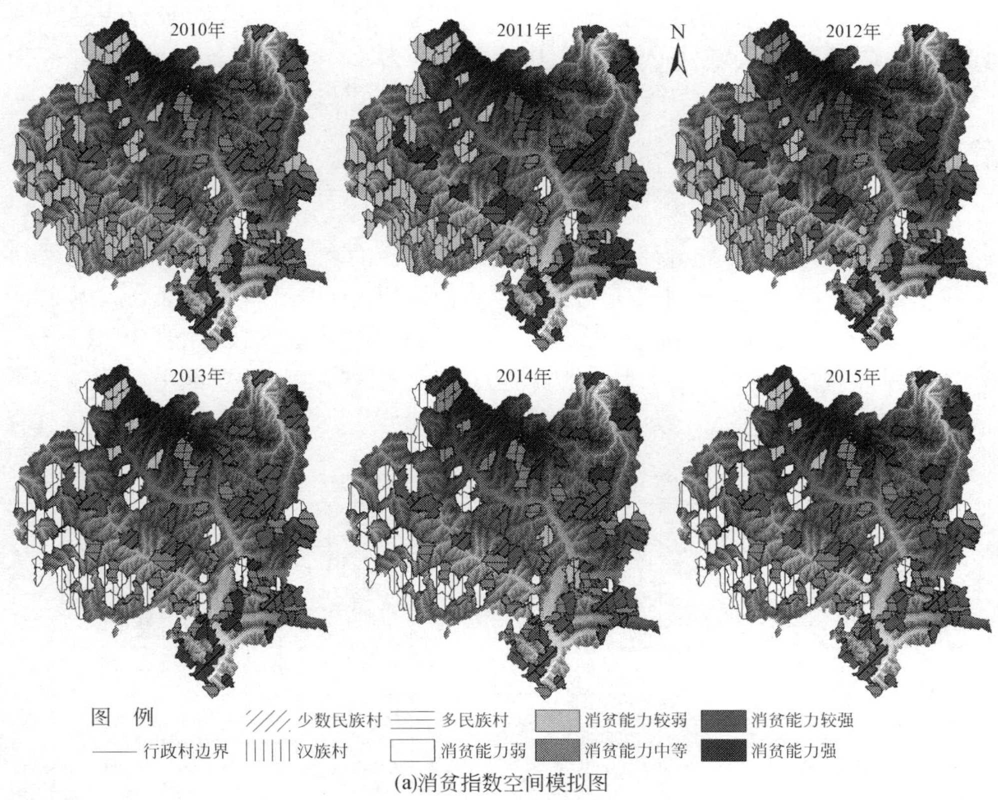

(a)消贫指数空间模拟图

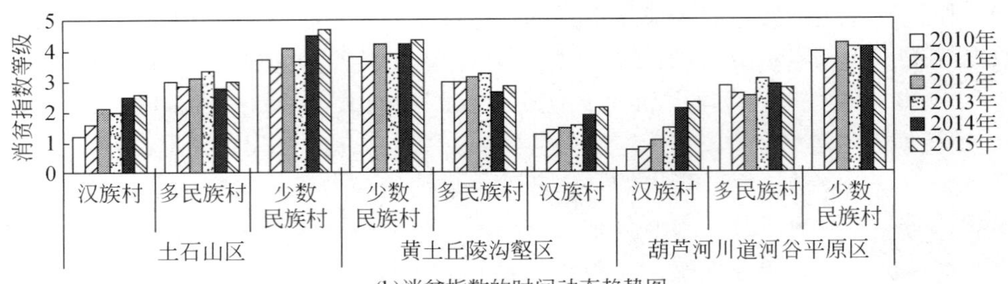

(b)消贫指数的时间动态趋势图

图 7-19　2010～2015 年西吉县重点贫困村消贫指数

从民族村-地貌类型区看，西吉县各民族重点贫困村的消贫指数增长趋势较为明显。据统计，少数民族重点贫困村的贫困状况优于混居类重点贫困村，而汉族重点贫困村消贫能力较弱。民族特性决定农户生计方式的选择，生计方式不同导致收入的结构、渠道也不同。

从时间序列上看［图 7-19（b）］，2010～2015 年重点贫困村消贫能力整体处于上升态势，各地貌间的不同民族类型重点贫困村消贫指数差异化较为明显。期间消贫指数最高的重点贫困村为少数民族村，约为 4.040，增幅却为 4.04%；消贫指数最低的为汉族重点贫困村，约为 1.683，期间却实现了 54.47% 的最高增幅。

（二）致贫地理资本指数

选取西吉县致贫因素中的 3 个社会因子和 8 个自然因子，共计 11 个致贫因子作为输入神经元，输出神经元为致贫指数，构建 BP 神经网络模型。运用非等距自然断点法将致贫指数断为 5 个等级（表 7-6），地理资本致贫能力由低到高。“1”表示致贫能力低，“2”表示致贫能力较低，“3”表示致贫能力中等，“4”表示致贫能力较高，“5”表示致贫能力高。

表 7-6　致贫指数的 BP 神经网络评价标准

等级	C_9	C_{13}	C_{15}	C_{17}	C_{18}	C_{19}	C_{20}	C_{21}	C_{22}	C_{24}	C_{26}
1	1.000	1.000	1.000	1.000	1.000	1.000	1.000	1.000	1.000	1.000	1.000
2	0.657	0.405	0.750	0.583	0.774	0.580	0.579	0.651	0.647	0.650	0.944
3	0.495	0.243	0.585	0.387	0.474	0.352	0.352	0.460	0.353	0.467	0.836
4	0.233	0.081	0.335	0.207	0.286	0.163	0.201	0.141	0.176	0.317	0.738
5	0.013	0.040	0.200	0.067	0.045	0.049	0.060	0.073	0.058	0.166	0.483

采用表 7-6 作为西吉县致贫指数的神经网络评价标准数据，对模型的有效性进行测试。最终确定输入神经元为 11 个，隐层神经元为 20 个，输出神经元为 1 个，消贫指数的网络拓扑结构为 11×20×1。网络初始权值为［0，1］的随机数，学习速率为 0.01，动量因子为 0.9，训练批次为 10 000 次，目标误差为 10^{-5}，其他参数采用系统默认值。

经过训练达到要求后，应用得到的权值和阈值进行仿真，将致贫因子标准化数据导入，通过 sim 仿真函数得到西吉县各样本重点贫困村的致贫指数；运用 ArcGIS 10.2 强大的空间表达能力，使重点贫困村的致贫指数实现空间可视化。

从地貌类型区看［图 7-20（a）］，2010～2015 年重点贫困村中致贫能力最强的区域主要集中分布在葫芦河东部的黄土丘陵沟壑区，葫芦河与滥泥河的分水岭区以及月亮山区，即由致贫指数较低的葫芦河川道河谷区向东西两个致贫指数较高的方向过渡；黄土丘陵沟壑区重点贫困村致贫指数高低分化现象明显，致贫指数较低的重点贫困村主要分布于西吉县的西南边陲，致贫指数较高的重点贫困村主要位于滥泥河流域和葫芦河东部的黄土丘陵沟壑区；土石山区东西两个方位也有分化现象，月亮山区域致贫指数较高，臭水河源头致贫指数较低。

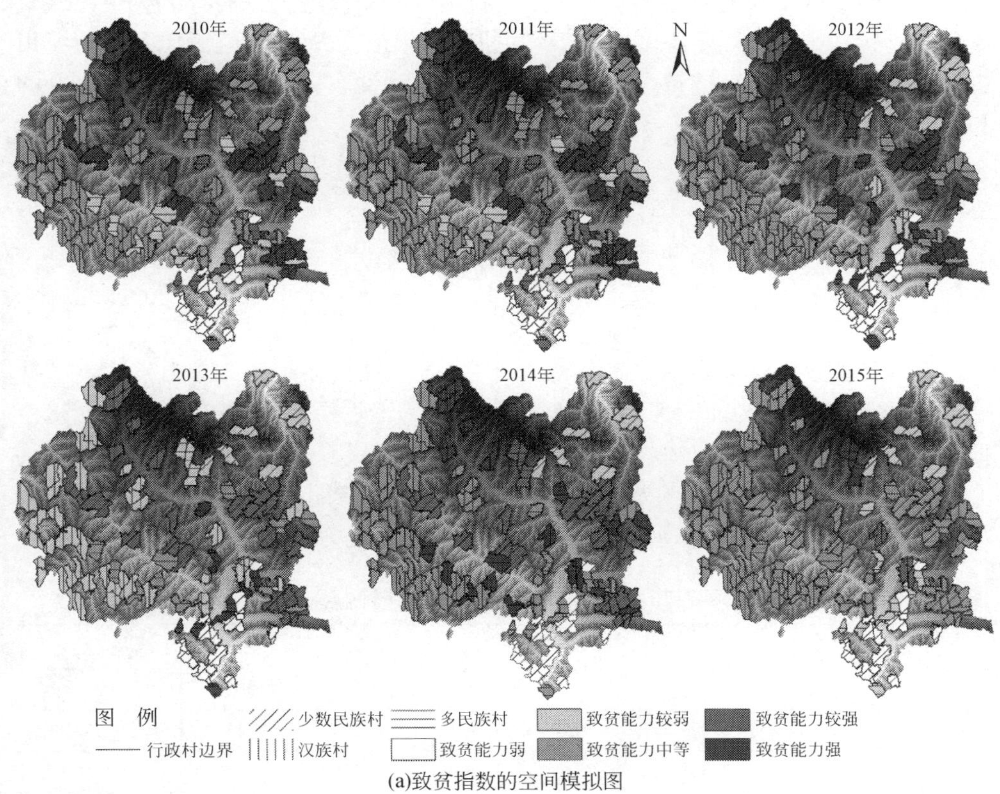

(a)致贫指数的空间模拟图

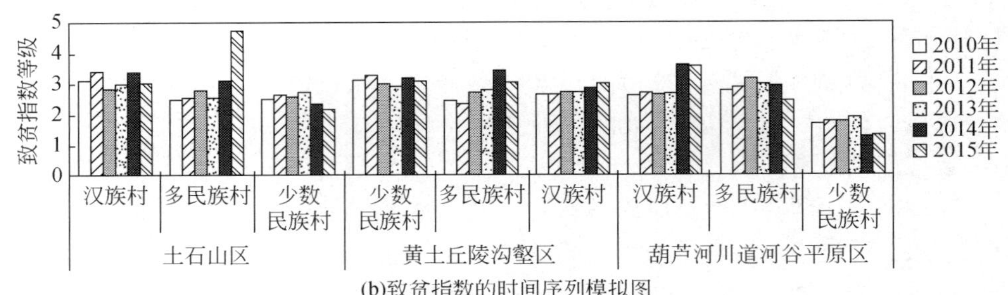

(b)致贫指数的时间序列模拟图

图 7-20　2010~2015 年西吉县重点贫困村致贫指数

从民族村–地貌类型区看，西吉县致贫指数较高的民族类重点贫困村主要集中在少数民族村（黄土丘陵区），部分汉族重点贫困村致贫指数同样较高，主要指月亮山区的汉族重点贫困村；致贫指数较低的民族类重点贫困村也主要集中在少数民族村（葫芦河川道河谷区）。

从时间序列上看［图 7-20（b）］，2010~2015 年西吉县各地貌区、各民族重点贫困村的致贫指数趋势并不乐观，虽土石山区、葫芦河川道河谷区少数民族重点贫困村致贫指数有一定程度上的下降，但土石山区、黄土丘陵区以及葫芦河川道河谷区的汉族、多民族重点贫困村致贫指数波动性较大，且有波动中有上升的趋势。

四、隆德县地理资本指数分析

（一）消贫地理资本指数

选取隆德县消贫因素中的 8 个经济因子、4 个社会因子和 2 个自然因子，共计 14 个消贫因子作为输入神经元，输出神经元为消贫指数，构建 BP 神经网络模型。运用非等距自然断点法将消贫指数断为 5 个等级（表 7-7），地理资本消贫能力由低到高。“1”表示消贫能力低，“2”表示消贫能力较低，“3”表示消贫能力中等，“4”表示消贫能力较高，“5”表示消贫能力高。

表 7-7　消贫指数的 BP 神经网络评价标准

等级	C_1	C_2	C_3	C_4	C_5	C_6	C_7
1	0.010	0.011	0.085	0.071	0.037	0.056	0.222
2	0.117	0.099	0.343	0.116	0.123	0.113	0.555
3	0.299	0.349	0.574	0.339	0.288	0.239	0.666

续表

等级	C_1	C_2	C_3	C_4	C_5	C_6	C_7
4	0.604	0.616	0.771	0.893	0.531	0.563	0.750
5	1.000	1.000	1.000	1.000	1.000	1.000	1.000
等级	C_8	C_{12}	C_{14}	C_{15}	C_{16}	C_{23}	C_{24}
1	0.506	0.203	0.375	0.032	0.080	0.010	0.004
2	0.520	0.333	0.500	0.194	0.155	0.116	0.105
3	0.620	0.611	0.650	0.435	0.605	0.299	0.298
4	0.820	0.833	0.800	0.758	0.811	0.547	0.605
5	1.000	1.000	1.000	1.000	1.000	1.000	1.000

采用表7-7作为隆德县消贫指数的神经网络评价标准数据，对模型的有效性进行测试。最终确定输入神经元为14个，隐层神经元为20个，输出神经元为1个，消贫指数的网络拓扑结构为14×20×1。网络初始权值为［0，1］的随机数，学习速率为0.01，动量因子为0.9，训练批次为10 000次，目标误差为10^{-5}，其他参数采用系统默认值。

经训练达到要求后，应用得到的权值和阈值进行仿真，将消贫因子标准化数据导入，通过sim仿真函数得到隆德县各样本重点贫困村的消贫指数；运用ArcGIS 10.2强大的空间表达能力，使重点贫困村的消贫指数实现空间可视化。

从地貌类型区看，从图7-21（a）隆德县重点贫困村消贫指数的空间模拟可以看出，隆德县各民族重点贫困村消贫指数的地貌等级分布较为零散，黄土丘陵区内的重点贫困村消贫指数出现南北分化现象，一直以来，南部黄土丘陵区贫困村消贫指数高于北部黄土丘陵区。期间重点贫困村消贫指数动态趋势反映较好的为河谷川区，整体表现为中等趋高的水平，需要指出的是，城郊化失地农户的经济消贫能力并不高，生计方式单一，务工是唯一的收入来源；土石山区多民族重点贫困村消贫能力较强，但分布区域很小，大区域反映的是消贫指数较低。

从民族村-地貌类型区看，隆德县各地貌上重点贫困村的消贫指数增长趋势较为明显，但黄土丘陵区的汉族和多民族重点贫困村消贫指数出现一定程度上的波动。整体上看，各地貌类型区少数民族重点贫困村消贫能力趋势较优，多民族重点贫困村数量较少，分布区域较小，消贫指数整体为中等水平。汉族重点贫困村数量多，分布区域面积广泛，消贫指数总体表现为中等趋高状态。

从时间序列上看，根据图7-21（b）隆德县消贫指数的时间动态趋势显示，2010～2015年，除黄土丘陵区汉族和多民族重点贫困村消贫指数有一定的起伏外，河谷川区、土石山区重点贫困村的消贫指数皆在逐年增长，且增长幅度大小

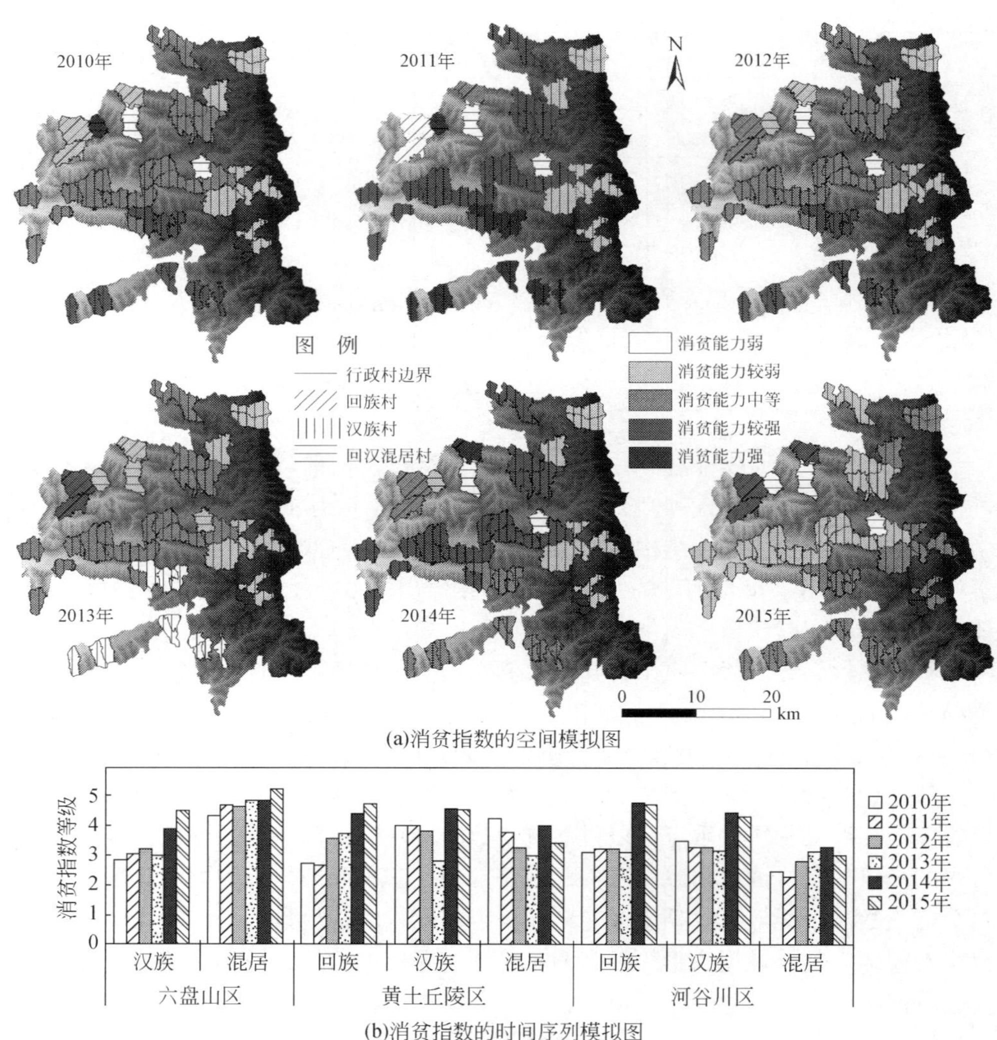

(a)消贫指数的空间模拟图

(b)消贫指数的时间序列模拟图

图 7-21　2010 ~ 2015 年隆德县重点贫困村消贫指数

不一。就研究基期而言，土石山区的汉族、黄土丘陵区和河谷川区的少数民族重点贫困村消贫增幅较大，皆在 35% 以上；值得指出的是，黄土丘陵区的多民族重点贫困村消贫指数下降了 24.03% 。

(二) 致贫地理资本指数

选取隆德县致贫因素中的 4 个社会因子和 8 个自然因子，共计 12 个致贫因子作为输入神经元，输出神经元为致贫指数，构建 BP 神经网络模型。运用非等距自然断点法将致贫指数断为 5 个等级（表 7-8），地理资本致贫能力由低到高。“1” 表示致贫能力低，“2” 表示致贫能力较低，“3” 表示致贫能力中等，“4” 表示致贫能力较高，“5” 表示致贫能力高。

表 7-8　致贫指数的 BP 神经网络评价标准

等级	C_9	C_{10}	C_{11}	C_{13}	C_{17}	C_{18}	C_{19}	C_{20}	C_{21}	C_{22}	C_{25}	C_{26}
1	0. 022	0. 098	0. 034	0. 057	0. 005	0. 003	0. 061	0. 051	0. 051	0. 179	0. 046	0. 560
2	0. 060	0. 120	0. 174	0. 141	0. 097	0. 064	0. 122	0. 077	0. 274	0. 296	0. 308	0. 640
3	0. 404	0. 726	0. 344	0. 348	0. 154	0. 102	0. 184	0. 169	0. 418	0. 419	0. 600	0. 873
4	0. 587	0. 747	0. 547	0. 681	0. 231	0. 153	0. 661	0. 231	0. 729	0. 671	0. 862	0. 950
5	1. 000	1. 000	1. 000	1. 000	1. 000	1. 000	1. 000	1. 000	1. 000	1. 000	1. 000	1. 000

采用表 7-8 作为隆德县致贫指数的 BP 神经网络评价标准数据，对模型的有效性进行测试。最终确定输入神经元为 12 个，隐层神经元为 20 个，输出神经元为1 个，消贫指数的网络拓扑结构为 $12\times20\times1$。网络初始权值为［0，1］的随机数，学习速率为 0. 01，动量因子为 0. 9，训练批次为 10 000 次，目标误差为 10^{-5}，其他参数采用系统默认值。

经训练达到要求后，应用得到的权值和阈值进行仿真，将致贫因子标准化数据导入，通过 sim 仿真函数得到隆德县各样本重点贫困村的致贫指数；运用 ArcGIS 10. 2 强大的空间表达能力，使重点贫困村的致贫指数实现空间可视化。

从地貌类型区看［图 7-22（a）］，2010 ~ 2015 年重点贫困村中致贫能力最强的区域主要集中分布在该县西北部和西南部的黄土丘陵区，尤其是西南部的黄土丘陵区；汉族重点贫困村所在的土石山区既是消贫能力较弱的地区，也是致贫指数较低的地区，由于多民族的山河村为山河乡乡政府所在地，故致贫指数较低；重点贫困村致贫指数较低的地区广泛分布于河谷川区，且下降趋势较好。

从民族村–地貌类型区看，隆德县致贫指数较低的主要为河谷川区、土石山区的多民族和汉族重点贫困村，尤其是该地区的汉族重点贫困村；剥蚀构造丘陵区所在的汉族以及河谷川区的少数民族重点贫困村致贫指数较高。

从时间序列上看［图 7-22（b）］，2010 ~ 2015 年虽然各地貌区、各民族重点贫困村的致贫指数呈现下降趋势，但各重点贫困村的年际致贫指数波动性太大，尤其是汉族和多民族重点贫困村。

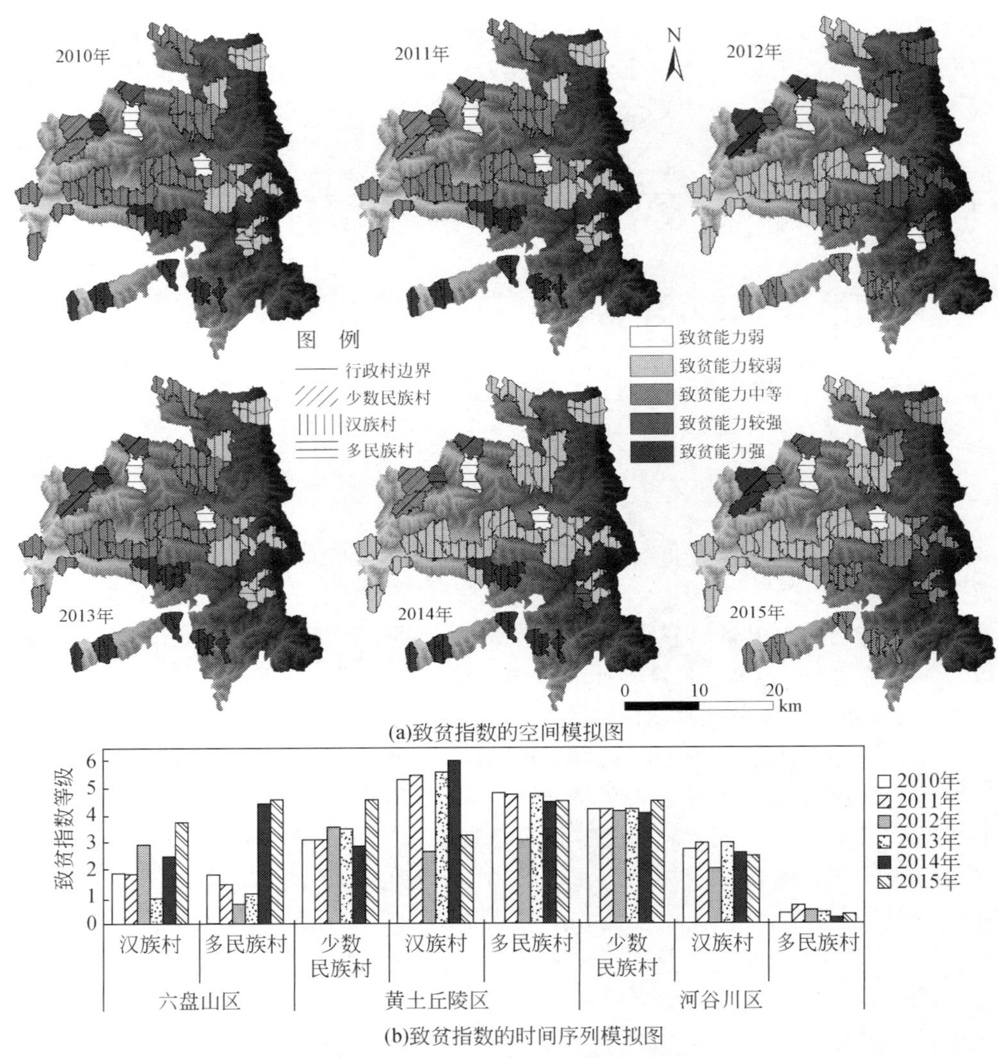

(a)致贫指数的空间模拟图

(b)致贫指数的时间序列模拟图

图 7-22　2010 ~ 2015 年隆德县重点贫困村致贫指数

五、泾源县地理资本指数分析

（一）消贫地理资本指数

选取泾源县消贫因素中的 8 个经济因子、3 个社会因子和 1 个自然因子，共计 12 个消贫因子作为输入神经元，输出神经元为消贫指数，构建 BP 神经网络模型。运用非等距自然断点法将消贫指数断为 5 个等级（表 7-9），地理资本消贫能力由低到高。“1” 表示消贫能力低，“2” 表示消贫能力较低，“3” 表示消贫能力中等，“4” 表示消贫能力较高，“5” 表示消贫能力高。

表 7-9 消贫指数的 BP 神经网络评价标准

等级	C_1	C_2	C_3	C_4	C_5	C_6	C_7	C_8	C_{10}	C_{14}	C_{16}	C_{24}
1	0. 174	0. 056	0. 120	0. 091	0. 129	0. 103	0. 097	0. 163	1. 000	1. 000	1. 000	1. 000
2	0. 325	0. 418	0. 485	0. 175	0. 316	0. 269	0. 168	0. 213	0. 231	0. 777	0. 704	0. 419
3	0. 446	0. 617	0. 657	0. 219	0. 541	0. 356	0. 357	0. 409	0. 205	0. 666	0. 648	0. 223
4	0. 644	0. 729	0. 806	0. 388	0. 816	0. 742	0. 896	0. 803	0. 152	0. 444	0. 419	0. 140
5	1. 000	1. 000	1. 000	1. 000	1. 000	1. 000	1. 000	1. 000	0. 013	0. 159	0. 212	0. 089

采用表 7-9 作为泾源县消贫指数的 BP 神经网络评价标准数据，对模型的有效性进行测试。最终确定输入神经元为 12 个，隐层神经元为 5 个，输出神经元为1 个，致贫指数的网络拓扑结构为 $12\times5\times1$。网络初始权值为［0，1］的随机数，动量参数为 0. 4，训练批次为 100 000 次，目标误差为 10^{-4}，其他参数采用系统默认值。

经训练达到要求后，应用得到的权值和阈值进行仿真，将消贫因子标准化数据导入，通过 sim 仿真函数得到泾源县各样本重点贫困村的消贫指数；运用 ArcGIS 10. 2 强大的空间表达能力，使重点贫困村的消贫指数实现空间可视化。

从地貌类型区看［图 7-23（a）］，泾源县各民族重点贫困村消贫指数高低的地貌分区较为明显，消贫指数由较高的侵蚀堆积河谷平川区向侵蚀构造丘陵区和剥蚀构造石山区两个较低的方向过渡。各地貌类型区消贫指数最低的为剥蚀构造石山区（均值 2. 61），其次为侵蚀构造丘陵区（均值 2. 868），最高的主要集中在中部的侵蚀堆积河谷平川区。侵蚀堆积河谷平川区南北向贯穿泾源县中部，内部重点贫困村消贫能力出现南北分化现象，南部重点贫困村消贫指数强，北部则为中等偏高，这与县城位于南部河谷平川区不无关系。泾源县全境分布有 40 个重点贫困村，剥蚀构造石山区重点贫困村仅占 15%，侵蚀构造丘陵区占 12. 5，侵蚀堆积河谷平川区达到了 72. 5%，由此可见，侵蚀堆积河谷平川区为泾源县最主要最广泛的扶贫区域。加之山区和丘陵区海拔较高，地形起伏度较大，耕作环境脆弱性极高，耕地内化劳动力不足以及提供的社会保障和稳定作用极小，加之近年来的封山禁牧政策，农户的原生计方式被取缔，收入来源被切断，消贫能力被削弱。

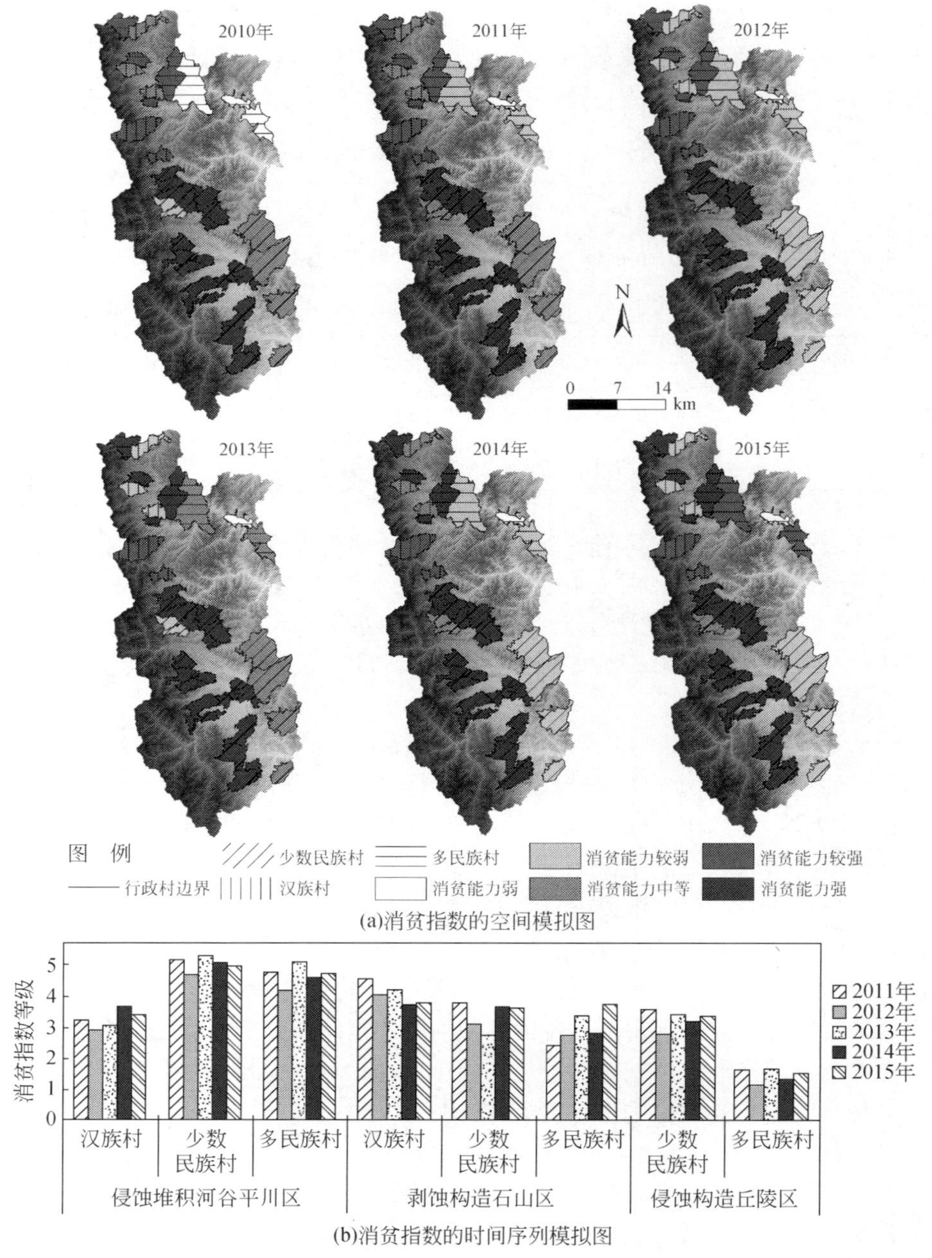

(a)消贫指数的空间模拟图

(b)消贫指数的时间序列模拟图

图 7-23　2010～2015 年泾源县重点贫困村消贫指数

从民族村-地貌类型区看，泾源县各民族重点贫困村消贫指数增长趋势不明显，且出现一定程度上的波动。整体上看，各地貌类型区少数民族重点贫困村消贫能力最强，消贫指数约为4.228，多民族重点贫困村消贫能力较弱，消贫指数约为2.632，消贫能力差距为1.596，消贫能力最强的少数民族重点贫困村是消贫能力最弱的多民族重点贫困村的1.61倍。具体各地貌而言，侵蚀堆积河谷平川区少数民族重点贫困村消贫指数最高，东部侵蚀构造丘陵区多民族重点贫困村消贫指数整体较低。

从时间序列上看［图7-23（b）］，2010～2015年各民族重点贫困村的消贫能力趋势整体波动较大，同时说明脱贫与返贫反复性较强，消贫难度较大。就研究基期而言，忽略期间波动不计，消贫增幅较大的重点贫困村皆在剥蚀构造石山区，其中回汉混居类增幅达到59.45%，少数民族类达到36.75%。

（二）致贫地理资本指数

选取泾源县致贫因素中的5个社会因子和9个自然因子，共计14个致贫因子作为输入神经元，输出神经元为致贫指数，构建BP神经网络模型。运用非等距自然断点法将致贫指数断为5个等级（表7-10），地理资本致贫能力由低到高。“1”表示致贫能力低，“2”表示致贫能力较低，“3”表示致贫能力中等，“4”表示致贫能力较高，“5”表示致贫能力高。

表7-10　致贫指数的BP神经网络评价标准

等级	C_9	C_{11}	C_{12}	C_{13}	C_{15}	C_{17}	C_{18}
1	1.000	0.007	0.051	0.086	0.142	1.000	1.000
2	0.760	0.119	0.377	0.219	0.571	0.473	0.421
3	0.490	0.516	0.561	0.530	0.714	0.263	0.315
4	0.356	0.784	0.815	0.694	0.857	0.157	0.210
5	0.202	1.000	1.000	1.000	1.000	0.007	0.103
等级	C_{19}	C_{20}	C_{21}	C_{22}	C_{23}	C_{25}	C_{26}
1	1.000	1.000	1.000	1.000	1.000	0.217	0.203
2	0.608	0.421	0.814	0.616	0.746	0.400	0.558
3	0.492	0.263	0.408	0344	0.609	0.639	0.773
4	0.215	0.157	0.231	0.123	0.403	0.865	0.859
5	0.038	0.059	0.107	0.034	0.216	1.000	1.000

采用表7-10作为泾源县致贫指数的BP神经网络评价标准数据，对模型的有效性进行测试。最终确定输入神经元为14个，隐层神经元为5个，输出神经元

为1 个,致贫指数的网络拓扑结构为 14×5×1。网络初始权值为［0，1］的随机数，动量参数为 0.4，训练批次为 100 000 次，目标误差为 10^{-4}，其他参数采用系统默认值。

经训练达到要求后，应用得到的权值和阈值进行仿真，将致贫因子标准化数据导入，通过 sim 仿真函数得到泾源县各样本重点贫困村的致贫指数；运用 ArcGIS 10.2 强大的空间表达能力，使重点贫困村的致贫指数实现空间可视化。

从地貌类型区看［图 7-24（a）］，泾源县各民族重点贫困村致贫指数高低的地貌分区比较明显，致贫指数由较低的侵蚀堆积河谷平川区向侵蚀构造丘陵区和剥蚀构造石山区两个较高的方向过渡。各地貌类型区致贫指数最高的为剥蚀构造石山区（均值 3.202），其次为侵蚀构造丘陵区（均值 2.804），最低的主要集中在中部的侵蚀堆积河谷平川区（均值 2.437）。

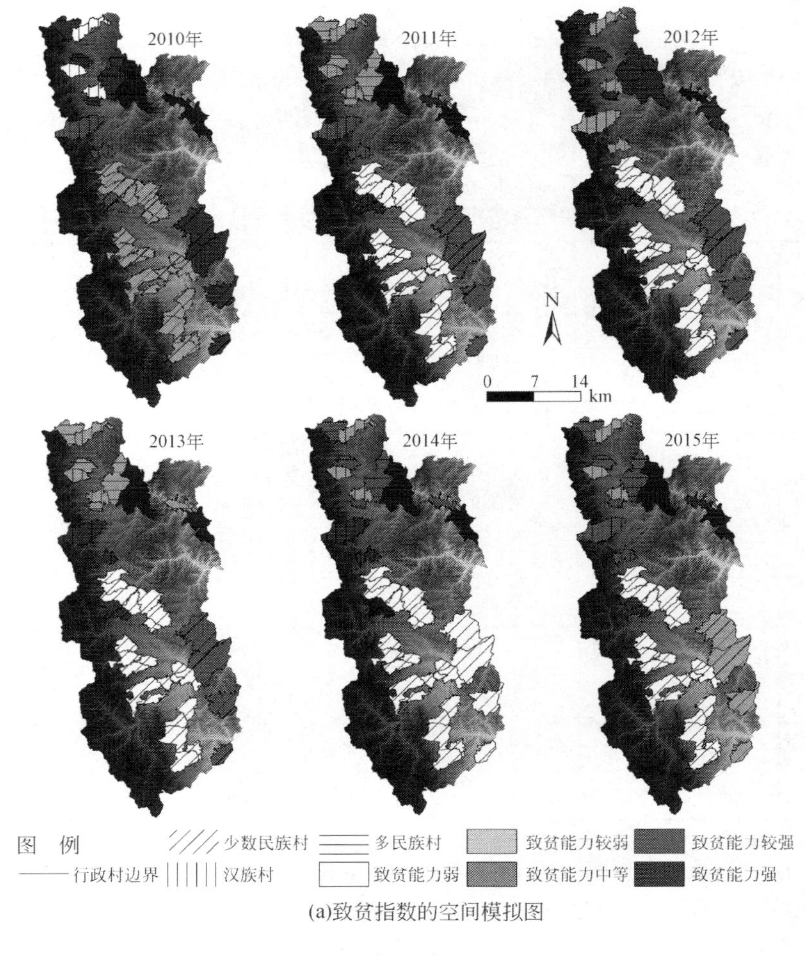

(a)致贫指数的空间模拟图

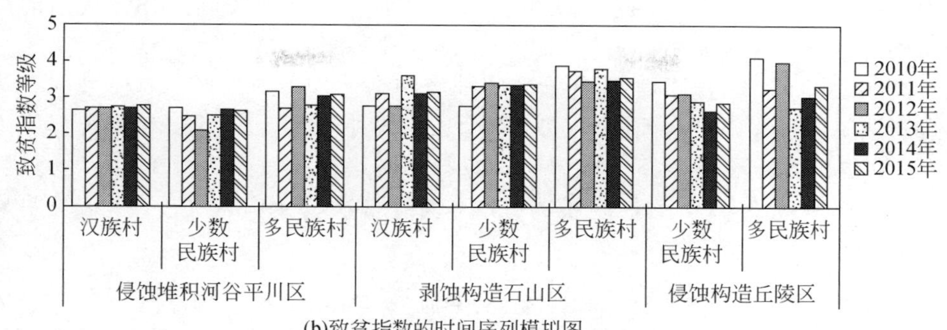

(b)致贫指数的时间序列模拟图

图 7-24　2010～2015 年泾源县重点贫困村致贫指数

从民族村–地貌类型区看，泾源县致贫指数较高的主要为剥蚀构造石山区的多民族类、少数民族以及侵蚀构造丘陵区北部的纯汉族重点贫困村，尤其是剥蚀构造石山区多民族重点贫困村受社会、自然的致贫约束较强；侵蚀构造丘陵区南部的少数民族、多民族以及侵蚀堆积河谷平川区的少数民族重点贫困村致贫指数较低。

从时间序列上看［图 7-24（b）］，2010～2015 年泾源县各地貌区、各民族重点贫困村致贫指数的下降趋势不容乐观。汉族重点贫困村致贫指数呈现上升状态；多民族重点贫困村致贫指数不稳定；少数民族重点贫困村中侵蚀堆积河谷平川区致贫指数波动较大，剥蚀构造石山区致贫指数在上升，侵蚀构造丘陵区致贫指数在下降。相对于基期而言，三种地貌区中，侵蚀构造丘陵区重点贫困村致贫指数表现为高基数高降幅，降幅为 22.84%，侵蚀堆积河谷平川区重点贫困村致贫指数表现为低基数低降幅，降幅为 0.60%，剥蚀构造石山区重点贫困村致贫指数表现为高基数低增幅，增幅为 6.46%；三种民族类型中，少数民族重点贫困村致贫指数保持低基数低降速，降速为 0.93%，多民族重点贫困村致贫指数为高基数高降幅，降幅为 12.34%，汉族重点贫困村致贫指数为低基数低增幅，增幅为 8.33%。

六、彭阳县地理资本指数分析

（一）消贫地理资本指数

选取彭阳县消贫因素中的 8 个经济因子、6 个社会因子和 3 个自然因子，共计 17 个消贫因子作为输入神经元，输出神经元为消贫指数，构建 BP 神经网络模型。运用非等距自然断点法将消贫指数断为 5 个等级（表 7-11），地理资本消贫能力由低到高。“1”表示消贫能力低，“2”表示消贫能力较低，“3”表示消贫能力中等，“4”表示消贫能力较高，“5”表示消贫能力高。

采用表7-11作为彭阳县消贫指数的神经网络评价标准数据，对模型的有效性进行测试。最终确定输入神经元为17个，隐层神经元为20个，输出神经元为1个，消贫指数的网络拓扑结构为17×20×1。网络初始权值为［0，1］的随机数，学习速率为0.01，动量因子为0.9，训练批次为10 000次，目标误差为10^{-5}，其他参数采用系统默认值。

表7-11　消贫指数的BP神经网络评价标准

等级	C_1	C_2	C_3	C_4	C_5	C_6	C_7	C_8	C_{10}
1	0.047	0.249	0.020	0.126	0.181	0.162	0.075	0.485	0.030
2	0.221	0.326	0.179	0.252	0.400	0.302	0.185	0.575	0.041
3	0.367	0.449	0.476	0.699	0.545	0.525	0.496	0.838	0.648
4	0.644	0.689	0.678	0.835	0.727	0.668	0.785	0.925	0.678
5	1.000	1.000	1.000	1.000	1.000	1.000	1.000	1.000	1.000
等级	C_{11}	C_{12}	C_{14}	C_{15}	C_{16}	C_{23}	C_{24}	C_{26}	
1	0.147	0.329	0.187	0.142	0.340	0.181	0.014	0.038	
2	0.320	0.470	0.487	0.386	0.432	0.359	0.282	0.047	
3	0.487	0.695	0.795	0.714	0.583	0.599	0.521	0.494	
4	0.648	0.879	0.897	0.857	0.811	0.763	0.676	0.873	
5	1.000	1.000	1.000	1.000	1.000	1.000	1.000	1.000	

经训练达到要求后，应用得到的权值和阈值进行仿真，将消贫因子标准化数据导入，通过sim仿真函数得到彭阳县各样本重点贫困村的消贫指数；运用ArcGIS 10.2强大的空间表达能力，使重点贫困村的消贫指数实现空间可视化。

从地貌类型区看［图7-25（a）］，彭阳县河谷川塬区是重点贫困村中消贫能力较强的主要集中分布区域，消贫能力强于其他地貌区；而消贫能力较弱的重点贫困村广泛分布于县北部的黄土丘陵区，且地貌内部消贫能力有一定的差异化；土石质山区重点贫困村消贫能力中等偏高。

从民族村-地貌类型区看［图7-25（b）］，彭阳县各民族重点贫困村消贫指数具有有限的高低之别，2010～2013年增长态势不太明显，尤其近两年增幅较大。该县消贫指数较强的民族类型村为河谷川塬区的汉族重点贫困村，为连年增长趋势；土石质山区各民族重点贫困村消贫指数增长态势趋同，表现为中等偏高状态；黄土丘陵区重点贫困村消贫指数高低的民族差异化较大，汉族村较差。

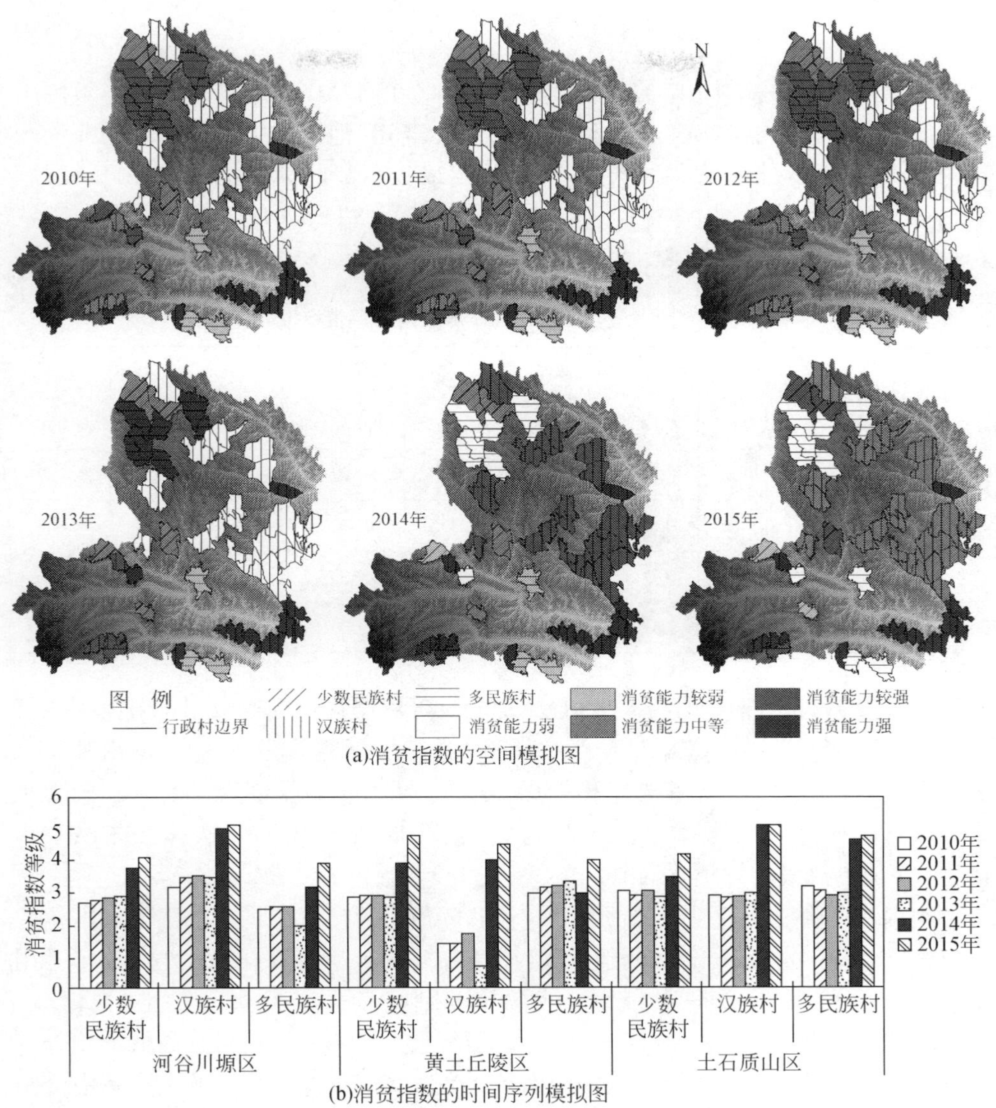

(a)消贫指数的空间模拟图

(b)消贫指数的时间序列模拟图

图 7-25　2010 ~ 2015 年彭阳县重点贫困村消贫指数

从时间序列上看［图 7-25（b）］，2010 ~ 2015 年各地貌类型的重点贫困村消贫能力整体处于上升态势，且各民族重点贫困村消贫指数差异化较小。就县区尺度而言，彭阳县少数民族重点贫困村消贫指数增趋稳定性较高，明显优于汉族村和多民族村；多民族重点贫困村皆出现先升后降再升的共同特征；河谷川塬区与土石质山区汉族重点贫困村消贫指数较强。

（二）致贫地理资本指数

选取彭阳县致贫因素中的 2 个社会因子和 7 个自然因子，共计 9 个致贫因子作为输入神经元，输出神经元为致贫指数，构建 BP 神经网络模型。运用非等距自然断点法将致贫指数断为 5 个等级（表 7-12），地理资本致贫能力由低到高。“1”表示致贫能力低，“2”表示致贫能力较低，“3”表示致贫能力中等，“4”表示致贫能力较高，“5”表示致贫能力高。

表 7-12　致贫指数的 BP 神经网络评价标准

等级	C_9	C_{13}	C_{17}	C_{18}	C_{19}	C_{20}	C_{21}	C_{22}	C_{25}
1	0.158	0.003	0.062	0.034	0.062	0.063	0.086	0.012	0.038
2	0.293	0.066	0.125	0.172	0.113	0.187	0.156	0.176	0.286
3	0.524	0.272	0.250	0.310	0.375	0.375	0.236	0.353	0.668
4	0.841	0.604	0.375	0.586	0.688	0.688	0.611	0.617	0.876
5	1.000	1.000	1.000	1.000	1.000	1.000	1.000	1.000	1.000

采用表 7-12 作为彭阳县致贫指数的 BP 神经网络评价标准数据，对模型的有效性进行测试。最终确定输入神经元为 9 个，隐层神经元为 20 个，输出神经元为 1 个，消贫指数的网络拓扑结构为 $9\times20\times1$。网络初始权值为［0，1］的随机数，学习速率为 0.01，动量因子为 0.9，训练批次为 10 000 次，目标误差为 10^{-5}，其他参数采用系统默认值。

经训练达到要求后，应用得到的权值和阈值进行仿真，将致贫因子标准化数据导入，通过 sim 仿真函数得到彭阳县各样本重点贫困村的致贫指数；运用 ArcGIS 10.2 强大的空间表达能力，使重点贫困村的致贫指数实现空间可视化。

从地貌类型区看［图 7-26（a）］，彭阳县重点贫困村致贫指数高低地貌分区十分明显，彭阳县北部黄土丘陵区是消贫指数最高的重点贫困村的主要集中分布区，但内部有一定的分化现象，黄土丘陵区最北致贫程度较低；消贫指数较低的重点贫困村主要分布于彭阳县河谷川塬区。虽然东南土石质山区重点贫困村数量较少，但致贫指数整体表现为较高水平。

从民族村–地貌类型区看［图 7-26(b)］，整体而言彭阳县致贫指数较高的主要为汉族和少数民族重点贫困村，尤其是汉族重点贫困村致贫指数最高；黄土丘陵区北部的少数民族、多民族以及河谷川塬区的汉族重点贫困村致贫指数较低。

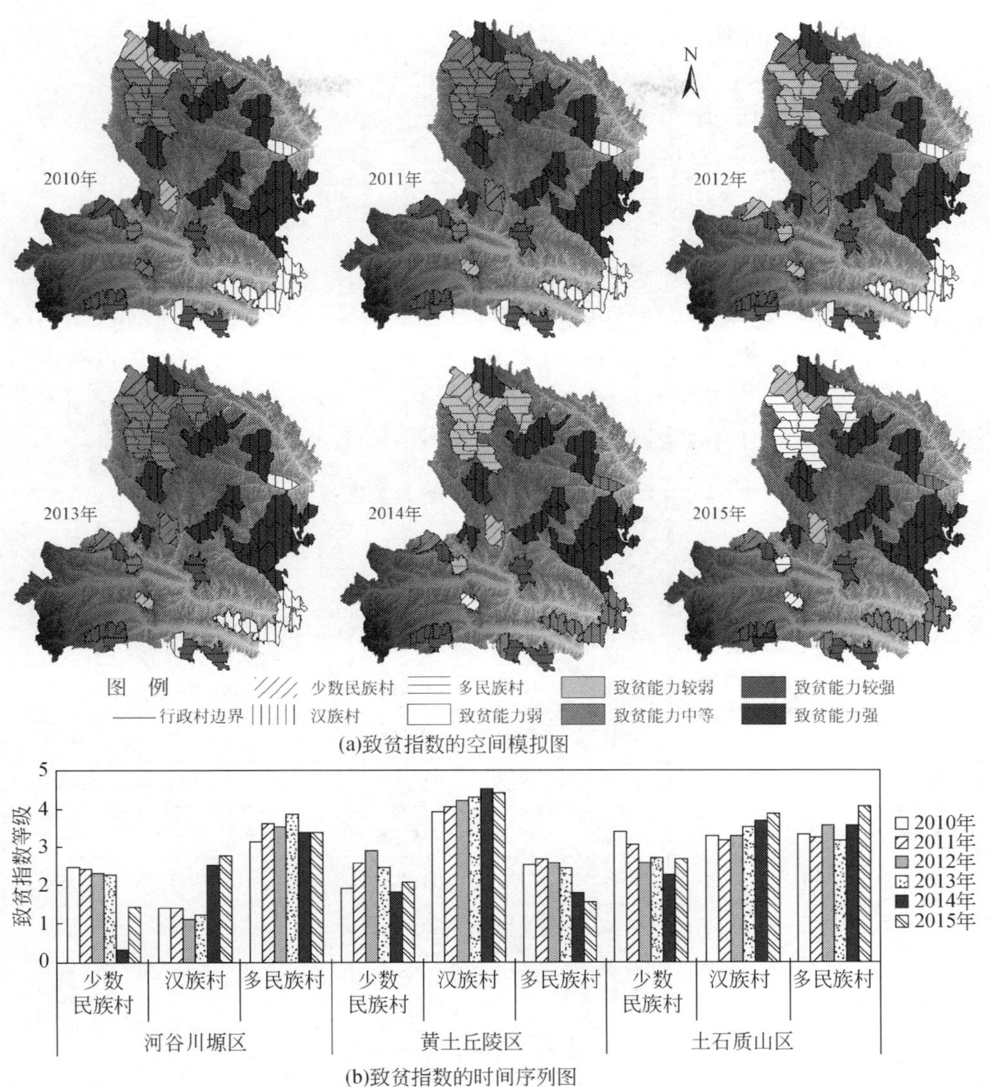

(a)致贫指数的空间模拟图

(b)致贫指数的时间序列图

图 7-26　2010～2015 年彭阳县重点贫困村致贫指数

从时间序列上看［图 7-26（b）］，2010～2015 年彭阳县各地貌区、各民族重点贫困村致贫指数的下降趋势不容乐观。汉族重点贫困村致贫指数呈现上升状态；河谷川塬区的多民族、黄土丘陵区的少数民族重点贫困致贫指数波动性较大；河谷川塬区、土石质山区的少数民族、黄土丘陵区的多民族重点贫困村致贫指数为下降形势。三种地貌区中，仅有土石质山区重点贫困村致贫指数表现为高基数低降幅，降幅仅为 3. 21%；三种民族类型中，仅有少数民族重点贫困村致贫指数为低基数较高降速，降速为12.28%。

七、海原县地理资本指数分析

（一）消贫地理资本指数

选取海原县消贫因素中的8个经济因子、5个社会因子和3个自然因子，共计16个消贫因子作为输入神经元，输出神经元为消贫指数，构建BP神经网络模型。运用非等距自然断点法将消贫指数断为5个等级（表7-13），地理资本消贫能力由低到高。“1”表示消贫能力低，“2”表示消贫能力较低，“3”表示消贫能力中等，“4”表示消贫能力较高，“5”表示消贫能力高。

表7-13　消贫指数的BP神经网络评价标准

等级	C_1	C_2	C_3	C_4	C_5	C_6	C_7	C_8
1	0.040	0.035	0.235	0.043	0.012	0.059	0.017	0.058
2	0.226	0.282	0.342	0.217	0.148	0.284	0.213	0.454
3	0.453	0.629	0.456	0.661	0.312	0.513	0.505	0.702
4	0.686	0.810	0.638	0.787	0.543	0.747	0.700	0.838
5	1.000	1.000	1.000	1.000	1.000	1.000	1.000	1.000
等级	C_{11}	C_{12}	C_{14}	C_{15}	C_{16}	C_{23}	C_{25}	C_{26}
1	0.015	0.059	0.142	0.250	0.003	0.012	0.083	0.031
2	0.255	0.240	0.206	0.290	0.209	0.233	0.241	0.202
3	0.509	0.494	0.600	0.500	0.572	0.432	0.628	0.495
4	0.711	0.758	0.860	0.800	0.755	0.689	0.848	0.828
5	1.000	1.000	1.000	1.000	1.000	1.000	1.000	1.000

采用表7-13作为海原县消贫指数的BP神经网络评价标准数据，对模型的有效性进行测试。最终确定输入神经元为16个，隐层神经元为20个，输出神经元为1个，消贫指数的网络拓扑结构为16×20×1。网络初始权值为［0，1］的随机数，学习速率为0.01，动量因子为0.9，训练批次为10 000次，目标误差为10^{-5}，其他参数采用系统默认值。

经训练达到要求后，应用得到的权值和阈值进行仿真，将消贫因子标准化数据导入，通过sim仿真函数得到海原县各样本重点贫困村的消贫指数；运用

ArcGIS 10.2 强大的空间表达能力，使重点贫困村的消贫指数实现空间可视化。

从地貌类型区看［图 7-27（a）］，海原县 2010～2013 年重点贫困村中消贫能力最强的区域主要集中分布在该县的南隅、中北条带状的红层丘陵区域，其他地貌单元亦有零散分布。2014～2015 年，各地貌单元重点贫困村之间的消贫指数差距逐年缩小，显现均等化现象。研究期间，土石山区的重点贫困村消贫能力一直维持一种中等–较强的形势，消贫能力强的少数重点贫困村是小茴香特色种植所处的区域；黄土丘陵区 2010～2014 年重点贫困村的消贫能力整体表现较弱；河谷川区重点贫困村消贫能力较弱，因重点贫困村分布少，在一定程度上不作为该县扶贫开发的重点区域，也不宜成为扶贫资源投送的首选之地。红层丘陵区为该县葵花、硒砂瓜特色优势种植以及牛羊重点养殖区域，经济收益远高于其他区。

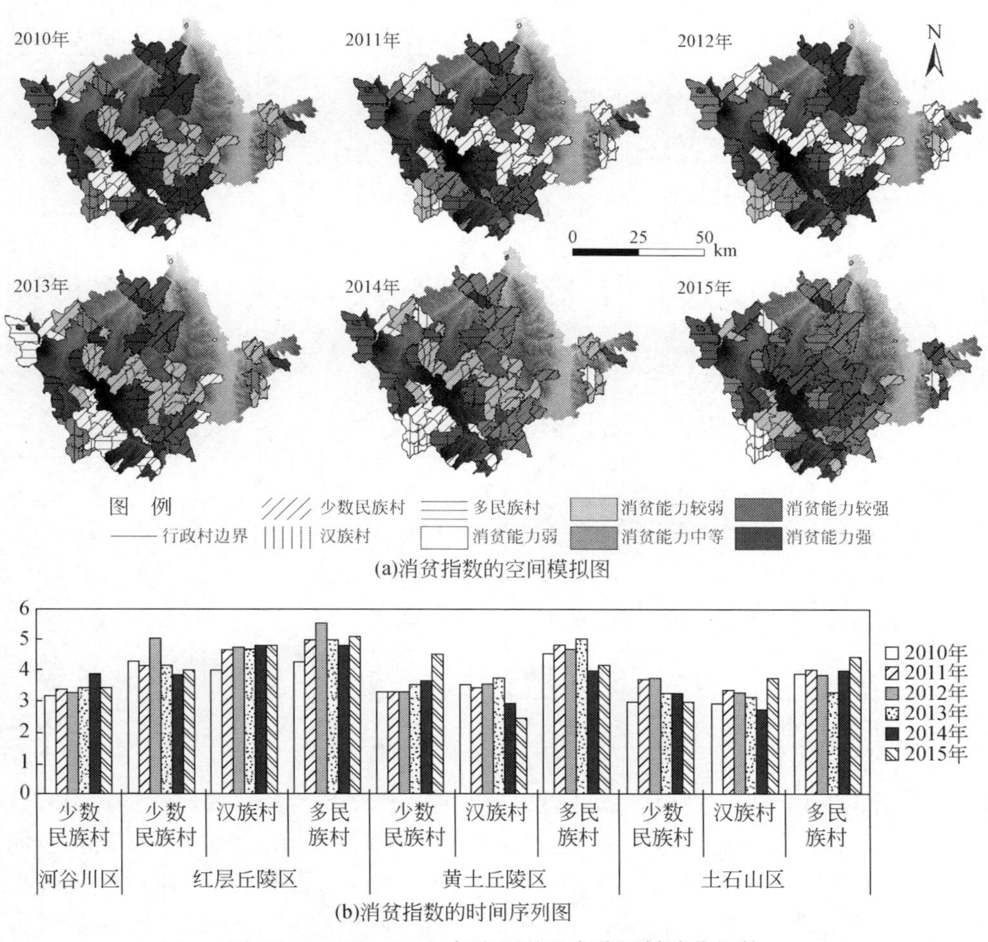

图 7-27　2010～2015 年海原县重点贫困村消贫指数

从民族村-地貌类型区综合看，河谷川区的少数民族重点贫困村消贫指数属于中等水平，且呈现长期微增长趋势；红层丘陵区各民族重点贫困村消贫能力普遍较高，从趋势上看，汉族、多民族重点贫困村的消贫形势要好于少数民族村；黄土丘陵区各民族重点贫困村消贫能力整体表现为中等以下水平，少数民族村具有一定的增长趋势，汉族与多民族村消贫能力指数表现出下降趋势，近两年尤其如此；土石山区多民族重点贫困村的消贫指数较高，少数民族与汉族村消贫能力相当。

从时间变化看［图 7-27（b）］，2010～2015 年各地貌类型的重点贫困村消贫能力整体波动较大，增长趋势不明朗，扶贫开发形势不利。红层丘陵区少数民族和多民族重点贫困村、黄土丘陵区汉族与多民族重点贫困村、土石山区少数民族与汉族重点贫困村的消贫能力增长乏力，且有明显的下降趋势。红层丘陵区汉族重点贫困村消贫能力连年增长，增长幅度为 18.00%；黄土丘陵区少数民族重点贫困村增长趋势向好明显，研究期间实现增幅 25.84%。整体而言，海原县各地貌上的各民族重点贫困村消贫指数升降皆有，消贫能力下降趋势的重点贫困村居多。

（二）致贫地理资本指数

选取海原县致贫因素中的 3 个社会因子和 7 个自然因子，共计 10 个致贫因子作为输入神经元，输出神经元为致贫指数，构建 BP 神经网络模型。运用非等距自然断点法将致贫指数断为 5 个等级（表 7-14），地理资本致贫能力由低到高。“1”表示致贫能力低，“2”表示致贫能力较低，“3”表示致贫能力中等，“4”表示致贫能力较高，“5”表示致贫能力高。

表 7-14　致贫指数的 BP 神经网络评价标准

等级	C_9	C_{10}	C_{13}	C_{17}	C_{18}	C_{19}	C_{20}	C_{21}	C_{22}	C_{24}
1	0.043	0.065	0.031	0.025	0.069	0.016	0.012	0.152	0.003	0.024
2	0.076	0.7	0.187	0.083	0.209	0.098	0.083	0.194	0.108	0.179
3	0.349	0.143	0.359	0.375	0.535	0.385	0.375	0.323	0.466	0.357
4	0.57	0.97	0.622	0.625	0.814	0.631	0.792	0.586	0.677	0.583
5	1.000	1.000	1.000	1.000	1.000	1.000	1.000	1.000	1.000	1.000

采用表 7-14 作为海原县致贫指数的 BP 神经网络评价标准数据，对模型的有效性进行测试。最终确定输入神经元为 10 个，隐层神经元为 20 个，输出神经元为 1 个，消贫指数的网络拓扑结构为 10×20×1。网络初始权值为［0，1］的随机数，学习速率为 0.01，动量因子为 0.9，训练批次为 10 000 次，目标误差为 10^{-5}，其他参数采用系统默认值。

经过训练达到要求后，应用得到的权值和阈值进行仿真，将致贫因子标准化数据导入，通过 sim 仿真函数得到海原县各样本重点贫困村的致贫指数；运用 ArcGIS 10.2 强大的空间表达能力，使海原县重点贫困村的致贫指数实现空间可视化。

从地貌类型区看［图 7-28（a）］，海原县红层丘陵区既是消贫能力较强的区域，同时也是致贫指数较高的区域，但该地貌区高致贫指数具有年际间歇性。研究期间土石山区为海原县重点贫困村致贫指数较高的地区；黄土丘陵区重点贫困村致贫指数整体属于中等水平，是海原县贫困村分布最广泛的地区；河谷川区重点贫困村数量少，占全县 75 个重点贫困村中的 4 个，比例仅为 5.33%。

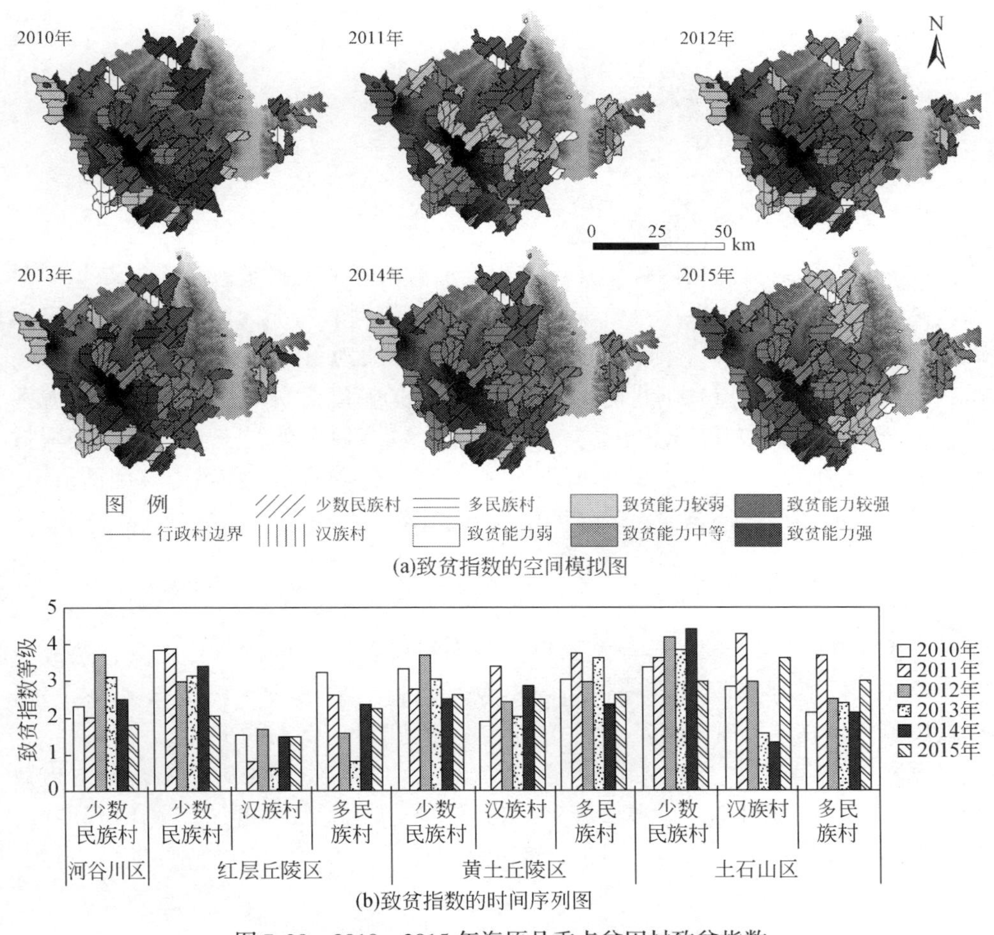

(a)致贫指数的空间模拟图

(b)致贫指数的时间序列图

图 7-28　2010～2015 年海原县重点贫困村致贫指数

从民族村–地貌类型区综合看，海原县各民族重点贫困村的致贫指数波动幅度很大，但整体趋势在下降，红层丘陵区、黄土丘陵区以及土石山区少数民族重点贫困村致贫指数整体偏高。整体上而言，海原县多民族重点贫困村的致贫指数最高，约为4.472，少数民族与汉族重点贫困村致贫指数高低相当，分别为3.678和3.706。

从时间变化看［图7-28（b）］，2010～2015年海原县各地貌、各民族重点贫困村的致贫指数并未呈现出明显的升降趋势，各地貌、各民族重点贫困村致贫指数升降趋势年际间错综复杂。

第三节　地理贫困指数分析

一、同心县GPI分析

（一）不同地貌类型区的GPI

同心县各地貌区的贫困程度在一定程度上有所降低，扶贫压力有所减小。目前较高的区域主要集中在中部干旱山区，以及小范围的西部扬黄灌区和东部旱作塬区。2015年，中部干旱山区空间贫困度最高，约为–0.076，贫困度等级为较高以上的村占全县重点贫困村的12.31%；西部扬黄灌区贫困度与东部旱作塬区相当，分别为–1.137和–1.125，贫困度等级为较高以上的村占全县重点贫困村比例皆为23.08%。由此可知，中部干旱山区贫困程度最高，但重点贫困面较窄；东部旱作塬区和西部扬黄灌区的贫困度较低（图7-29）。

（二）不同民族村的GPI

由图7-29可知，同心县各民族重点贫困村的贫困程度在逐年下降，扶贫压力在缩小。同心县空间贫困度较高的重点贫困村主要为少数民族村。2015年，少数民族重点贫困村贫困指数约为0.077，贫困度较高以上的少数民族村占总重点贫困村的58.46%；汉族贫困村贫困指数约为–1.682；多民族贫困村贫困指数约为–1.450。由此可知，少数民族贫困村贫困程度最高，且重点贫困面较广泛，其次为多民族贫困村，汉族贫困村的贫困度最低。

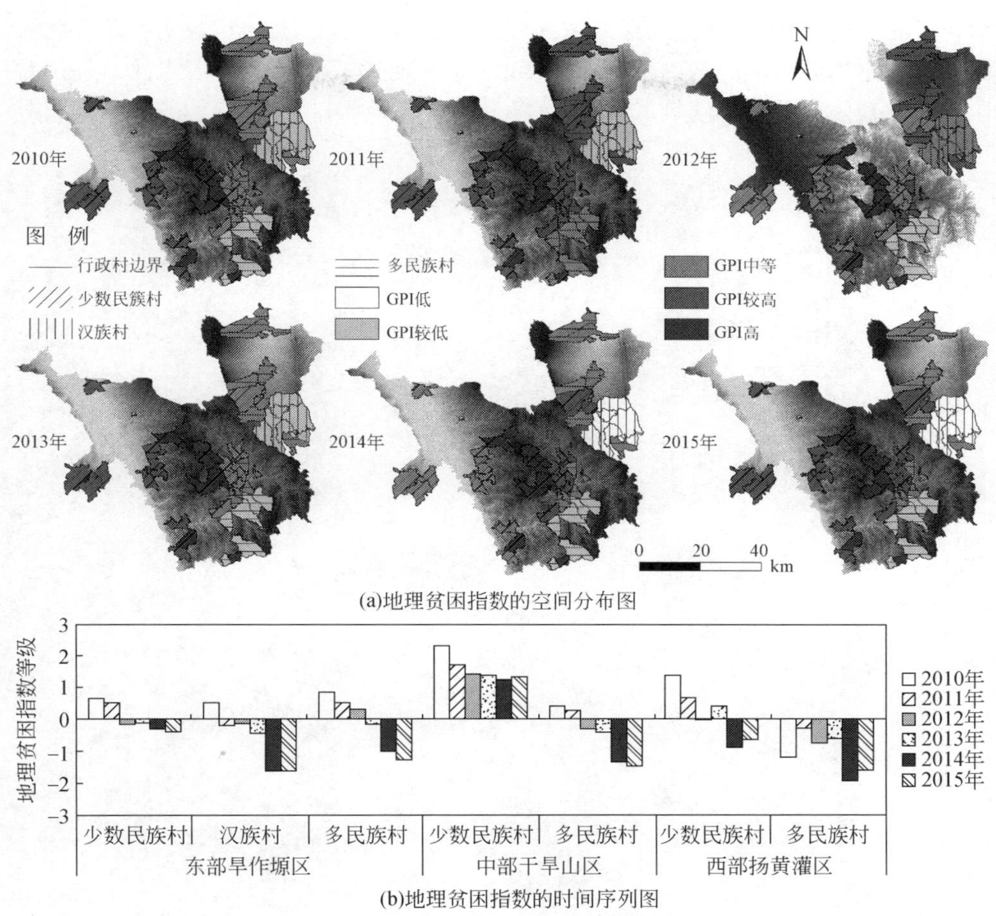

(a)地理贫困指数的空间分布图

(b)地理贫困指数的时间序列图

图 7-29 2010～2015 年同心县重点贫困村地理贫困指数

二、原州区 GPI 分析

(一) 不同地貌类型区的 GPI

由图 7-30 可知，原州区贫困度较高的区域主要集中在六盘山阴湿山区，少数分布于清水河河谷川台区，东部丘陵区贫困化程度较低。与 2014 年相比，2015 年六盘山阴湿山区的空间贫困度微升，GPI 约为 0.086，贫困度较高以上的村占该区重点贫困村的 15.71%；清水河河谷川台区的地理贫困指数较 2014 年有所上升，GPI 约为-1.531，贫困度较高以上的村占原州区重点贫困村的 8.57%；

黄土丘陵区的贫困度较低，约为-1.952，贫困度较高以上的村数为0。由此可知，六盘山阴湿山区的贫困程度最高，重点贫困面较广，其次为清水河河谷川台区，东部丘陵区的贫困度较低。

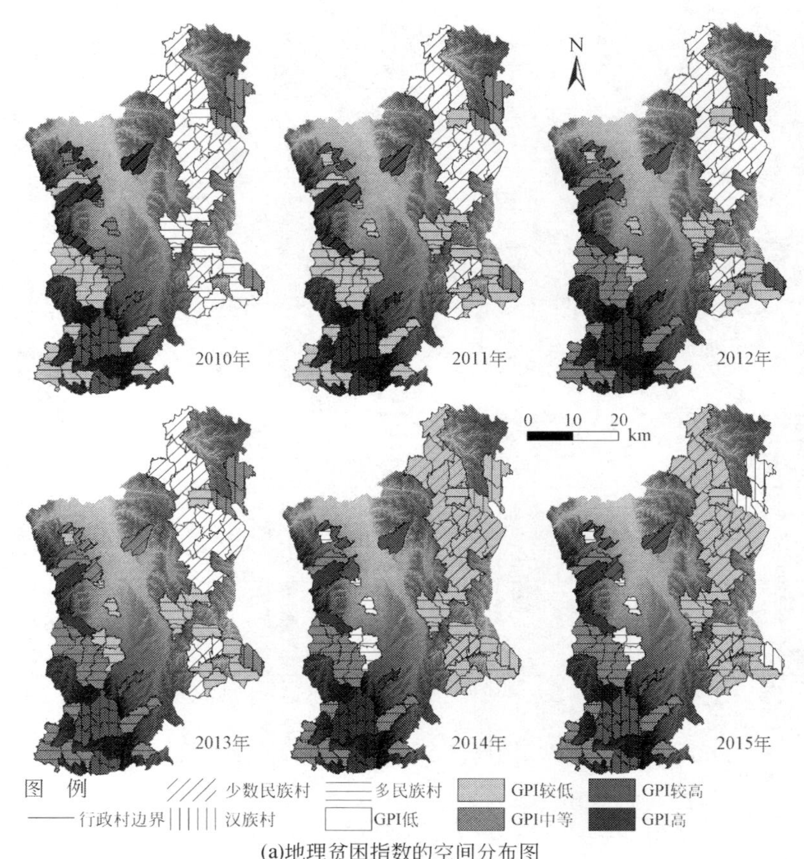

(a)地理贫困指数的空间分布图

地理贫困指数等级

3 2 1 0 -1 -2 -3 -4

2010年 2011年 2012年 2013年 2014年 2015年

少数民族村	多民族村	少数民族村	汉族村	多民族村	少数民族村	汉族村	多民族村
清水河河谷川台区		六盘山阴湿山区			东部丘陵区		

(b)地理贫困指数的时间序列图

图 7-30　2010 ~ 2015 年原州区重点贫困村地理贫困指数

（二）不同民族村的 GPI

由图 7-30 可知，2015 年原州区贫困度较高的民族贫困村主要为汉族贫困村以及少数六盘山阴湿山区的回族贫困村，但贫困面最广的为东部丘陵区的少数民族贫困村。汉族贫困村 GPI 约为-1.404，贫困度较高以上的汉族村占总重点贫困村的 12.86%；少数民族贫困村贫困指数约为-0.190，贫困度较高以上的少数民族村占总重点贫困村的 12.86%；多民族贫困村贫困指数约为-1.760，贫困度较高以上的混居类村为 0。由此可知，少数民族贫困村贫困程度最高，且重点贫困面较广，其次为汉族贫困村，多民族贫困村的少数民族贫困度最低。

三、西吉县 GPI 分析

（一）不同地貌类型区的 GPI

由图 7-31 可知，西吉县各地貌区和各民族的重点贫困村地理贫困指数呈下降趋势。目前，西吉县贫困程度较高的区域主要集中在葫芦河以西的黄土丘陵沟壑区、月亮山所在的土石山区，葫芦河川道河谷区也有少数分布。与 2014 年相比，2015 年黄土丘陵沟壑区 GPI 为-0.061，贫困度较高以上的村占彭阳县重点贫困村的 32.73%；土石山区的 GPI 为-0.135，贫困度较高以上的村占原州区重点贫困村的 2.73%；葫芦河川道河谷区 GPI 为-0.644，贫困度较高以上的村占原州区重点贫困村的 4.55%。由此可知，西吉县黄土丘陵沟壑区的贫困程度最高，重点贫困面广，其次为土石山区，葫芦河川道河谷区的贫困度较低。

（二）不同民族村的 GPI

由图 7-31 显示，2015 年西吉县贫困度较高的民族贫困村主要为汉族贫困村，以及少数土石山区的多民族贫困村。2015 年，汉族贫困村 GPI 为 0.838，贫困度较高以上的汉族村占总重点贫困村的 37.28%；少数民族贫困村 GPI 为-2.204，贫困度较高以上的多民族村为 0；多民族贫困村贫困指数约为 0.525，贫困度较高以上的少数民族村占总重点贫困村的 2.73%。以上可知，汉族贫困村贫困程度最高，且重点贫困面较广，其次为多民族贫困村，少数民族贫困村贫困度最低。

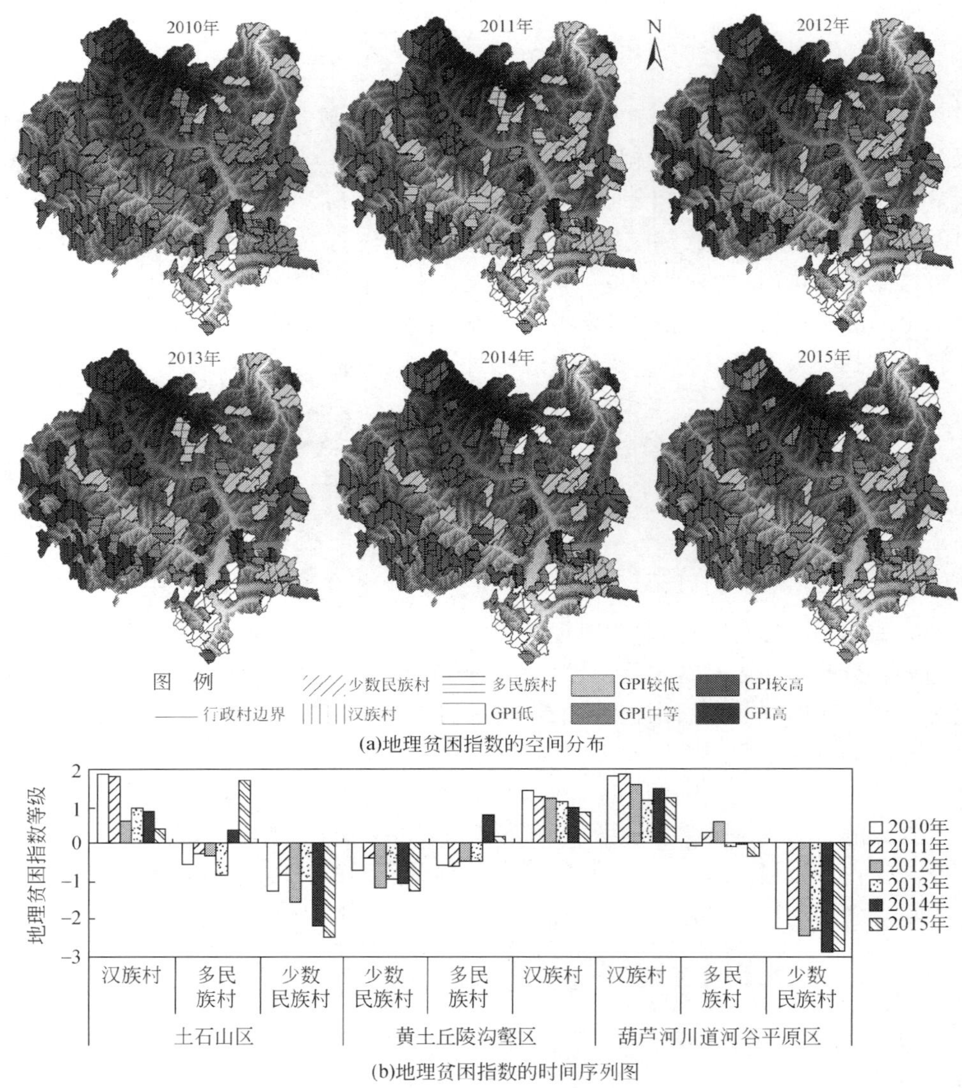

图 7-31　2010～2015 西吉县年重点贫困村地理贫困指数

四、隆德县 GPI 分析

（一）不同地貌类型区的 GPI

由图 7-32 可知，隆德县各地貌间的贫困化差距在逐渐缩小，与 2014 年相比，2015 年隆德县各地貌区的地理贫困指数有所上升。目前，隆德县贫困程度较高的区域主要集中在黄土丘陵区，土石山区有较多的中等贫困程度的村子分布。2015 年黄土丘陵区、土石山区以及河谷川区的 GPI 指数分别为 -0. 114、-0. 730和-1. 576。由此可知，隆德县黄土丘陵区的贫困程度最高，其次为土石山区，河谷川区的贫困度较低。

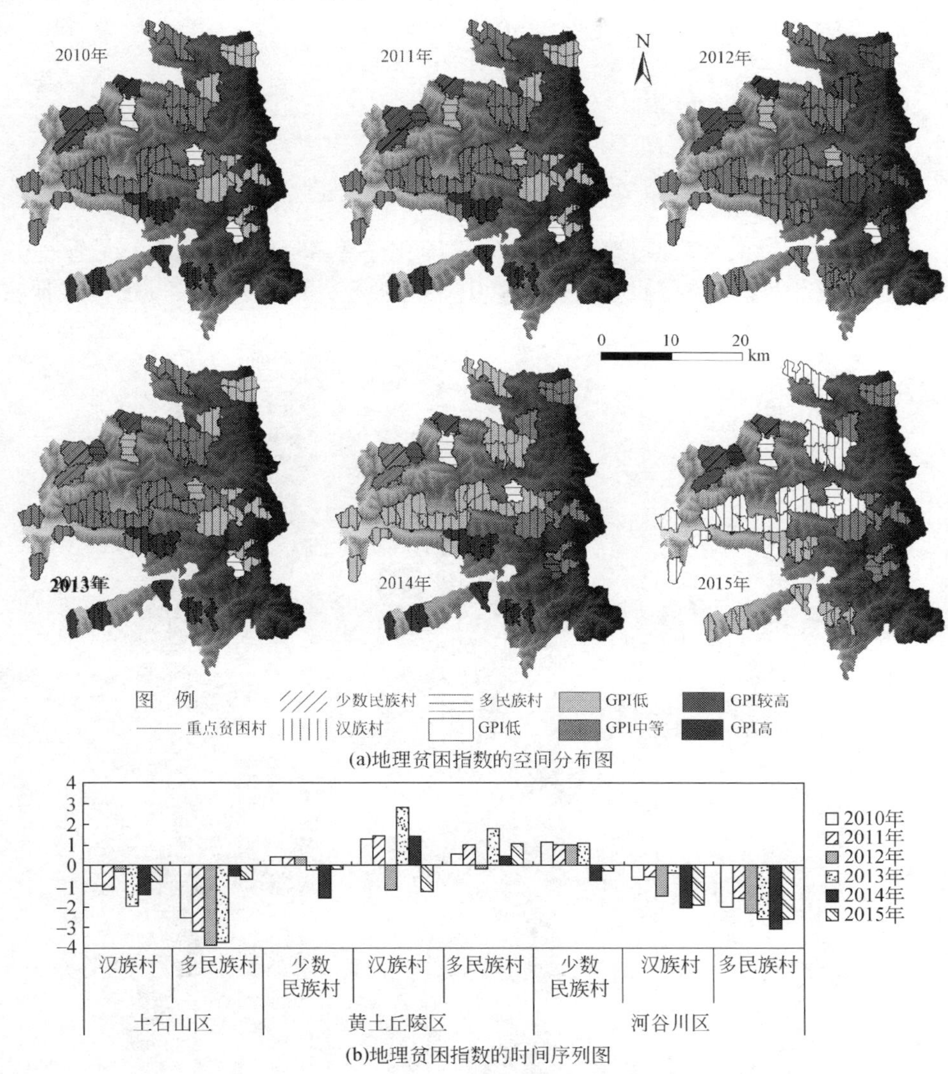

图 7-32 2010 ~ 2015 年隆德县重点贫困村地理贫困指数

(二) 不同民族村的 GPI

由图 7-32 可知，2015 年隆德县贫困度较高的民族贫困村主要为少数民族和多民族村，由于隆德县汉族村较多，少数民族和多民族重点贫困村数量较少，少量较高贫困指数的少数民族和多民族重点贫困村将拉高地理贫困指数。2015 年，汉族贫困村的地理贫困指数为-1.296，少数民族贫困村贫困指数为-0.227，多民族贫困村地理贫困指数为-0.730。以此可知，隆德县重点贫困面主要是汉族贫困村所在的地貌区域。

五、泾源县 GPI 分析

（一）不同地貌类型区的 GPI

由图 7-33 可知，泾源县各地貌间的贫困化差距和重度贫困面在逐渐缩小。目前泾源县贫困程度较高的区域主要集中在剥蚀构造石山区以及侵蚀构造丘陵

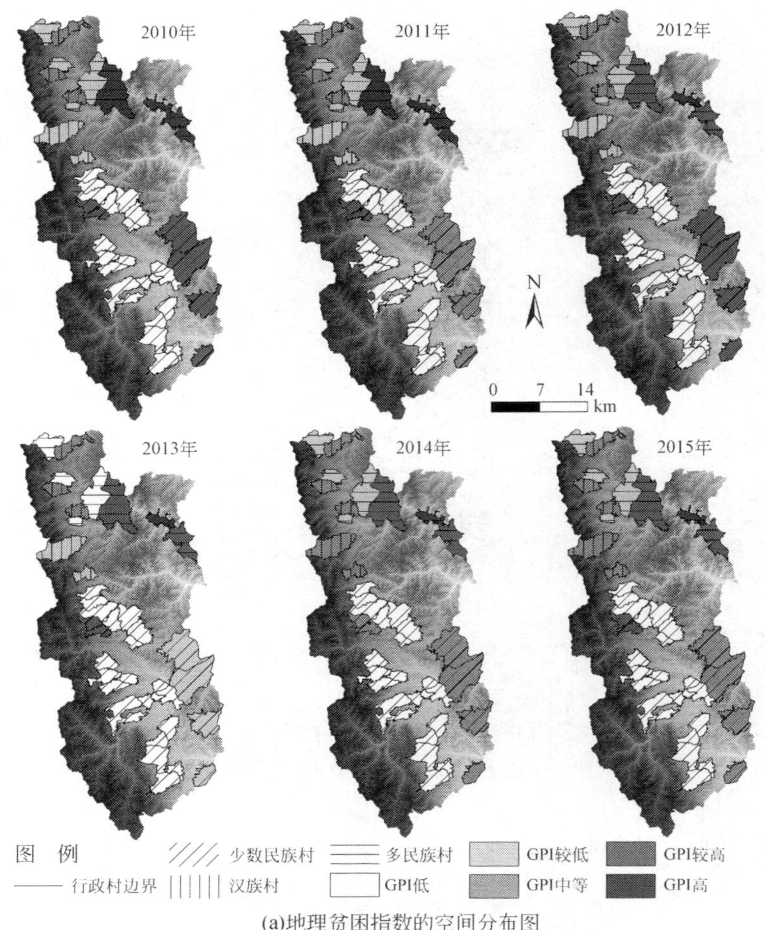

(a)地理贫困指数的空间分布图

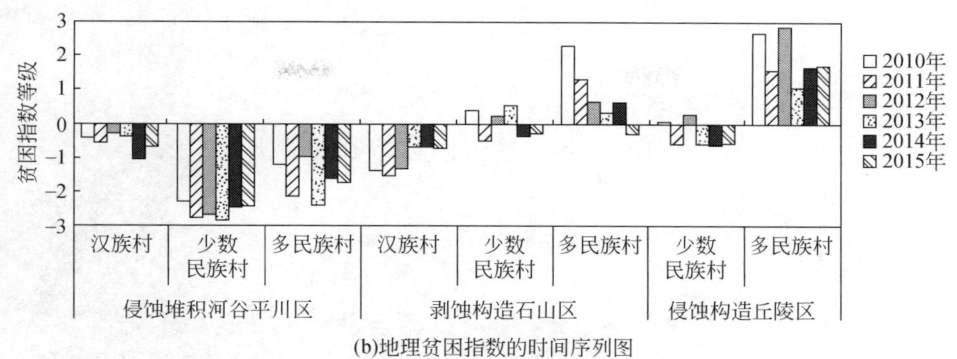

(b)地理贫困指数的时间序列图

图 7-33 2010～2015 年泾源县重点贫困村地理贫困指数

区部分村庄。与 2014 年相比，2015 年各地貌区的 GPI 指数有所微升，剥蚀构造石山区、侵蚀构造丘陵区以及侵蚀堆积河谷平川区 GPI 指数分别为－0. 406、0. 604 和－1. 585，贫困度较高以上的村占泾源县重点贫困村的 10. 00%、2. 5% 和 0. 00%。以此可知，剥蚀构造石山区的贫困程度虽次之，但重点贫困面较宽，侵蚀构造丘陵区 GPI 虽最高，重点贫困面却较窄，侵蚀堆积河谷平川区的空间贫困度较低。

（二）不同民族村的 GPI

由图 7-33 可知，2015 年泾源县贫困度较高的各民族重点贫困村并未表现出明显的民族集聚性特征，贫困程度较高的主要有剥蚀构造石山区的少数民族村和多民族村各两个以及侵蚀构造丘陵区汉族村 1 个。2015 年各民族重点贫困村的地理贫困指数在逐渐下降，汉族贫困村的地理贫困指数为－0. 674，少数民族贫困村贫困指数为－1. 069，多民族村贫困指数约为－0. 070。以此可知，多民族村贫困度最高，其次为汉族村，少数民族村贫困度最低。

六、彭阳县的 GPI 分析

（一）不同地貌类型区的 GPI

由图 7-34 可知，彭阳县贫困度较高的区域主要集中在北部的黄土丘陵区，河谷川塬区和土石质山区的部分村庄。与 2014 年相比，2015 年黄土丘陵区地理贫困指数的下降趋势较为明显，GPI 为－1. 778，贫困度较高以上的村占彭阳县重点贫困村的 46. 00%；河谷川塬区的地理贫困指数较 2014 年有所上升，GPI 为－1. 875，贫困度较高以上的村占原州区重点贫困村的 4. 00%；土石质山区内重点贫困村贫困度皆较高，GPI 为-1.153，贫困度较高以上的村占原州区重点贫困村的10.00%。由此可知，土石质山区的贫困程度最高，但重点贫困面较窄，其次为黄土丘陵区，重点贫困面积大，河谷川塬区贫困度较低。

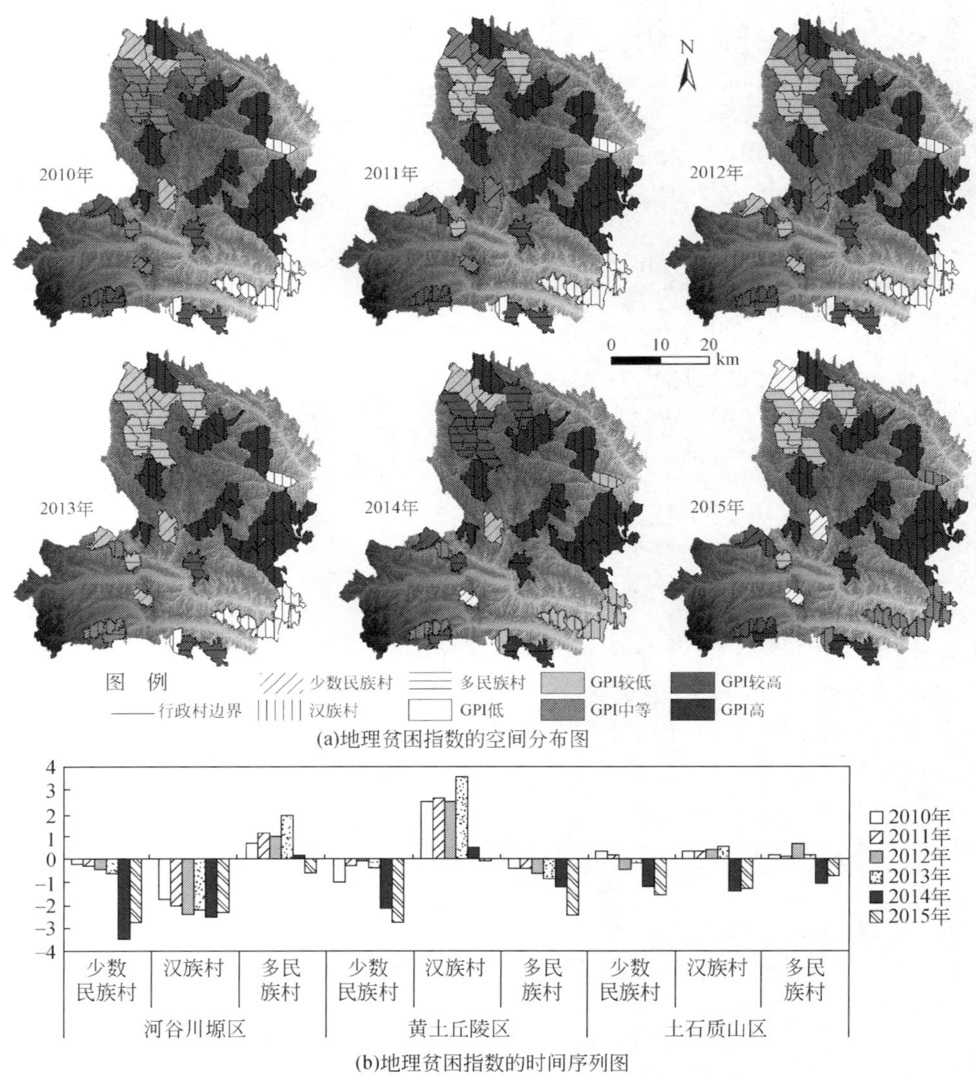

图 7-34　2010～2015 年彭阳县重点贫困村地理贫困指数

(二) 不同民族村的 GPI

由图 7-34 可知，2015 年彭阳县贫困度较高的民族村主要为汉族村以及少数土石质山区的少数民族村和河谷川塬区的多民族村。2015 年汉族村地理贫困指数为-1. 250，贫困度较高以上的汉族村占总重点贫困村的 52. 00%；少数民族村地理贫困指数为-2. 319，贫困度较高以上的少数民族村占总重点贫困村的 2. 00%；多民族村地理贫困指数约为-1. 238，贫困度较高以上的少数民族村占总重点贫困村的 6. 00%。由此可知，汉族贫困村贫困程度最深，重点贫困面最广，其次为多民族村，少数民族村贫困度最低。

七、海原县的 GPI 分析

（一）不同地貌类型区的 GPI

由图 7-35 可知，海原县贫困度较高的区域主要集中在土石山区和黄土丘陵区，其他地貌区贫困度较低。与 2014 年相比，目前土石山区的贫困度在上升，约为-0. 535，贫困度较高以上的村占全县重点贫困村的 13. 33%；河谷川区和红层丘陵区的地理贫困指数较 2014 年有所下降，分别约为-1. 663 和-2. 697，贫困度较高以上的村数皆为 0；黄土丘陵区贫困度有所波动，约为-1. 178，贫困度较高以上的村占全县重点贫困村的 8. 00%。由此可知，土石山区的贫困程度最高，重点贫困面较为广泛，其次为黄土丘陵区，河谷川区和红层丘陵区贫困度较低。

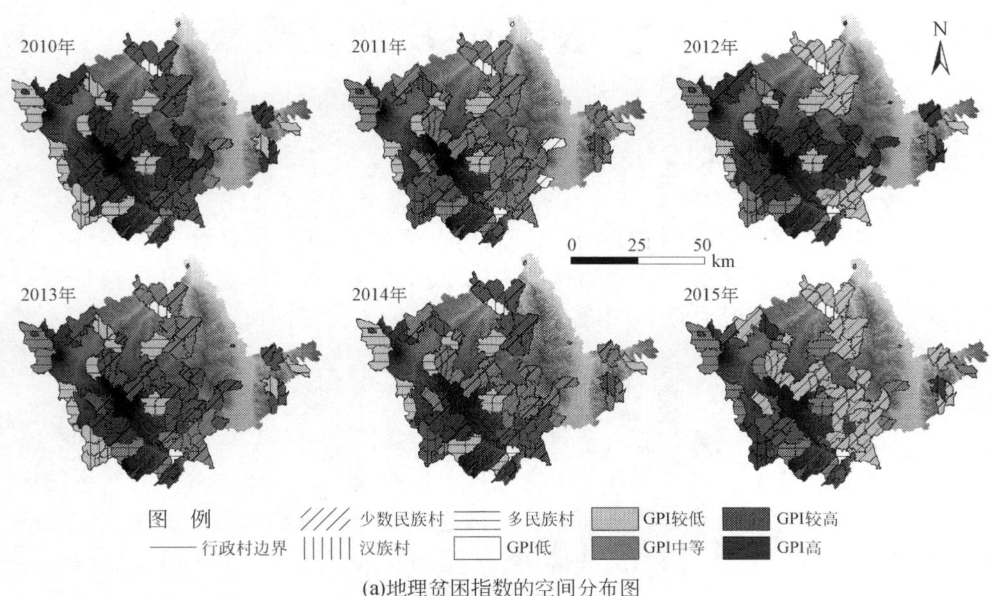

(a)地理贫困指数的空间分布图

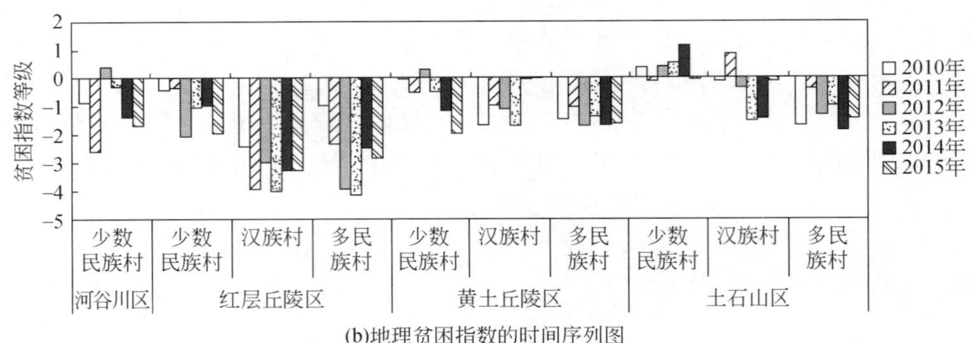

图 7-35 2010～2015 年海原县重点贫困村地理贫困指数

（二）不同民族村的 GPI

由图 7-35 可知，目前海原县贫困度较高的民族贫困村主要为汉族贫困村，其次为少数民族贫困村。2015 年，汉族贫困村地理贫困指数约为-1.136，贫困度较高以上的汉族村占总重点贫困村的 8.00%；少数民族贫困村地理贫困指数约为-1.396，贫困度较高以上的少数民族村占总重点贫困村的 13.33%；多民族贫困村地理贫困指数约为-1.968，贫困度较高以上的多民族类村数量为 0。

第四节　区域贫困的风险预警

一、区域贫困的风险识别约束

关于贫困风险的概念，国际组织、政府或者学术界都没有统一的解释。目前，贫困风险研究主要是对导致地区或人口贫困的自然致贫因素或社会致贫因素进行研究，鲜有将经济消贫因素考虑在内。概括地说，贫困风险是贫困地区或者贫困人口存在高脱贫难度，贫困对象的消贫能力无法抵消致使自身贫困的约束力。

本书通过对各县区消贫能力和致贫约束力核算，得出各县区的区域贫困化指数，即扶贫压力指数。通过地理贫困指数找出各地貌和各民族扶贫压力较大的区域，即高脱贫难度区。首先找出地理贫困指数不小于 0 的年节点，通过设定某些区域贫困风险约束条件，识别出各县区某一地貌或某一民族在某一时间段内具有高脱贫难度，即为脱贫风险存在的区域。将检验 GPI 是否存在的约束性条件设定为满足以下三种约束之一的，则定性该地貌区、该民族村为脱贫难度大的区域，即存在贫困风险。

$$\text{约束条件①}\begin{cases}\mathrm{GPI}_n \geqslant 0\\ \mathrm{GPI}_{n-1} \geqslant 0\end{cases}\text{；约束条件②}\begin{cases}\mathrm{GPI}_n \geqslant 0\\ \mathrm{GPI}_{n-1} \leqslant 0\\ \mathrm{GPI}_{n-m} \geqslant 0\\ 2 \leqslant m \leqslant 5\\ m \geqslant 2\text{ 个整数}\end{cases}\text{；约束条件③}\begin{cases}\mathrm{GPI}_n \leqslant 0\\ \mathrm{GPI}_{n-1} \geqslant 0\\ \mathrm{GPI}_{n-m} \geqslant 0\\ 2 \leqslant m \leqslant 5\\ m \geqslant 3\text{ 个整数}\end{cases}$$

二、区域贫困的风险约束性条件解释

贫困风险约束条件的设定主要遵循致贫约束力不小于消贫能力且具有一定的时间连续性这两个原则，三种约束式中，$n=2015$。

约束条件①：该约束表示研究期末期地理贫困指数不小于0，末期前一个时间点同样不小于0，即最近两个连续的时间点GPI不小于0。这种约束要求说明研究对象贫困度高，脱贫难度大，即存在难脱贫风险。

约束条件②：该约束表示研究期末期地理贫困指数不小于0，末期前一个时间点出现不大于0的情况，则要求该小于0的时间点前的任意两个时间点不小于0。这种约束要求说明研究对象趋近于脱贫，但脱贫具有一定的波动性、返贫具有一定的反复性，即存在脱贫波动风险。

约束条件③：该约束表示研究期末期地理贫困指数不大于0，末期前一个时间点出现不小于0的情况，则要求该不大于0的时间点前的任意3个时间点不小于0。这种约束要求说明研究对象长期处于贫困状态，脱贫具有较大的暂时性，易二次陷入难脱贫状态。

三、区域贫困的风险预警

（一）总体分析

满足约束条件①的贫困风险区主要有：同心县中部干旱山区的少数民族贫困村分布区；原州区六盘山阴湿山区的少数民族贫困村分布区；泾源县侵蚀构造丘陵区的多民族重点贫困村分布区；隆德县黄土丘陵区的多民族贫困村分布区；西吉县土石山区的汉族和多民族贫困村分布区，黄土丘陵沟壑区的汉族和多民族贫困村分布区，葫芦河川道河谷区的汉族贫困村分布区。满足约束条件③的贫困风险区主要有：海原县土石山区的少数民族贫困村分布区，脱贫状态维持的连续性较差；原州区六盘山阴湿山区的汉族贫困村分布区；

彭阳县河谷川塬区的多民族贫困村分布区，黄土丘陵区的汉族贫困村分布区；泾源县剥蚀构造石山区的多民族贫困村分布区；隆德县黄土丘陵区的汉族贫困村分布区。

（二）县域分异

1. 同心县贫困风险

由图7-36可知，同心县难脱贫风险区主要分布在中部干旱山区的少数民族贫困村，且中部北干旱山区脱贫难度又明显高于中部南干旱山区。较其他地貌区而言，中部干旱山区致贫约束性较强，消贫能力弱，加之该地貌区贫困面宽，贫困缺口大，导致脱贫比较困难。

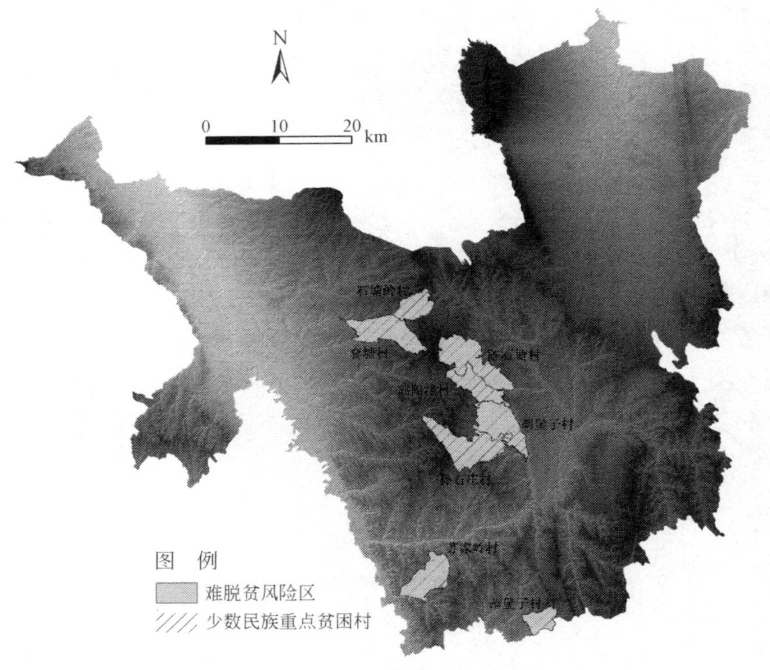

图7-36　同心县贫困风险区

自然环境方面，中部干旱山区地形起伏度明显高于西部扬黄灌区和东部旱作塬区，耕地质量差，且自然灾害多发；到最近集市、初级中学、车站、乡镇医院等的距离较远，导致交通成本增加以及增加收入的机会减少。社会环境方面，中部干旱山区九年义务教育完成率低，农村劳动力文盲率较高，加之新型农村养老保险和新型农村合作医疗覆盖不完全，导致大病致贫现象较为严重，一定程度上增加了农户的脱贫难度。经济方面，中部干旱山区农户贷款担保能力低，贷款需求无法得到充分供给；山区信息闭塞，农户与外界交流少，致富信息缺乏，增收方式单一。

2. 原州区贫困风险

由图 7-37 可知，原州区主要包含难脱贫风险区和易返贫风险区两类。难脱贫风险区主要分布于六盘山阴湿山区，位于清水河河谷川台区向六盘山阴湿山区过渡带，自然因素较为复杂。但风险区面积较小，导致该地貌区贫困风险较高的因素主要有地形起伏较大，地表破碎，不易耕作；到最近集市、初级中学、乡镇医院等的距离约为 5 km；难脱贫风险区贫困发生率为 34.90%，妇女社会地位提升度为 67.00%，劳动力文盲率达 13.00%，新型农村养老保险参保率为 62.00%，新型农村合作医疗参合率为 80.00%，社会保险覆盖率较低，务工收入比占 55.90%，住房条件差，农村居住质量指数仅为 47.00%。

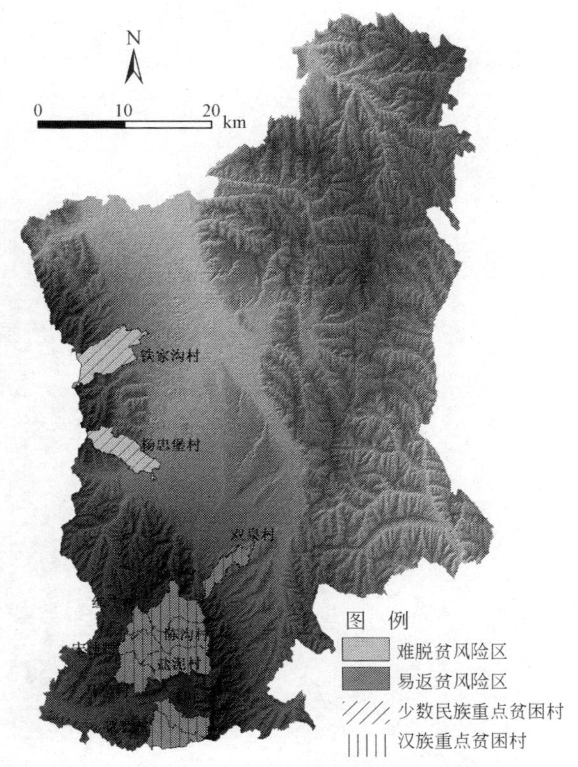

图 7-37　原州区贫困风险区

易返贫风险区主要分布在六盘山阴湿山区腹地，风险区面积较大。主要原因是地形起伏度大，耕作环境恶劣；到最近初级中学、乡镇医院的距离较远，约为

13 km，交通成本增加导致享受社会基础设施和公共服务的机会减少；汉族重点贫困村贫困人口众多，占总人口的 49.70%；九年义务教育完成率低，约为 66.00%，导致人力收益不高。

3. 彭阳县贫困风险

由图 7-38 可知，彭阳县贫困风险区主要为易返贫风险区，分布于北部的黄土丘陵区和东南部的河谷川塬区，而黄土丘陵区风险区面积很大。主要原因是黄土丘陵区汉族重点贫困村到最近的公交车站的距离较远，约为 8 km，无公交车站点导致农户出行不便，降低出行概率，进而享受到的增收的机会和公共基础设施和服务较少；农业自然灾损率较高，达到了 40.00%；九年义务教育完成率低而劳动力文盲率高，分别约为 63.00% 和 25.00%，直接导致务工收入占总收入的比例降低；人均纯收入较低，约为 2942.4 元；务工收入比占 41.30%，这是由交通成本高而人力资本低造成的；农户贷款担保能力低，贷款满足率仅为 5.00%；致富技术和致富项目增收动力不足，致富技术和项目户比分别为 20.00% 和 45.00%。

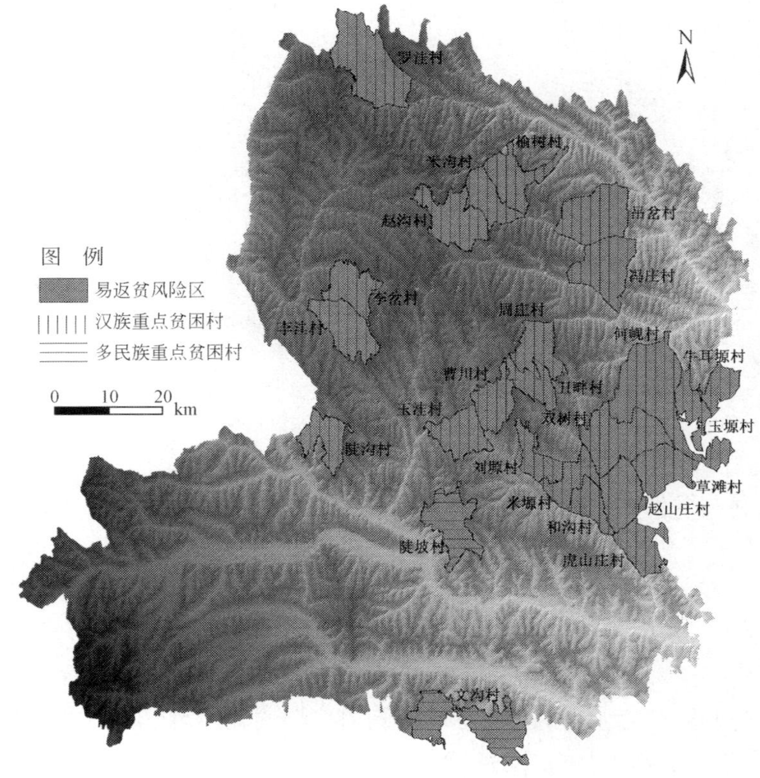

图 7-38 彭阳县贫困风险区

4. 泾源县贫困风险

由图7-39可知，泾源县主要包含难脱贫风险区和易返贫风险区两类，均位于该县的东北部，难脱贫风险区位于侵蚀构造丘陵区，但风险区面积小。侵蚀构造丘陵区多民族贫困村到最近的集市、车站、初级中学和乡镇医院的距离较远，为10～20 km，可达性差；耕地利用率低，农作物播种面积比仅为48.00%；贫困人口众多，占总人口的42.28%，导致扶贫资源的缓贫功能被人均化；劳动力文盲率高，约为44.65%；丘陵区农户贷款担保能力极低，贷款满足率为57.55%；信息不畅通，信息化率为60.00%。

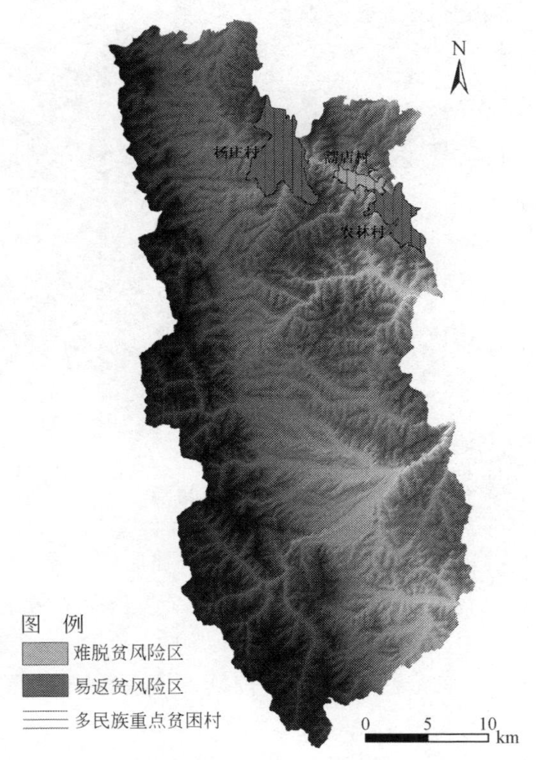

图7-39　泾源县贫困风险区

易返贫风险区主要分布在剥蚀构造石山区，风险区面积小。该区域地形起伏度大，耕地坡度大，有机质易流失，导致农作物单产低；贫困人口众多，占总人口的57.44%，导致扶贫资源人均占有量少；生活信息化程度不高，获取信息能力差。

5. 隆德县贫困风险

由图7-40可知，隆德县主要包含难脱贫风险区和易返贫风险区两类，均位于该县的黄土丘陵区内，风险区面积小。

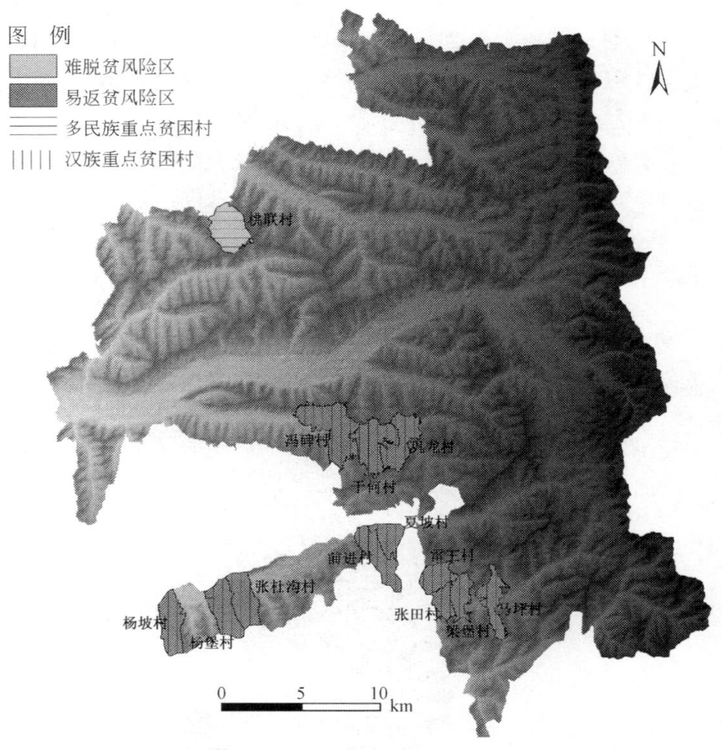

图 7-40　隆德县贫困风险区

自然地理资本差，是该区域贫困程度高的重要原因，贫困人口比重大，占总人口的 56.00%；新农合参合率为 75.00%，新农保参保率为 45.00%；住房安全性较差，居民居住质量指数仅为 22.90%；人均收入低下，少有资产能进行贷款担保，贷款满足率为 36.00%；务工收入较低，占总收入比重的 28.90%，共同导致脱贫能力弱。

易返贫风险区主要分布在东南部的黄土丘陵区，风险区面积大。主要原因是该类型重点贫困村贷款满足率较低，约为 22.00%；同时，至少掌握一门致富技术和一项致富项目的户比低下。

6. 西吉县贫困风险

由图 7-41 可知，西吉县贫困风险区主要为难脱贫风险区，覆盖土石山区、黄土丘陵沟壑区和葫芦河川道河谷区三大地貌单元，集中分布于黄土丘陵沟壑区和月亮山的土石山区，覆盖 45 个汉族重点贫困村，14 个多民族重点贫困村，风险区面积大。

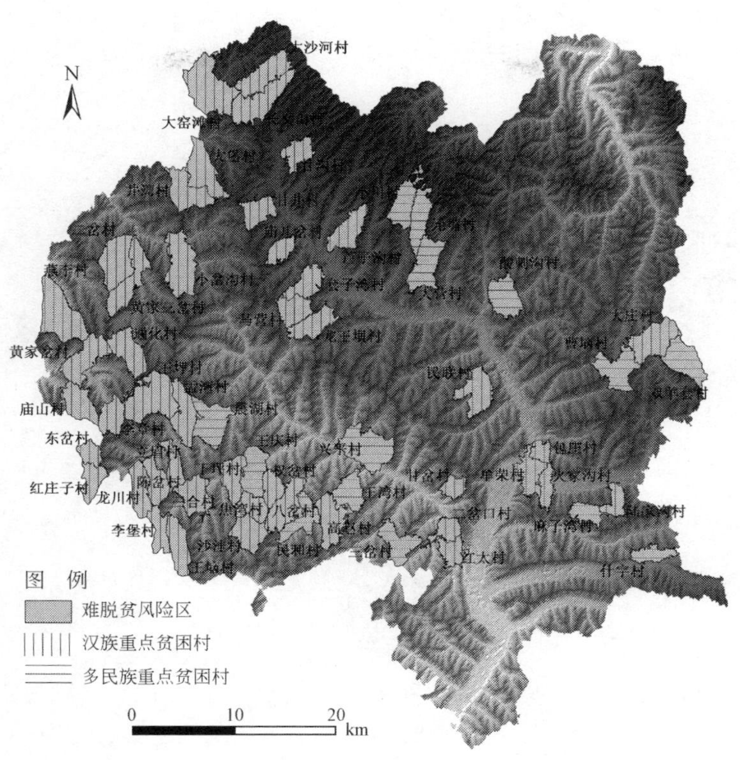

图 7-41　西吉县贫困风险区

土石山区贫困风险区重点贫困村主要存在农户贷款难，致富技术和致富项目少，九年义务教育完成率低，农村环境质量差、耕地利用效率低尤其是到最近的商贸市场等基础设施远等一系列问题。黄土丘陵沟壑贫困风险区的重点贫困村主要存在投入医疗、教育的费用多，农户贷款增收困难，技术工和致富项目户比较低，劳动力文盲率较高，社会保险覆盖不完全，生活污水、垃圾处理率低等主要问题。葫芦河川道河谷平原区贫困风险面较小，覆盖4个纯汉族重点贫困村；主要存在致富技术户比例低，导致务工收入占比低，贷款担保能力不足，人力资本投入低等问题。

7. 海原县贫困风险

由图7-42可知，海原县贫困风险区主要为易返贫风险区，集中分布于该县西南部的土石山区。主要原因是到最近集市、初级中学、车站、乡镇医院等的距离较远，约为18 km，交通成本增加导致外出频次低，获得增加收入的机会少；农作物播种面积比低，约为73.00%，种植收入低；土石山区汉族村劳动力文盲率较高，约为40.00%，人力资本质量不高；汉族村妇女地位提升度低，约为

42.20%；新农合参合率不完全，为90%；住房条件较差，居民居住质量指数为23.1%，生活条件有待提高和改善。

图 7-42　海原县贫困风险区

|第八章|　区域可持续减贫与 2020 年后减贫瞄准

第一节　基本原则

一、跳出农业搞扶贫

以农业、农村为基础，通过要素集聚、技术渗透和制度创新，延伸农业产业链，拓展农业多种功能，培育农村新型业态，着力突出扶贫开发中第一产业抓特色、第二产业抓升级、第三产业抓突破，发展“第六产业”（图 8-1），积极探索农村产业融合发展路径，促进产城融合、产村融合、农业内部融合、产业链延伸、农业功能拓展、新技术渗透、多业态复合等多种新模式发展，促进第一、第二、第三产业深度融合，推进扶贫产业化。

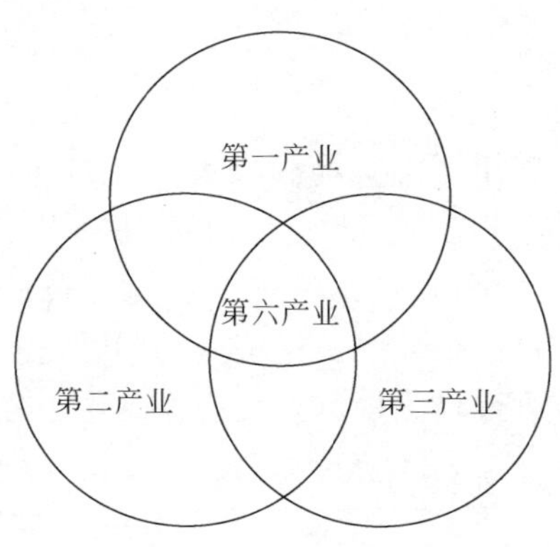

图 8-1　第六产业模式

二、跳出农村搞扶贫

着力突出新型城镇化，以城带乡，打破生产要素在城乡之间流动不平衡状态，紧密结合农业现代化、新农村建设和农民工市民化建设的契机，推动农村社区化、农民市民化、农资股份化，缩小城乡差距，推进城乡发展一体化，释放巨大的消费动力、投资动力和创新动力，实现“城乡居民基本权益平等化、城乡公共服务均等化、城乡居民收入均衡化、城乡要素配置合理化，以及城乡产业发展融合化”（图 8-2）。

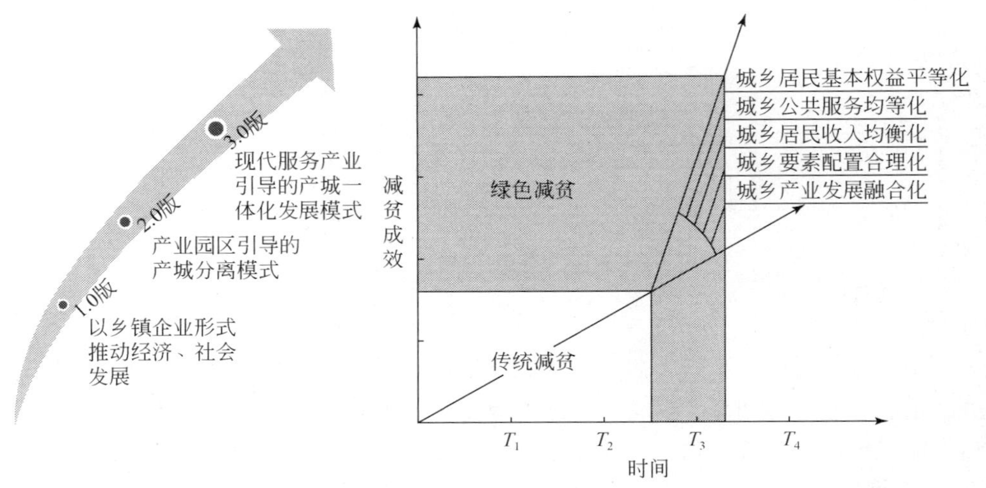

图 8-2　城乡统筹减贫

三、跳出山区搞扶贫

着力突出地区互助，以川济山，均衡发展（表 8-1）。在宁夏区域经济发展过程中，“双核”结构是最佳结构，即建设以银川为核心的宁夏沿黄经济区和以原州区为核心的宁南生态经济区（图 8-3）。宁南生态经济区的振兴，离不开宁夏沿黄经济区这个对外窗口；宁夏沿黄经济区的国际化，更离不开宁南生态经济区的开放和发展。把企业合作作为地区扶贫协作的重中之重。通过企业合作计划推动人力资源开发、人才交流和产业转移，促进经济合作和宁南生态经济区产品与要素场的培育。在“优势互补、互利互惠、共同发展”的基础上，推动上下游企业间的对接洽谈，建立利益共享机制。

表 8-1　地区互助结对帮扶

帮扶市（县、区）	被帮扶县（区）
银川市（兴庆区、金凤区、西夏区）	原州区
贺兰县	隆德县

续表

帮扶市（县、区）	被帮扶县（区）
永宁县	泾源县
灵武市	彭阳县
石嘴山市（大武口区、惠农区）	西吉县
平罗县	海原县
利通区	同心县
青铜峡市	红寺堡区

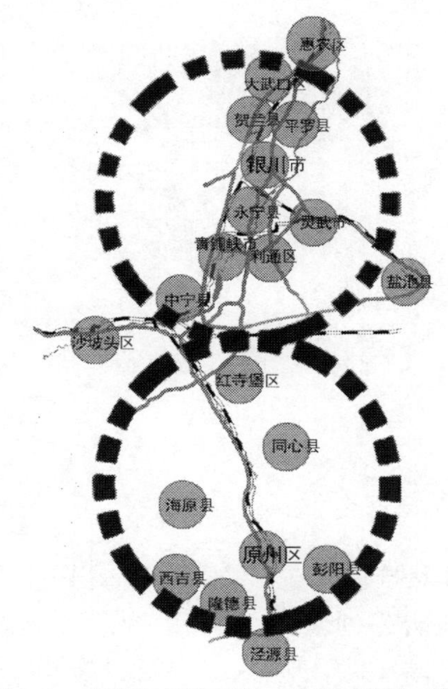

图 8-3　宁夏区域发展的“双核结构”模型

四、跳出宁夏搞扶贫

加强东西部扶贫协作是中央从全局出发作出的重大战略决策。要进一步拓宽协作领域，全面提升协作层次与水平，尤其要加强闽宁产业合作、劳务协作、人才支持和社会参与的广度、深度和高度。加强毗邻地区扶贫协作。通过宁南生态经济区建设（图 8-4），重点建设宁夏、陕西、甘肃、青海跨省（自治区）扶贫合作产业园区、经济合作示范区和经济合作试验区。

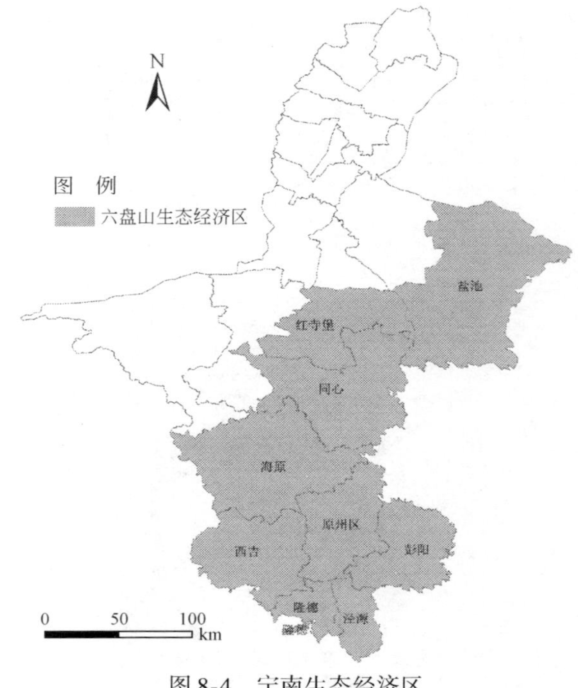

图 8-4　宁南生态经济区

五、强化国际扶贫合作

减贫领域的国际合作是扶贫的一个重要补充。积极打造六盘山国际生态扶贫合作圈、六盘山国际扶贫合作创新区。国际扶贫合作领域主要包括农业综合发展、产业开发、提供和完善公共服务产品、基础设施、环境治理、机构能力建设和扶贫研究等六项。国际扶贫合作利用外资的来源主要包括世界银行、亚洲开发银行、联合国开发计划署、联合国儿童基金会、国际农业发展基金、欧盟、英国国际发展部等国际组织、国家或地区。

第二节　战 略 行 动

一、扶贫战略

结合宁夏空间发展战略规划和主体功能区规划的实施，实施宁南生态经济区发展带动战略，以政府、社会、市场“三位一体”扶贫为主线，以扶贫、改革、试验、示范为主题，以产业扶贫为根本途径，以提高贫困户收入为目的，以产业扶贫和金融扶贫为最大民生扶贫工程，加快绿色减贫，稳定增加产业扶贫对象收入，推动产业优化升级、城乡环境不断改善，区域经济加快发展，打赢新一轮扶贫改革攻坚战，为实现共同富裕奠定坚实基础。通过扶贫改革试验，建立一整套扶贫开发和市场化扶贫新模式、新体制、新机制，为国家提供可供示范和借鉴的新做法新经验，将宁南生态经济区建成全国创新扶贫模式、市场化扶贫示范区、全域扶贫新的“带动极”和战略平台（图8-5）。

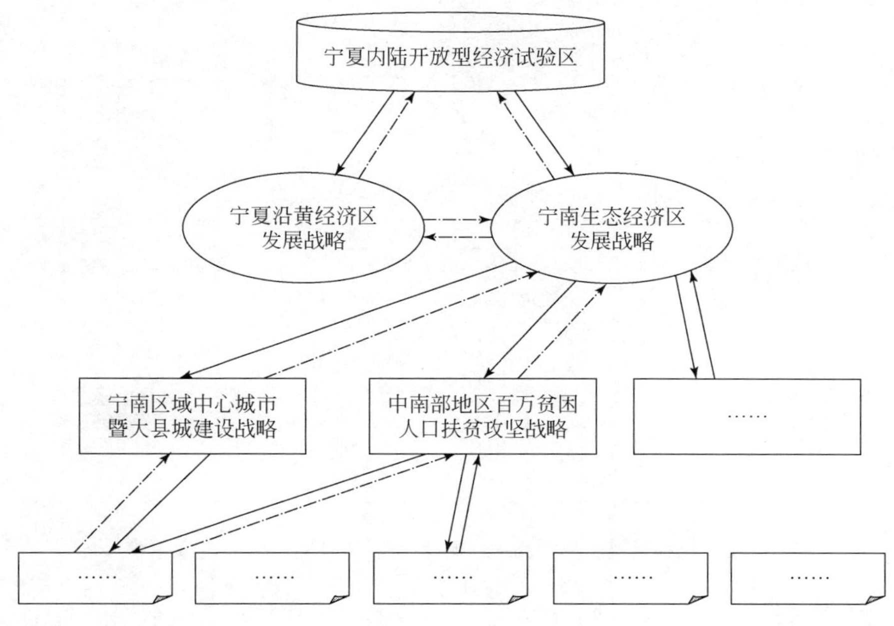

图8-5　宁夏区域发展多级战略体系

国家战略

（第一级）宁夏内陆开放型经济试验区

宁夏战略

（第二极）宁夏沿黄经济区发展战略

宁南生态经济区发展战略

（第三级）中南部地区百万贫困人口扶贫攻坚战略

宁南区域中心城市暨大县城建设战略

（……）……

二、扶贫行动计划

宁夏实施“11232”扶贫行动计划，具体情况如下所述：

“1”个理念，是指树立绿色发展理念，推进绿色减贫；

“1”个总纲，是指贫困地区以脱贫攻坚统领区域发展为总纲；

“2”个轮子，是指贫困地区“有效市场”和“有为政府”双轮驱动脱贫攻坚；

“3”位一体，是指贫困地区整村推进、整县推进、区域发展“三位一体”脱贫攻坚，解决区域性整体贫困（图 8-6）。

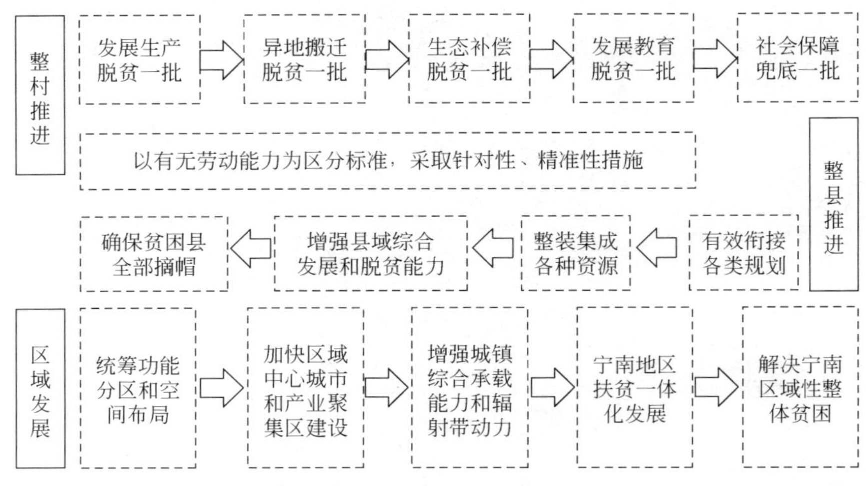

图 8-6　整村推进、整县推进、区域发展“三位一体”脱贫攻坚

“2”个目标，是指努力到 2020 年在全国率先实现整自治区脱贫；贫困地区生态环境承载力显著提高。

三、扶贫供需匹配模式

精准扶贫、精准脱贫的彻底成功，既要生产力足够发达，更要生产关系（尤其是分配方式）能根本匹配。为此，改变传统扶贫需求管理模式从密集要素投入过渡到要素效率的提升，然后再到创新驱动的新发展模式，避免供需错配，保证精准扶贫脱贫供需匹配，加快扶贫脱贫供给侧改革是打赢脱贫攻坚战的必然要求。精准扶贫脱贫供需匹配模式的核心思想是通过“五个一批”，“给贫者以机会、给穷者以帮扶、给弱者以保障”（图 8-7）。

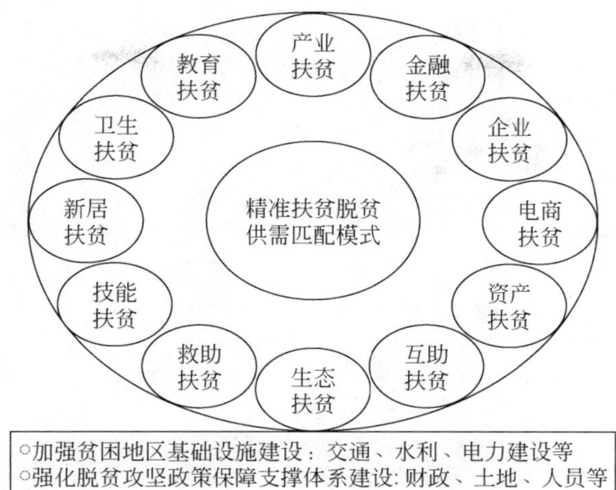

图 8-7 精准扶贫供需匹配模式

第三节 路径选择

一、新型城镇化与扶贫开发协同推进

（一）新型城镇化与扶贫开发协同推进的类型和模式

城镇是在时间、空间、物质、能量、信息、资本的有效整合下人类建构生存系统的一种基本空间范式，承载复杂的政治、经济、文化和环境功能，发挥空间管理与治理、规范空间行为、提供持续福利等功能。新型城镇化可以统筹空间布局优化、基础设施建设、产业发展、农村基本生产生活条件改善、就业促进和农村人力资源开发、社会事业和公共服务发展、生态建设和环境保护、机制体制改革创新等各项工作有序和协同开展，是推进片区扶贫攻坚战略的重要抓手，能有效提升区域发展与扶贫攻坚效率。

具体操作上，应以生态文明理念为指导，因地制宜、多元化推进片区城镇化进程。从城镇化类型多样化的角度看，集中连片特困地区要因地制宜通过产业引导、文化引导和生态引导等，构建旅游拉动型（图 8-8，图 8-9）、资源集聚型、边贸繁荣型、交通节点型和综合服务型等城镇化发展模式，应遵循如移民搬迁、产城融合和组团发展等不同的发展路径。

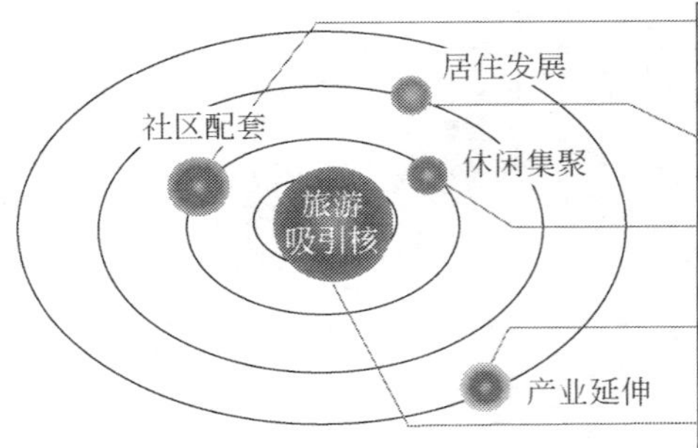

图 8-8　旅游拉动型城镇化发展模式

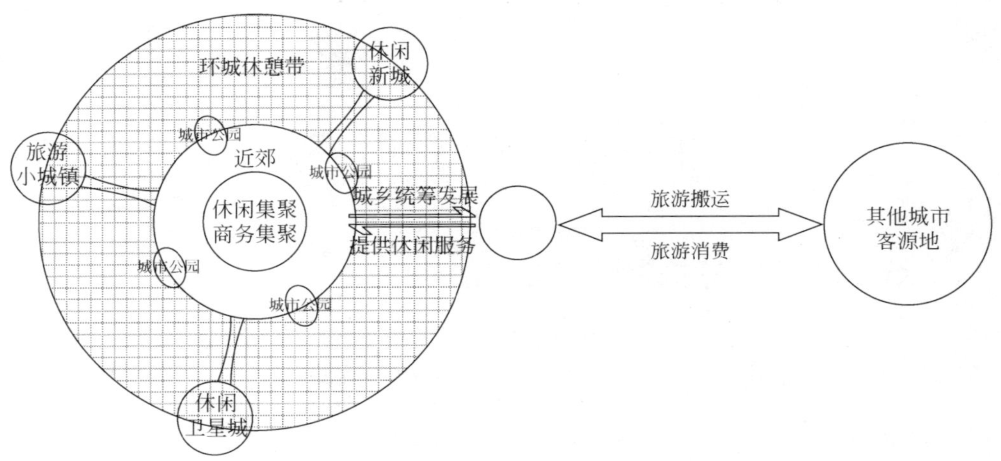

图 8-9　旅游引导的大中型城市结构

（二）城-镇-村空间布局优化

城-镇-村空间布局的优化，首先应建立统筹城乡地域的城-镇-村空间体系。依据城镇规模、空间分布、经济能量、地域功能、交通干线网络，构建城-镇-村空间集聚轴线和结构网络，形成“大城市-中等城市-小城市-县城-中心镇-重点镇-中心村（社区）”多级聚落体系。尤其应突出重视中心镇、重点镇在城乡地域系统能量传输链条上的节点作用和对广大乡村腹地的辐射带动作用，加快推进中心镇、重点镇建设，强化特色产业培育，完善公共服务设施，增强集聚功能和综合服务功能，奠定就地城镇化、就业园区化的物质基础。

其次，在城-镇-村空间体系优化基础上，重点重构贫困地区村镇生产、生活和生态空间格局。针对贫困地区现阶段农村居民点分布“散、乱、空”的现实状况，按照空间相对集中和资源优化配置的原则，充分考虑自然环境承载力、地域生产模式以及产业发展主导方向等因素，探索推进空心村整治、中心村建设、中心镇迁移的地域模式和制度措施，适当加强乡村聚落空间集聚，以节约行政资源和提高公共资源的社会服务效率，并科学评估公共设施和基础设施配置、建设的适宜性，加强农村基础设施配套建设。对“一方水土难养一方人”的生态环境脆弱地区，实施生态移民工程，依托产业园或城镇周边新建城镇移民社区和安置点。

1. 全域格局

虽然宁夏六盘山片区7县区县城建成区人口和面积均有增加，但城镇化率较低。除了原州区和同心县城镇化率分别达到44.68%和37.2%，其他县（区）城镇化率均低于30%，海原县最低为21.92%（表8-2，图8-10）。

表8-2　宁夏六盘山片区城市人口规模结构和建成区面积

城镇类别	人口规模/万人	数量/个	城镇名称	建成区人口/万人		建成区面积/km²	
				2010年	2015年	2010年	2015年
大城市	>100	0	—	—	—	—	—
中等城市	50～100	0	—	—	—	—	—
Ⅰ型小城市	20～50	1	原州区	15.30	21.28	34.62	52.33
Ⅱ型小城市	10～20	0	—	—	—	—	—
	5～10	3	同心县	5.80	7.59	8.00	16.00
			西吉县	5.85	7.24	7.60	10.98
			海原县	5.80	6.83	18.45	24.50
	2～5	3	隆德县	3.14	3.79	3.80	6.20
			彭阳县	2.45	3.76	4.46	6.81
			泾源县	2.84	2.34	5.10	6.20

为此，要着力提升县域中心城市承载力，促进农村人口就近城镇化。加快建设同心、海原、彭阳、西吉、隆德、泾源等县域中心城市，推进产城融合和农业产业化，大力发展服务业，提高对劳动力的吸纳消化能力，实现农业转移人口就近市民化（表8-3，图8-11）。加快特色小城镇建设，实现城乡统筹发展。依托现有城镇发展基础、交通和资源优势，集中打造一批功能齐全、特色突出、辐射力强的产业重镇、商贸强镇和旅游名镇，完善基础设施和公共服务设施，吸引周边农村居民就地城镇化（表8-4）。有计划地实施撤乡并镇，开展“扩权强镇”

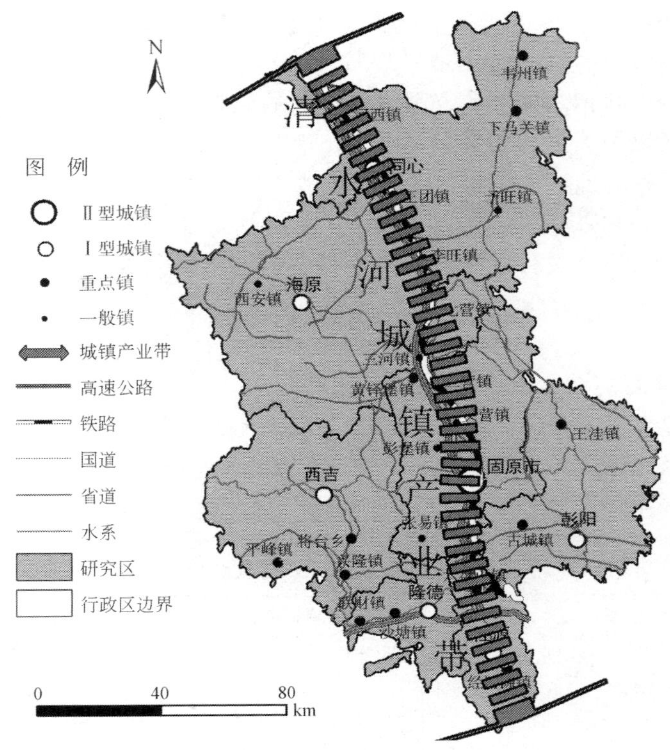

图 8-10　宁夏六盘山片区城镇化现状

试点，统筹推进农垦国有农场小城镇建设，促进公共基础设施集中配置。优化村庄空间布局，建设美丽乡村。将全区现有自然村按照村改居、搬迁、组合、保留四种方式进行适度调整，构建“中心村–一般村（基层村）”两级村庄结构体系。引导村庄合理布局、规模发展，明确村庄建设重点和设施配套标准。完善村庄公共服务设施和基础设施，绿化美化村庄环境，增强服务农业、农民能力。注重对具有历史文化底蕴和地域特色村庄的保护，有序推进美丽乡村建设。

表 8-3　宁夏六盘山片区重点建设县域中心城市及其主导产业

县域中心城市	规划城区人口/万人	主导产业
同心县	11	羊绒加工、清真产业
海原县	10	商贸流通、农产品加工
彭阳县	8	特色农业、轻工制造
西吉县	8	农产品加工、清真产业
隆德县	5	苗木花卉、生物医药、农产品加工
泾源县	3	农产品加工、苗木产业、建材加工

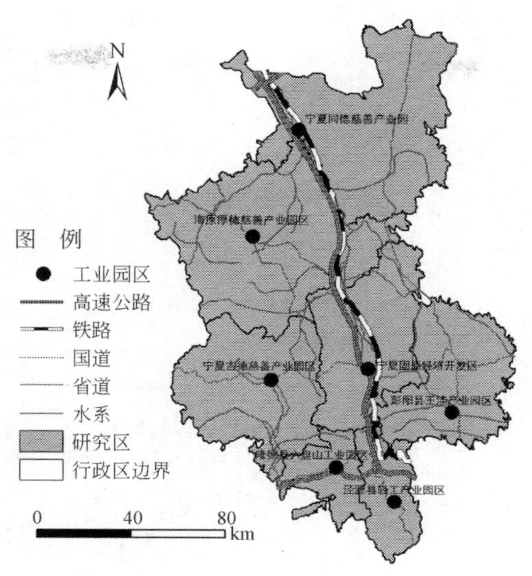

图 8-11 宁夏六盘山片区产城一体和生态安全格局

表 8-4 宁夏六盘山片区重点镇

地级市	县（区）	重点镇
吴忠市	同心县	韦州镇、下马关镇、河西镇、王团镇
中卫市	海原县	李旺镇、七营镇
固原市	原州区	三营镇、黄铎堡镇
	西吉县	兴隆镇、将台乡、平峰镇
	彭阳县	王洼镇、古城镇
	隆德县	沙塘镇、联财镇
	泾源县	六盘山镇、泾河源镇

2. 核心区格局

构建清水河城镇产业带"四级城镇体系"，即1个中心城市（原州区）+7个副中心城市（1个城区6个县城）+重点镇+中心村及聚居点。"四级城镇体系"中的百村千点是新型城镇化和"农民就地市民化"的底部基础。清水河城镇产业带核心区为"两区两县（原州区、红寺堡区、海原县、同心县）"。核心区"四级城镇体系"为1个中心城市（原州区）+3个副中心城市（3个县城）+10个重点镇+100个中心村及千个聚居点（表8-5，表8-6）。以城带乡，推动全域扶贫攻坚，到2020年年末，实现核心区以8%的国土面积集聚"二区六县"60%以上的人口和60%以上的经济总量。

表 8-5　清水河城镇产业带工业园区发展

类型	园区		主导产业	布局位置	规划面积/km²
核心园区	固原经济开发区	轻工产业园区	装备制造、轻纺、农产品加工	城区	5.00
		盐化工示范区	煤电铝、盐化工、建材	城区以北	
	同德慈善产业园区	羊绒工业园区	毛纺织、服装加工	同心县城	1.33
		三县区工业园	煤炭及煤化工、新材料、装备制造	太阳山（飞地）	44.00
		下马关农副产品科技示范园	农副产品加工	下马关镇	1.00
		中小企业创业孵化园	清真食品及穆斯林用品加工	石狮镇	1.00
	厚德慈善产业园区	—	装备制造、农副产品加工、建材、毛皮加工	海兴开发区	16.00
培育提升类园区	吉德慈善产业园	—	农产品加工、轻工、电子、包装印刷	西吉县城	11.00
	海原县产业集聚区	—	食品加工、穆斯林服饰用品加工	海原城区	1.00
	圆德慈善产业园	长城梁片区	农副产品加工、建材	原州城区以北	1.00
		冬至河片区	装备制造、化工		2.00
		中部片区	轻工制造		1.00
	固原清水河工业园区	—	农产品加工、清真食品、建材、制药、轻工、建材	原州区城区	1.25
	西吉单家集民族工业园	—	农产品加工、轻工制造	兴隆镇	0.08
引导控制类园区	彭阳县王洼产业园区	县城工业园	农副产品加工、服装加工	彭阳县城	10.00
		王洼煤炭循环产业园	煤炭及煤化工	王洼镇	
	泾源县轻工产业园区	—	清真食品及穆斯林用品、旅游纪念品加工、包装印刷	泾源城区	1.00
	隆德县六盘山工业园区	—	药材加工、食品加工、建材、轻工	隆德城区	2.33

表 8-6 清水河城镇产业带核心区城镇体系规划

市（县）	重点乡镇	2010 年			2015 年		2020 年	
		建成区面积/km²	总人口/万人	镇区人口/万人	建成区面积/km²	镇区人口/万人	建成区面积/km²	镇区人口/万人
固原市	城区	24.8	15.3	15.3	30	28	36	30
	三营镇	2.2	5	0.7	4	0.7	6	2
	头营镇	0.6	5.7	0.2	1	0.2	2	0.6
	黄铎堡镇	0.5	2.8	0.2	1	0.3	2	0.5
	彭堡镇	0.7	3	0.3	1	0.4	2	0.5
	中河乡	0.4	2.8	0.1	1	0.3	1	0.4
	开城镇	0.2	4.2	0.2	1	0.3	2	0.8
小计		29.4	38.8	16.9	39	30.2	51	34.8
同心县	城区	11	6.7	6.7	21	8	25	10
	河西镇	1.5	4.6	0.3	2	0.5	3	1
	丁塘镇	1.3	4	0.3	2	0.5	2	0.6
	兴隆乡	0.6	1.6	0.3	1	0.3	2	0.5
	石狮管委会	1.2	2.6	0.3	2	0.4	3	0.9
	王团镇	4	4.6	0.5	4	0.8	5	1
小计		19.6	24.1	8.5	32	10.5	40	14
海原县	城区	11.1	4.1	4.1	15	7	20	10
	高崖乡	0.5	2.6	0.3	1	0.3	2	0.4
	李旺镇	0.5	4.3	0.3	2	0.4	3	0.8
	七营镇	1.1	3.2	0.2	1.5	0.3	2	0.5
	郑旗乡	0.2	2.4	0.2	1.5	0.3	2	0.5
小计		13.4	16.7	5.1	21	8.3	29	12.2
红寺堡区	城区	6.4	3.4	3.4	10	5.6	16	9
	大河乡	0.8	1.5	0.2	1.5	0.2	2	0.5
	南川乡	0.8	0.4	0.1	1.5	0.2	2	0.5
小计		7.9	5.3	3.7	13	6	20	10
合计		70.3	84.9	34.2	105	55	140	71

3. 海原县城乡建设案例实证

（1）战略定位

1）三大战略。开放带动战略：紧抓国家实施“一带一路”战略和建设宁夏内陆开放型经济试验区新机遇，充分挖掘海原县比较优势，以大开放带动大发展，以大合作实现大跨越。

绿色发展战略：顺应发展趋势，坚定生态立县，将全县丰富的绿色资源，快速转化为产业发展优势和经济效益，严格节能减排，努力将海原打造成为宁南绿色发展高地和绿色健康驿站。

项目驱动战略：坚定不移地实施项目驱动战略，争取国家投资，扩大民间投资，不断扩大投资总量，优化投资结构，提高项目运作水平，带动城乡经济发展。

2）三大定位。生态文明城市：实施绿色发展战略，充分发挥无产能过剩和污染治理的优势，抢抓国家建设生态文明和海绵城市的政策机遇，建设生产空间集约高效、生活空间宜居适度、生态空间山清水秀的生态文明城市。

创新创业城市：坚持市场导向、加强政策集成、强化开放共享、创新服务模式，重点抓好加快构建众创空间，建设创业孵化基地，打造生产加工型、农业园区型、市场型、农家乐集群型等创业基地，进一步推动产城乡一体化。

文化旅游城市：充分发挥海原文化融合优势，按照城建景区化和景城一体化建设要求，一街一景，着力建设景观廊道，完善旅游标识，统一街巷牌匾，开发海原特色旅游产品，提升旅游接待能力，强化旅游管理，推进城建景区化、景城一体化建设，汇聚人气，彰显活力。2020 年，城镇道路供水、排水、园林、环卫、卫生、教育、文化、体育、广播、电视、电信、供电等主要基础设施基本配套，集镇住宅小区、工业小区或商贸小区基础设施完善，实现城乡一体化，与全自治区、全国同步进入全面小康社会。

（2）城乡功能分区

按照限制开发生态区的主体功能定位，将海原县城乡格局划分为三个功能区。

1）重点发展区。包括县城、重点集镇和海兴开发区，是全县新型工业化和城镇化的核心区。其中，县城为全县政治、经济、金融、文化、科技、教育核心区。重点集镇包括贾塘、七营、李旺、西安、关桥、树台、曹洼、关庄、李俊、红羊、甘城等。海兴开发区为宁南地区综合改革试验区、产业扶贫开发聚集区、城乡一体化示范区和商贸物流集散中心。

2）农业发展区。包括扬黄灌区、库井旱作灌区和生态农业区三部分。其中，扬黄灌区包括高崖、李旺、七营、三河四个乡（镇）。库井旱作灌区包括海城、史店、贾塘、郑旗、关桥、西安、曹洼、甘城、李俊九个乡（镇）。生态农业区包括树台、关庄、红羊、九彩四个乡（镇）。

3）生态保护区。以南华山自然保护区为核心，延伸至西华山、月亮山，主要包括南部的树台、关庄、红羊、曹洼、九彩、李俊及西部的西安、东部的甘城等乡（镇）。

（3）城乡战略格局

1）总体格局。以中静线为南北主轴，以延安–海兴开发区–海城–平川高速公路、甘肃环县–海城–甘肃平川区铁路（宁夏段）为东西主轴，打造三大农业区，形成以各乡（镇）为重要增长点的“两轴、三区、多点”总体格局。

2）发展通道。以县城的海兴开发区为中心，以东西发展主轴建设为重点，由东西发展主轴和南北发展主轴为骨架，构建连接县内外、乡镇内外、村内外“三内三外”的快速发展网络通道。

3）重点集镇。包括以平海高速公路为轴线的西安、贾塘等小集镇；以福银高速公路为轴线的三河、七营、李旺等小集镇；以国省干道为轴线的关桥、树台、曹洼等小集镇；“延边型”小集镇关庄、李俊、甘城等（图8-12）。

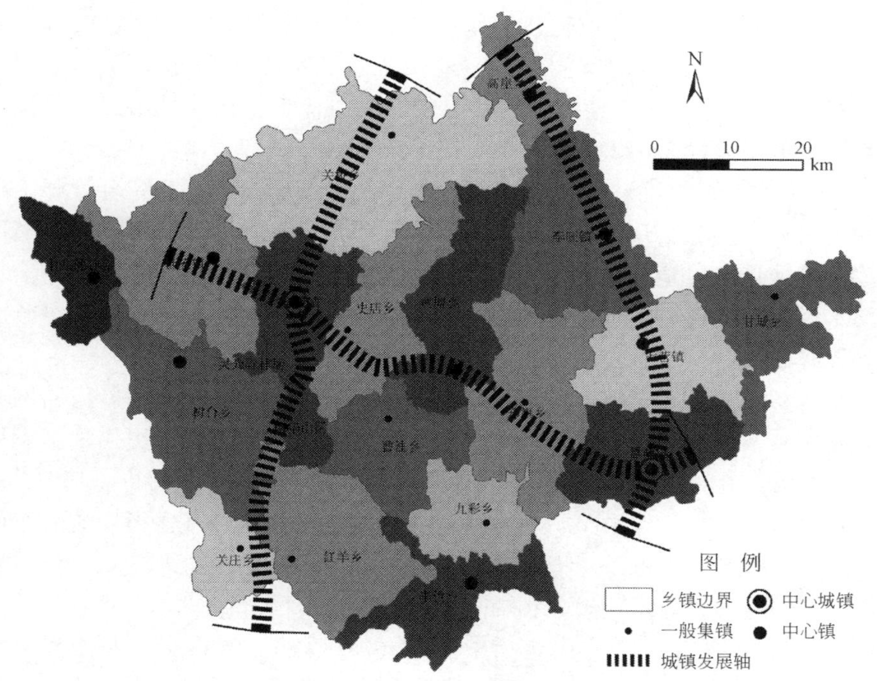

图8-12　海原县城镇体系格局

（4）县城建设

1）城市水生态保护和修复。以国家建设海绵城市为契机，以社区为单元，结合棚户区改造、老旧小区更新、园区建设、道路和交通设施建设、绿地广场建设等，统一规划、统一实施，利用透水砖铺装、下沉式绿地、生物滞留设施、植草沟等措施，补充地下水、削减地面径流。通过修复城市水生态、涵养水资源，增强城市防涝能力，增强城市雨水消纳功能，初步构筑雨水自然积存、渗透、净化的海绵城市。

根据住房和城乡建设部《海绵城市建设技术指南——低影响开发雨水系统构建（试行）》（2014），“十三五”期间，建设重点在于建筑与小区，发展屋顶花园，滞留雨水的同时起到节能减排、缓解热岛效应的作用，建设雨水收集、下渗与净化雨水设施。在扩建、改建、新建道路人行道敷设雨水收集管道及水池，广场建设蓄水池，用于绿化、水源等，增强城市雨水消纳功能。为此，要完成西湖安置区海绵体建设和政府东街安置区、北坪安置区和万福路安置区海绵体建设；完成25.7km新建和改建县城道路人行道铺设雨水收集管道及20个蓄水池建设；完成全民创业园和汽修汽配园等海绵体建设，铺设雨水收集管道，完成蓄水池建设；在城北行政服务区、城中综合商业区、城东南文化体育休闲区、城西特色产业区和回乡聚落风貌区分别建设海绵体。

2）城市路桥和交通设施建设。紧密配合城市发展方向和发展重点，围绕“两轴、三心、五区域”的空间布局，着力推进道路基础设施建设，建成城区“五纵六横”内外通达、快速便捷的城市交通网络体系，构建城市发展骨架。重点包括城区道路建设25.72km，其中主干道6.78km，次干道18.94km。

3）城市地下管廊建设。根据住房和城乡建设部《城市地下综合管廊工程规划编制指引》（建城〔2015〕70号），结合市政设施建设中工程管道以及安置区、旧城改造等项目，以道路建设为路径，对给水、热力、燃气、电力、电信、雨水、污水等七大类管线实行统一规划、设计，解决“马路拉链”问题，形成城区地下管廊系统。

为此，要紧抓国家重大项目投资机遇，综合廊道空间总体架构以道路网为基础，形成“六条主干、八条支线”的县城综合廊道，为县城发展提供地上发展空间，有效抵御管道侵蚀和抗震减灾，实现管线高效、安全和稳定运行。其中，主干线管廊有政府南北街—建设路、东城路—黎明路、中静路、兴盛街、政府东西街（华山路—中静路）、永乐街（华山路—建设路）6条主干线地下管廊；支线管廊有运通街、富民街、惠民街东段、育才路、运财巷、西河路、文联路、产业园路8条支线地下管廊。3条主干线建设包括中静路（城区段）、兴盛街（华山路—东盛路）、永乐街（华山路—建设路）等；6条支线管廊建设包括运通街（西河路—运财巷段）、富民东街（北坪路—中静路）、惠民街东段（中静路—东盛路）、育才路西段（海盛—东城路）、运财巷北段（政府东街—中静路—北坪路）、产业园路等。

4）城市生态园林和广场建设。围绕大县城建设，依托城市生态园林及绿地建设，协同路网绿化建设，构建一圈（城区环城廊道，运昌路—华山路—文昌路—东盛路）、三纵（北坪路—政府南北街—建设路、中静路城区段、西河路）、两横（政府东西街、永乐街）格局，初步建成公园环绕、游园绿地点缀、绿色林带相连的生态园林。

通过城市森林公园扩建工程，形成县城东南生态屏障和居民休闲游憩场所；实施西河公园绿地的美化、亮化建设，完成华山路西山绿化工程，形成县城西部生态屏障，打造西山生态公园。完成西河公园绿地的美化亮化建设，完成华山路西山绿化工程，绿化面积 $100hm^2$。完成 25.7km 新建道路绿化工程。建设 4 座公园，共占地 $40.0hm^2$；完成人民广场扩建、维修工程，扩建面积 $3.0hm^2$，规划新建城北入口标志性广场，占地 $2.0hm^2$。

5）城市环境建设。合理布局城市供水、排水工程项目和环卫工程项目，提高城市供水安全可靠性，提高城市居民生活质量。完善城市污水收集、输送、处理和排放系统，推进城市各组团污水收集、处理工程建设。加强饮用水源地保护，防止水污染，提高主要水体功能区、饮用水源、水厂供水的水质。推广天然气使用和推进集中供热，防止大气污染。完善环卫设施，提高环卫机械化水平。治理车辆乱停、摊点乱摆、广告乱贴、垃圾乱倒问题，沿街无临时、违章、破旧建筑物。新建自山门至城区段水源管道 8km；规划新建老水厂蓄水池两座，容量各 $4000m^3$。第三水厂新建蓄水池两座，容量各 $5000m^3$ 及配套给水管网 12.5km、设备建设；城区南部、北部建设高位水塔两座，日供水 $3000m^3$；城市再生水利用工程，铺设道路及山体中水管网 2.5km。规划完成迁建海原县第一污水厂工程，按 3 万 m^3/d 设计建设。建成西区污水厂工程，近期工程规模0.5 万 m^3/d。规划新建、扩建 4 座供热站。扩建东区、南区供热站；完善西区供热站配套设施；新建北区供热站。建设自海兴开发区至城区天然气输气主管道 70km，由主干管道引入沿路各郑旗、贾塘、史店等乡（镇），建设支管道约 30km；城区铺设管网 40km，新建万福街与东盛路交叉口天然气调压站，占地面积为 $0.5hm^2$。新建垃圾处理厂 1 座，按日处理垃圾能力 100t/d 设计建设。新建 25 个布局合理、符合国家二类标准公厕并免费开放；购置垃圾清扫清运车 5 台，垃圾箱 300 个。

6）产城融合建设。按照“产业园区化，园区城镇化，产城一体化”的建设目标，推动产城互动建设，提升城市集聚和扩散功能，形成新型工业化、新型城镇化相互支撑、良性互动的发展格局。

建设全民创业园。积极依托县城产业功能区建设，实施“创业+技能”的模式，为创业者提供多方位帮扶，打造全民创业服务平台、创业实训平台、小微企业孵化平台，将创业园建成集培训、实训、培育于一体的综合性创业园区，为各类人员创建创业途径，为产业发展提供新的经济增长点。近期，规划用地

6.2hm^2，总建筑面积为49 712m^2，其中创业园沿街商业营业房25 700m^2、园内营业房24 012m^2。预计建成后园区年培训技能人才3000人以上、劳务中介100家、劳务经纪人1500人、小微企业50个以上。

建设汽修汽配产业园。加快园区基础设施建设，积极引入汽车修理、零部件配送企业，完善产业链、促进企业配套协作并推动产业转型升级发展，实现“特色鲜明、集约集聚、技术先进、创新创优、配套完善、环境优美”的汽修汽配园区，打造宁南地区重要汽修汽配产业基地。近期，规划用地10hm^2，总建筑面积为3.6万m^2，引进20家以上汽修汽配企业进行投产。

建设文化产业园。依托“花儿、口弦、剪纸、刺绣”等非物质文化遗产，建设宁夏（海原）剪纸刺绣文化产业园。以剪纸、刺绣等非物质文化传统项目为主，融合民族手工艺品、民族用品、仿真艺术品、民间艺术品、花儿传唱、皮草产品、摄影、绘画、雕刻等各类文化项目，高标准建设回族手工制品集散地，规划用地面积20hm^2。

建设农产品精深加工园。依托本地特色农产品资源，以“低碳、环保、科技、生态”为理念，构建“农工贸一体化、产加销一条龙”现代农业产业链，加快农产品加工产业精细化深度发展。近期，规划用地10hm^2，总建筑面积为55 000m^2。

建设城市商业综合体。规范和引导百货和日用工业品零售交易市场向专业化商场、品牌展示中心等新型经营方式转型升级，提升商业服务品质，拓展回族文化特质市场。建设涵盖现代主题百货、连锁超市、巨幕电影、家电数码、中西餐饮、儿童乐园、健身美容、网吧、量贩KTV和一家四星级酒店于一体的城市综合体一座，规划建设面积1.5万m^2。规划新建集回族文化、建筑、商贸、娱乐、餐饮于一体的艾思瓦给（集贸市场区），规划用地面积22hm^2。

7）城市居住条件建设。坚持集中建设和配套建设相结合，坚持规划、土地、资金、手续“四个优先”措施，加快安置区建设、旧城改造、保障房和商品住宅建设，提高居民居住水平。以建设“宜居城市”和“创新城市”为目标，完善政府保障房和市场供给的多渠道住房供给体系。加快县城棚户区安置建设。加快完成政府东街安置区、北坪安置区、万福路安置区建设及基础配套，以及西湖安置区基础设施配套建设。加快外立面节能改造，完成城区建筑外立面节能改造8.6万m^2。

8）智慧城市管理建设。根据新型城镇化和现代城市建设要求，立足县城实际，着眼发展远景，加快城市综合管理数字化进程，提升精细化管理水平，推进治安、交通、城市综合管理等公共服务平台互联互通、资源共享。以建设智慧城市为目标，初步建成“智慧县城”的基本架构，加快信息化基础设施建设，建设智慧城市部分运行模块。有效整合公安、交通、市政等部门已建或在建的数字化管理资源，先期建设“平安县城、智能交通、智慧城管”三个子系统。规划建设智慧民生、政府、环境、产业、区域等数字化管理系统建设。

9）城市电商建设。紧抓国家支持“电子商务进中小城市”的政策机遇，借力“互联网+”模式，加快建立社会化、专业化、信息化的现代物流服务体系和中介服务体系建设。结合扶贫开发示范县建设，以宁南地区农产品电子商务产业园建设为平台，以小杂粮、回族手工制品等特色产品为重点物流，开发搭建集产品展示、商务洽谈、产品交易、网上支付、安全认证、物流配送为一体的农产品电子商务交易平台，鼓励和扶持回乡农民工、返乡大学生等开店创业，引入大型物流配送企业，着力创建宁夏农产品电子商务示范县、电商扶贫示范县。依托电商平台进行品牌包装、推广与销售，鼓励营销企业、销售大户以及中介组织应用电子商务开展农产品营销。支持农业电子商务平台与农业生产基地、农产品营销大户、区内外大中型超市和餐饮连锁企业、农产品加工企业对接，促进大批量农产品网上交易。规划建成物流公共信息平台，新建电子商务产业园一座，规划用地6.67hm^2，总建筑面积为35 000m^2。

10）城市文化旅游建设。按照景城一体、文城一体建设和“以城镇路网为骨架、以功能配套为重点、以回族风格为特色、以宜居环境为宗旨”的工作思路，积极探索独具特色的“景中城”“城中景”个性化城市建设，同时将景区建设和新型城镇化建设整体谋划推进，加快城乡基础设施建设，增强城市承载能力，发展全域旅游，建成配套完备、服务周全、特色文化旅游城市。建成1～2家星级酒店、2～3家经济型酒店和5个以上农家乐，规划建设1条美食街等。依托现有主次干道和街巷，整合回族文化，蒙元文化和西夏文化元素，形成多元文化旅游圈。

（5）美丽乡村建设

1）美丽集镇。加大集镇建设力度，坚持“高标准、高起点、严格审批、严谨管理”，做到“建设规模化、设施配套化、环境整洁化”，提升集镇品味，改善集镇面貌，提高农业产业化、现代化的服务承载能力，推进城乡一体化和新型城镇化。通过点线面结合，县乡村联动，环境、产业、服务共抓，加快把全县乡镇打造成“乡乡优美、村村富裕、处处和谐、人人幸福”宜业宜居宜游的美丽集镇。

重点建设特色小城镇，积极建设一般城镇，带动周围各乡村的经济社会发展。以满足生活需要、尊重当地生活传统、环境美化、培育个性城镇等四个原则为导向，将具有资源优势和较好发展条件的李旺、西安、李俊、七营、贾塘、高崖、树台、甘盐池8个二级中心城镇作为重点集镇发展，使城乡之间形成优势互补、双向互动的经济关系，实现小城镇与农村产业相互衔接、经济有效融合互动和一体化发展。一是加大集镇市政设施建设，提高公共服务能力；二是改善街道环境，加大街道亮化、美化、绿化力度，重点治理集镇街道环境，彻底改善集镇面貌；三是规范实行垃圾定点收集，配建垃圾中转站，配套垃圾箱，对集镇范围内的垃圾实行专人负责，全部实行无害化处理；四是全面实施危房改造工程，营造良好的人居环境；五是提升集镇商贸流通能力，规范商户管理；六是满足集镇人民对文化娱乐场所需求。近期，规划17个乡镇危房改造10 279户，在8个重点特色城镇各建1个生态文化主题公园；街道硬化巷道140km，人行道砖铺路面25万m^2，沿街绿化树木8万棵，安装路灯2200盏；敷设给水管网90km，铺设排水管网70km；配套建设水冲式公厕70座，配备小型垃圾清运车17辆，垃圾清运三轮车200辆；改造街道商业开发1800户；建设活畜交易及农贸市场17个；规范沿街商门头牌匾制作2000户；建设文化广场17处。

2）美丽村庄。按照《国家新型城镇化规划（2014—2020年）》中“看得见山、看得见水、望得见乡愁”的规划要求，更加关注人的城镇化、乡村的产业化、特色风貌的保护和村民生活品质的提高，加强公共服务设施、道路交通、公用设施、绿化景观和建筑改造等，加快推进“生态人居”“生态环境”“生态经济”“生态文化”四大板块建设。以点带面、稳步推进，建成一批“宜居、宜游”村居、安居乐业的美丽乡村（图8-13）。

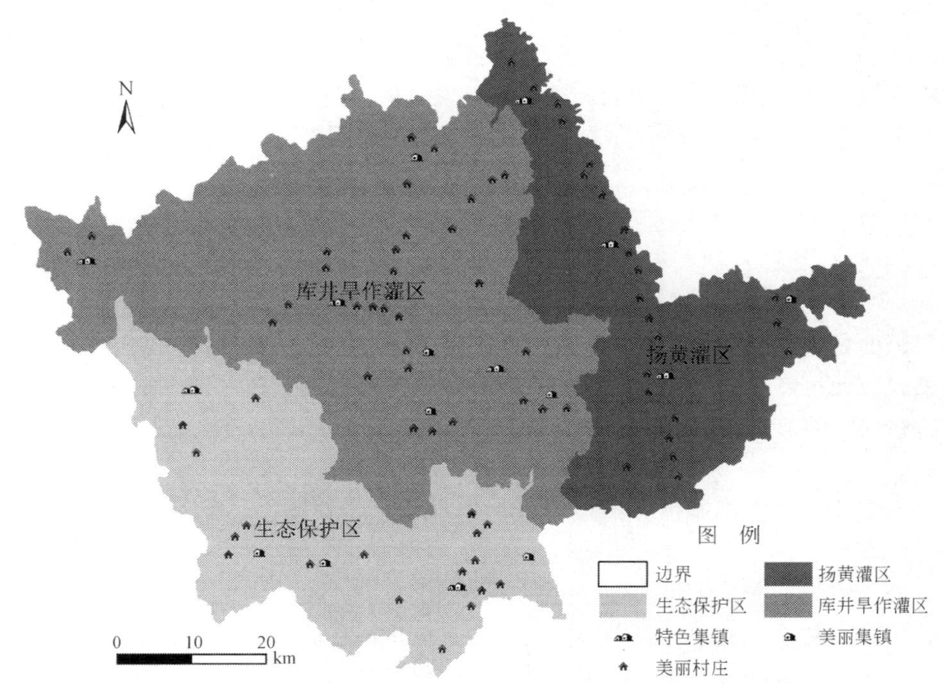

图8-13 海原县美丽集镇和美丽乡村分布

（6）海兴开发区建设

1）城乡基础设施建设。重点建设森林休闲公园、水上公园、污水处理厂、供热、防洪、通信网络和美丽村庄工程，建成基础设施完善、公用设施齐全的宁南城乡一体化示范区。近期建设苋麻河森林休闲公园，绿化5000亩，休闲公园设施建设亮化；苋麻河水上公园设施及美化、绿化、亮化；凤凰山森林公园主题广场、公园、道路、绿化、美化；10 000m^3 污水处理厂一座，8000m^3 中水处理厂一座；建设集污网4500m，污管网18km；敷设一二级管网5km，建设换热站1座；完善六窑、小河、团庄等10个村的基础设施；建设和完善公共信息网络基础设施，推动电信网、广电网、互联网三网融合；建设40 000m^3 垃圾填埋场1座，放置垃圾箱300个。

2）商贸物流建设。重点建设物流园区信息平台、李旺实业物流中心、购物中心、小商品交易中心、农副产品和蔬菜果品批发集散中心、中药材交易中心和专业市场等，将海兴开发区建成区域性商贸物流集散地。规划建设海兴开发区物流园区信息平台，主要建设数据信息层、服务管理层、用户应用层三个层次，基础数据数据库、供需信息数据库、综合管理数据库、决策信息数据库等数据库，以及物流共用信息平台、物流信息交易平台、基础信息服务平台、物流企业管理平台、物流作业管理平台、物流决策平台等子平台。建设李旺实业物流中心，新建物流宾馆7800m^2，仓库3座9000m^2并完善基础设施。新建集超市、商场、办公、停车于一体的现代购物中心一座；新建中药材中心一个，项目占地50亩，建成交易大厅30 000m^2，仓储及附属公共设施20 000m^2；启动活畜交易市场，完善农贸市场基础设施建设。新建占地100亩的小商品交易中心一个，农副产品和蔬菜果品批发集散中心一个。

3）公共服务体系建设。重点建设教育、体育、卫生、科技、文化和社会管理等，将海兴开发区建成宁南公共服务体示范区。规划建成海兴一小，项目有综合楼1幢、教学楼4幢、实验楼1幢、操场、阶梯教室及配套基础设施；为兴海中学、黑城小学等学校教师新建周转房，共6900m^2；建设海兴文化博物馆，占地面积为10亩。建设标准化初级中学海兴一中，校园占地面积300亩；建设4500m^2的海兴体育馆，配套篮球、排球、羽毛球等体育运动健身器材；建设三河镇卫生院住院部，建筑面积2500m^2；建设占地面积15亩的文化馆及附属设施等。建设海兴图书馆1座，占地面积15亩。规划建设海兴养老保健综合服务中心1处，占地面积200亩；海兴3D影剧院，建筑面积为4500m^2。建设海兴幼儿师范高等专科学校、改造黑城小学等学校基础设施、宁南医院扩建等工程，以及公共体育场、海兴中医医院、13个行政村（社区）村级文化室、5个社区标准化卫生服务中心等。

二、第六产业提高精准扶贫脱贫综合效益

(一) 以全域旅游为核心的“第六产业”扶贫——同心县案例实证

1. 战略定位

通过资源整合，加强空间集聚，壮大产业集群，完善产业体系，培育文化品牌等措施，以项目建设为支撑，全面实施“文化旅游产业带动”战略，开拓高端和大众相结合的以观光体验休闲度假为主导的市场，力争将同心县建成宁南民族民俗文化生态休闲旅游胜地、宁夏全域旅游东线客流中转站。

2. 全域旅游空间布局

统筹县内多家行政主管部门，“县景合一”，全域推进，重点打造“一心一环五区八景多点”全域化发展格局。

(1) “一心”集成服务

“一心”，是指将城区建设成为全域旅游服务中心与休闲中心。“一心”建设内容如下。

1) 全域旅游服务中心。依托同心清真大寺，建设文化旅游服务中心，集成服务。内容包括旅游接待区、文化展示区、民族风情街区、养生居住区和观光游乐区五大功能区和远期规划区。规划总占地面积500亩。

2) 城市文化休闲中心。以“印象同心”为主题，加快改造老城区主要街区，打造一个全城共享的民俗文化休闲消费中心，一个展示、交流、体验宁夏回族风情风貌的文化窗口，一个集观光、旅游、贸易、交流于一体的宁南休闲文化新地标。规划建设回族饮食步行街区、回族民俗文化步行街区、中国西部艾思瓦给（集贸市场区）三个功能区。各功能区均以民俗文化为灵魂，多方面多手段地展示以同心为主，兼容宁北和宁南地区的民俗风情。

回族饮食步行街区：回族饮食步行街区既是对回族建筑文化的展示，也是回族餐饮文化的展示。从菜品、面点到餐厅的个性化装修和服务，体现回族民俗文化特色。“十三五”期间，调整商业经营业态，规划建成一整条街建筑外立面装饰装修，建设院落式情景消费街区。建成宴会厅1座，可进行大型歌舞表演并同时可容纳300人用餐，将其打造成融回族花儿、舞蹈、文化、饮食为一体的大型歌舞宴会厅和观赏性餐饮广场。建成美食广场1个，以清真牛羊肉、馓子、油香等特色小吃和黄米黏饭、荞面搅团等风味小吃为主，吸引知名连锁餐饮集团进驻，广场汇聚全国经典美食。完善标识系统、增加场地游乐项目、完善绿化美化和亮化工程、强化人员培训，提升促销力度。

回族民俗文化步行街区：以回族“婚嫁礼俗”为主题，展示回族独特的帽子（斯达尔）和各色盖头的回族服饰习俗；花儿民歌、口弦、羊响板的回族游艺习俗；盖碗茶、油饼、馓子、婚宴中的羊肉烩菜的回族饮食习俗；见面抱手弯腰施礼道“色俩目”的回族礼仪习俗；“记首”（信物）、“色俩目”（您好）、“口换”（承诺等）、“插花”（定亲）、“吉发”（出嫁）、“尼卡哈”（证婚词）的回族语言习俗；男主人公名字为“优素福”，女主人公为“赛丽麦”，均使用经名（回族名）的姓氏习俗；汤瓶、吊罐以及沐浴的手势、顺序、姿态的回族卫生习俗；订婚有阿訇参加的信仰习俗等。“十三五”期间，规划建成一整条街建筑外立面装饰装修，建成回族民俗文化展示区，完善街区标识和场地游乐项目、强化人员培训。

中国西部艾思瓦给（集贸市场区）：借鉴新疆国际大巴扎的运作，规划建设集回族风情、建筑、回族商贸、娱乐、餐饮于一体的旅游业产品汇集地和展示中心。整体建筑风貌体现白墙黑灰色坡屋顶风格。“十三五”期间，建成购物广场 1 个，主要营销口弦、汤瓶、回族服饰、地毯、皮草等回族生活用品及精品百货、化妆品、各类水果、土特干果、农副产品、手工艺品、玉器珠宝等和旅游纪念品。建成休闲广场 1 个，设置棋牌室、茶馆、酒吧等休闲场所，以回族花儿、舞蹈表演为主，使游人在休闲之余，享受吹、拉、弹、唱、舞的美感。建成观光型清真寺 1 ~ 2 座，把清真寺作为同心的地标性建筑，改造建设，突出浓郁的回族特色和地域文化特色，清真寺墙面附回族文化信息。

（2）“一环”贯通发展

“一环”，是指构建沿同（同心）预（预旺）公路、同（同心）海（海原）公路、王团—张家塬公路、福银高速和 S101、S203 的“两横两纵”全域旅游快速复合型大通道。

1）全域旅游环线形象定位。形象定位：和谐之路；旅游口号：同心 · 同行。

“和谐之路”其意是：凝聚党心、军心和民心之路。同心县是党心、军心和民心凝聚的典范；这条“和谐之路”是民族团结之路。同心县是全国民族团结建设示范县，是回族文化、红色文化、西夏文化、宗教文化以及黄土文化等交互作用、融会贯通、共同繁荣的多民族交往融合的枢纽；这条“和谐之路”是人与自然和谐相处之路。旅游环线链接同心县“西部扬黄灌区、中部干旱山区、东部旱作塬区”三大自然景观，充分体现当地自然环境特质，特色文化内涵，是人与自然和谐共存的示范路。

“同心同行”其意是：“同心”一为地名“同心县”，二为同舟共济。“同行”为一起旅行。“同心同行”即为同路旅行，共享和谐。

2）旅游环线建设主要任务。按照县域“西部扬黄灌区、中部干旱山区、东部旱作塬区”不同自然景观和红色文化、回族文化、西夏文化、宗教文化等文化景观，规划自然景观和文化景观相互交融、繁荣同生的生态文化廊道。

打造两大板块：集中打造豫海回族文化旅游板块和韦州历史文化旅游板块，力争在“十三五”末期建成两个AAAAA景区。

打造东线自驾骑行廊道：依托宁夏全域旅游东线，以幸福村民、快乐游客和致富农民为宗旨，坚持生态环保、自然景观与人文景观相融合，打造四季花海，发展绿轴经济，把S202（惠平公路）同心段建成休闲健身之道、观光消费之道和农民增收致富之道（表8-7）。

表8-7　同心县全域旅游环线建设主要任务

建设项目	建设内容
两大板块	豫海回族文化旅游板块和韦州历史文化旅游板块
东线自驾骑行廊道	东线突破，打造千米全域自驾游示范线
	打造甘城—张家塬40km越野型自行车廊道和休闲型自行车廊道；打造张家塬自行车速降运动基地
	东线农耕花卉果蔬带。以8个旅游扶贫村为试点，主要景点包括：七彩田园、田园牧歌、人勤春早、多姿多采、乡间酒吧等
	绿色银行。“十三五”期间，规划建设植树种草绿化带、景观经济林带、生态公益林带，3个共100km
	游憩设施集成服务。包括住宿和餐饮接待设施；系列化观景平台、观景点及休息点、停车场、汽车维修及租赁站、汽车加油站、物资提供点及自然游径系统；旅游环线标识系统等

（3）“五区”集聚提升

“五区”，是指以豫海镇、河西镇、丁塘镇、田老庄乡为重点区域的回乡风情旅游区；以豫海镇、王团镇、预旺镇为重点区域红色文化生态旅游区；以兴隆乡为核心区的山地运动休闲旅游区；以韦州镇、下马关镇为重点区域的历史文化生态旅游区；以张家塬乡、马高庄乡为重点区域的宗教文化生态旅游区（图8-14）。“五区”建设具体内容如下所述。

1）回乡风情旅游区。以豫海镇、河西镇、丁塘镇、田老庄乡为重点区域，以同心清真大寺为核心的“花儿回乡”八景之一为依托，以建设回族文化旅游商品生产消费基地为目标，打造“原生型民俗文化村落游”，重点发展回族刺绣村、回族面点村、回族剪纸村、回族手工服饰村等，积极建设无公害绿色果蔬和小杂粮基地，建设规范化、标准化生态餐厅，实现从田间到餐桌的完整餐饮链。配

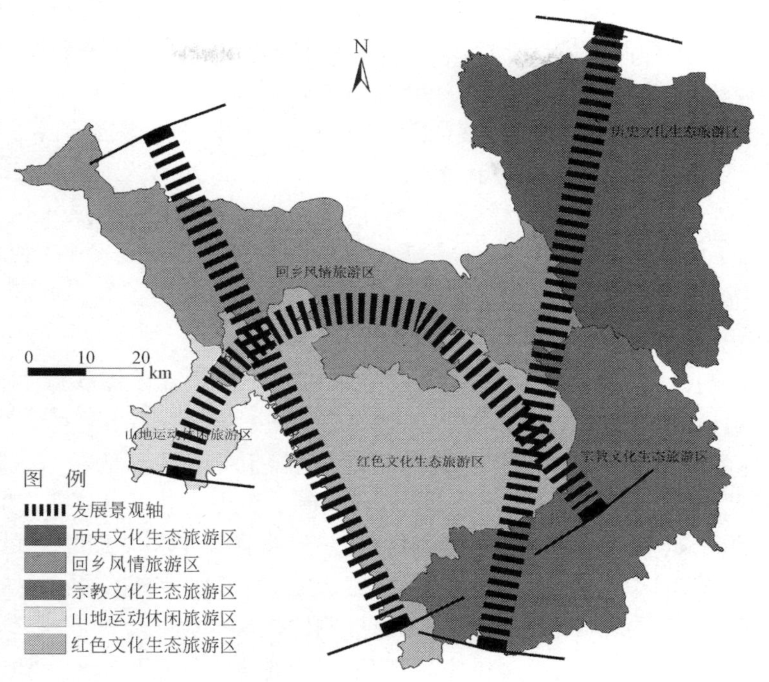

图 8-14　同心县文化旅游空间布局

套建设商务接待、道路基础设施、景观设施和给排水电力供暖环卫设施工程。到“十三五”末期，发展“一村一业”“一村一品”村4～8个，无公害绿色果蔬和小杂粮基地20 000亩以上，建设回族特色生态餐厅（户）20家（户）以上，满足游客“吃农家饭、住农家屋、干农家活、享农家乐、购农家品”的需求。

2）红色文化生态旅游区。以豫海镇、王团镇、预旺镇为重点区域，以第一个回族自治县政府成立旧址和红军西征纪念园为核心的“红色同心”八景之一为依托，以文化创新为导向，以区域内丰富的红色旅游资源、生态资源、民俗文化资源为依托，打造“红色文化游”“果木园林游”，构筑同心红色经济新高地。重点建设爱国主义教育和革命人生观、价值观教育“红色基地”，打造汇聚“党心、军心、民心”的“民族团结，红色经典”形象。以文化体验、社会教育、休闲度假、康体运动、餐饮娱乐为主要表现内容，积极发展乡村旅游，实现红色文化和农耕文化的有机结合。配套建设商务接待、道路基础设施、景观设施和给排水电力供暖环卫设施工程。建成集景观、休闲、文化、娱乐、教育、度假等功能于一体的综合性红色文化生态旅游区。到“十三五”末期，规划建设“一园两区”，即红军西征文化博览园和以圆枣、红葱为主的“金色田园”乡村游憩区、“牡丹国色”花乡观赏区。规划种植圆枣、红葱各1万亩，牡丹2万亩。

3）山地运动休闲旅游区。以兴隆乡黄谷川村为核心区，距离县城15km，海拔为1300～1890m，重点建设国际标准的山地越野场地、赛车（汽车、自行车）场地、徒步场地和山地旅游观光游览区，完善景区基础设施和旅游接待设施，包括景区大门、游客接待中心、景区道路、游览步道、野外露营地、观景台等特色旅游项目、旅游星级厕所、餐饮服务、通信设施等，总规划面积30km^2，将黄谷川建成为一个以山地景观为主题的山岳型生态旅游、具备美丽乡村旅游功能的景区。到“十三五”末期，完成旅游区一期工程，面积为5 km^2。

4）历史文化生态旅游区。以韦州镇、下马关镇为重点区域，以康济寺塔、韦州古城和明长城为核心的“康济同舟”八景之一为依托，体验康济寺塔和明长城沧桑岁月背后隐含的文化、艺术、建筑、历史、军事、民风等，建成历史寻根、观光休闲和独具特色的人文景观。以康济寺塔和韦州古城为核心，建设西夏风格建筑群，总规划面积1000亩，游览项目有“历史文化节庆游”“西夏文化遗迹游”“同心同行民俗游”“康济同舟徒步健身环寺游”“康济寺塔考古游”“韦州回族风情游”等。保护性开发明长城20km，开展“同心明长城徒步健身游”旅游项目。依托万亩枸杞基地和万亩枣园，挖掘移民文化和农耕文化，开辟“绿色扶贫文化体验游”“田园风光游”项目。到“十三五”末期，康济寺塔和韦州古城恢复性工程200亩，规划开辟明长城3km，种植枸杞和红枣各2万亩。

5）宗教文化生态旅游区。以张家塬乡、马高庄乡为重点区域，以道教文化为特色，依托莲花山道观主体“莲花晨钟”为依托，建成莲花山宗教祈福活动区。旅游项目有“二月二龙抬头莲花祈福游”“三月三莲花论道祈福游”“清明莲花祈福游”“十一莲花健身祈福游”“九九重阳千名老人登高祈福游”“迎新春万人祈福游”等；以农耕文化为特色，把折腰沟村建成莲花山游乐休闲服务区，承接整个景区休憩、购物、餐饮、住宿、观赏等重要功能，重点发展黄米等小杂粮，开展“田园风光游”。积极开发“同心锁”“同心红丝带”等旅游商品。建成集宗教朝拜、娱乐休闲、观光旅游、户外穿越、亲近自然为一体的等多功能的旅游区。到“十三五”末期，规划建成折腰沟村莲花山游乐休闲服务区及其配套设施，每年举办3～5项祈福活动，种植黄米等小杂粮1000亩，开发“同心锁”10万个、“同心红丝带”10万条。

（4）“八景”形象塑造

“八景”，是指包括花儿回乡，红色同心，康济同舟，莲花晨钟，黄谷狮跑，豫海绿波，天台览胜和牡丹国色在内的“同心八景”。

花儿回乡，红色同心。以同心清真大寺和红军西征纪念园为核心，辐射城区周边，建设回乡文化旅游景区和红色文化旅游景区。

康济同舟，莲花晨钟。以康济寺塔为核心，打造集历史探寻、文化品鉴、休闲体验为一体的历史文化旅游景区。以莲花山道观为核心，打造集礼佛参禅、度假休闲、游览健身功能于一体的精品道教文化体验基地。

黄谷狮跑，豫海绿波。以同心黄谷川和豫海水库为核心，在黄谷川建设集汽车文化公园以及国际房车营地、山地赛车场、自行车比赛基地等产品，打造集汽车文化体验、房车、户外、休闲、食宿为一体的高端品质的汽车主题公园。以豫海水库为核心，打造与汽车主题公园和城区回乡文化旅游区呼应的“慢养”“静养”“动养”休闲景区。

天台览胜，牡丹国色。以天台山为核心，依托移民文化、田野风光，建设艺术创作基地、艺术度假中心、艺术风情小镇、写生基地、无公害有机蔬菜基地五大项目，打造乡村旅游休闲聚集区。以王团镇为核心，辐射周边，种植万亩牡丹，建设中华牡丹园。

同心八景

康济同舟风雨来，莲花晨钟福满川。
红色同心民心齐，花儿回乡漫神州。
黄谷狮跑车飞扬，豫海绿波洗尘嚣。
天台览胜乐陶陶，牡丹国色话相思。
（笔者于2016年）

（5）“多点”示范带动

“多点”，是指南塬村、折腰沟村、韦州镇旧庄移民村、黄草岭、汪家塬村、下马关镇南关村、沟滩村、预旺镇南关村、陈儿庄村等特色村落。

（二）以工业园区为核心的“第六产业”扶贫——黄河善谷弘德工业园案例实证

慈善产业园，是以“慈善”为特色，以慈善产业为主导产业，以慈善家投资为主，以解决弱势群体就业、置业、创业为前提，具有扶贫性、前瞻性、差异性、引导性、示范性、集聚性和扩散性特点，是一种可持续的扶贫模式。

宁夏回族自治区提出打造“黄河善谷”的构想，是一个立足宁夏，根植中国，放眼世界，以“慈善产业”为特色，以海内外华人华侨慈善家为投资主体，以解决残疾人和弱势群体就业和发展尊严的园区。目前，“黄河善谷”建设有六大慈善园区，即红寺堡弘德、利通立德、同心同德、原州圆德、西吉吉德和海原厚德慈善园区。

1. 功能定位

通过实施“以园兴区、以区促园、园区互动”发展战略，以“慈善”为特色，以吸引海内外华人华侨慈善家投资为主体，将黄河善谷红寺堡慈善产业园建成西部大开发重要的出口贸易加工区和对外经贸窗口，红寺堡区经济发展、产业升级、结构优化的推动器，红寺堡区实现跨越式发展的发动机。

2. 功能分区

按照慈善家和慈善企业的国别和地区，将园区划分为“中阿慈善产业园”“中华慈善产业园”“承接产业转移示范园”“残疾人创业园”等，形成“园中园”布局格局，规划三大片区，即综合服务区、办公研发区和生产厂房区（表8-8）。

表8-8　红寺堡弘德慈善园区功能分区和建设内容

功能区	建设内容
综合服务区	职业技能培训中心。对残疾人、农民工等弱势群体集中免费培训
	商务中心。为入园企业提供电子商务等市场销售网络服务，并为各种商务团队和短期服务高级技术人才提供星级住宿服务，成为园区乃至整个红寺堡区的文化娱乐中心，提供餐饮、休闲、健身、沐浴等各种休闲娱乐服务
	技术交流中心。提供以复印、传真、票务、保洁等为主的基本服务；以政策咨询、入园评估、招商谈判为主的招商服务；以大中小型会议室、国际化报告大厅、创新技术展示大厅、创新技术推广中心等为主的会务展览服务；以项目立项、融资咨询、园企合作、风险基金投资等为主的投资服务
	公寓中心。分为专家楼和员工公寓两部分，为内部企业提供住宿。实行公寓化管理，有洗浴中心、食堂等
	物流中心。分为小宗商品物流小区、大宗商品物流小区两部分，包括进、出货暂存区，库存储存区，捡货区，流通加工区，退货暂存区，自动分货区等
办公研发区	园区最基本的建筑组成部分，分为组团式研发办公楼和现代化独立写字楼，打造宁夏首个真正具有国际标准的EOD（生态办公区），形成整个园区的对外形象示范
生产厂房区	根据目标产业（行业）和企业工艺，划分不同生产区，要求各企业尽可能按照循环经济理念设计，实现企业内部、企业间、园区和社区的良性循环和资源高效利用

3. 产业方向

可进入慈善产业园产业链环节的最基本原则是“慈善产业”。要充分体现区域特性，关键要体现红寺堡区及周边地区的资源禀赋、比较优势和经济发展水平与产业结构现状与发展阶段。按照吴忠市统计年鉴中产业分类标准，可供选择产业有30余项，但是不可能所有产业都能成为主导产业，一个地区在一定时间内的主导产业数目是有限的。经对国家政策、吴忠市现阶段产业基础等进行分析，缩小范围，仅在农副产品加工业中的清真牛羊肉加工业、葡萄及其精深加工业、红枣加工业、枸杞加工业、高酸苹果加工业、绿色蔬菜加工业，以及加工贸易型产业中的轻纺产业7类中选择。

选择比较优势指标、产业关联指标和市场潜力指标和技术进步指标，反映慈善工业园主导产业所要具备的特征。由此可以看出，清真牛羊肉加工业、葡萄及其精深加工业和轻纺产业每个指标都处于第一位，优势明显，可作为慈善工业园的主导产业。红寺堡区设施农业发展迅速，绿色蔬菜加工业四项指标排名较好，因此将绿色蔬菜加工业列为主导产业（表8-9）。

表8-9　红寺堡弘德慈善园区产业数据包络分析排名

产业	区域比较优势	产业关联	市场潜力	技术进步
清真牛羊肉加工业	1	1	1	1
葡萄及其精深加工业	1	1	1	1
红枣加工业	6	5	4	5
枸杞加工业	5	4	2	3
高酸苹果加工业	7	5	6	5
绿色蔬菜加工业	2	3	1	1
轻纺产业	1	1	1	1

慈善产业园的相关产业和辅助产业同样应是慈善产业，应是主导产业链和产业群的某个环节，或要体现红寺堡区的资源禀赋、比较优势和经济发展水平与产业结构现状与发展阶段，体现产业投入（资源、资本、技术、政策等）的可持续性。原则上，相关产业必须是主导产业链或产业群的某个环节。据此，构建出红寺堡弘德慈善产业园相关产业和主导产业关系框架（表8-10）。

表8-10　红寺堡弘德慈善园区产业体系

产业	主导产业	相关产业	辅助产业
特色农产品加工业	清真牛羊肉加工业；葡萄及其精深加工业；绿色蔬菜加工业	红枣加工业；枸杞加工业；高酸苹果加工业；清真饮品；清真休闲食品；清真调味品；清真保健品	旅游观光农业
加工贸易型产业	轻纺产业	轻纺产品；残疾人用品；旅游商品	工业旅游
战略性新兴产业	—	太阳能光伏装备制造业；风能装备制造业	“风光王国”旅游业
现代服务业	—	现代物流业；金融业；商务服务业；信息服务业；回商总部经济	职业技能培训业；创意产业

依托农副产品加工业三大主导产业，重点推进红枣、枸杞、高酸苹果等相关产业的发展。依托加工贸易型产业轻纺产业主导产业，重点开发生产轻纺产品，包括地毯、校服；民族用品，包括铁艺、汤瓶、吊罐、拜毡、挂毯及具有民族特色的小工艺品；民族服饰主要有礼服、餐饮服、婚礼服、民族帽、坎肩、盖头和围巾等；残疾人用品，包括助视器、助听器、盲用智能阅读器、轮椅、拄杖等；旅游商品，包括具有宁夏特色的旅游纪念品、旅游工艺品、旅游服饰、旅游食品、旅游营养保健品、旅游活动用品及土特产等；其他小商品，包括民间刺绣和剪纸、木器、玩具、纽扣等。

辅助产业。一是与主导产业不具有直接关联性，但具有区域特殊的资源禀赋，潜力巨大。红寺堡区风光资源丰富，可将新能源产业作为重要的辅助产业，加强与石嘴山等地的产业分工合作，重点发展单晶硅、硅片及电池片、电池组件产业；加强与银川等地的产业分工合作，重点发展风电产业零配件配套产品。二是直接为主导产业、相关产业和其他辅助产业提供平台的现代服务业。涵盖基础服务，包括通信服务和信息服务；生产和市场服务，包括物流、金融、批发、电子商务、农业支撑服务以及中介和咨询、职业技能培训等专业服务；个人消费服务，包括教育、医疗保健、住宿、餐饮、文化娱乐、旅游、房地产、商品零售等；公共服务，包括公共管理服务、基础教育、公共卫生、医疗以及公益性信息服务等。

4. 产业布局

按照产业（行业）特征，结合“园中园”布局格局，采取“服务功能集聚，产业集群发展，基础设施顺畅”的思路，因地制宜，因势利导，有层次有序科学布局。

实施“统一规划、统一定点、统一排污、统一治理”的产业经营模式。根据国家和自治区产业政策要求，按照生态型、园林式、现代化产业园区的标准，科学划分功能区域，设立专业工业污水处理厂对园区企业产生的污水经集中处理达到一级标准限值后排放。

实行“政府规划、企业运作、社会投资”的园区开发模式。红寺堡弘德慈善工业园以发展慈善产业为支点，以建成“绿色、环保、生态、科技”型现代化慈善产业园区为目标，按照“高起点规划、高标准建设、高效能管理、高质量服务”要求，由政府对整个产业园区进行高标准规划，园区内各分区开发、污水处理厂、园区管理以企业形式高效能管理运作，政府与园区开发商共同招商。

1）特色农产品加工区。南北主干道东部主要为农产品加工区，重点布局葡萄精深加工业、清真牛羊肉加工业，以及适度发展清真饮品、清真休闲食品、清真调味品、清真保健品、红枣加工业、枸杞加工业、高酸苹果加工业、绿色蔬菜加工业等，总面积 3200 亩。依据《工业项目建设用地控制指标》（国土资发〔2008〕24 号），红寺堡区七类第十五等地区农副产品加工业投资强度不小于 380 万元/hm^2，容积率不小于 0.8，见表 8-11。

表 8-11　红寺堡弘德慈善园区产业（行业）控制指标值

行业代码	行业名称	投资强度/(万元/hm^2)	容积率
13	农副食品加工业	≥380	≥0.8
1310	谷物磨制	≥380	≥0.8
1320	饲料加工	≥380	≥0.8
1331	食用植物油加工	≥380	≥0.8
135	屠宰及肉类加工	≥380	≥0.8
1370	蔬菜、水果加工	≥380	≥0.8
139	其他农副食品加工	≥380	≥0.8
14	食品制造业	≥380	≥0.8
1411	糕点、面包制造	≥380	≥0.8
146	调味品、发酵制品制造	≥380	≥0.8
1491	营养、保健品食品制造	≥380	≥0.8
15	饮料制造业	≥380	≥0.8
1524	葡萄酒制造	≥380	≥0.8
1533	果菜汁及果菜汁饮料制造	≥380	≥0.8
17	纺织业	≥380	≥0.6
1711	棉、化纤纺织加工	≥380	≥0.6
1722	毛纺织	≥380	≥0.6
1751	棉及化纤制品制造	≥380	≥0.6
1752	毛制品制造	≥380	≥0.6
176	针制品编织品及其制品制造	≥380	≥0.6
1810	纺织服装制造	≥380	≥0.8
2022	纤维板制造	≥380	≥0.6
2023	刨花板制造	≥380	≥0.6
2140	塑料家具制造	≥380	≥0.6
2440	玩具制造	≥380	≥0.8
358	通用零部件制造及机械修理	≥380	≥0.5

续表

行业代码	行业名称	投资强度/(万元/hm^2)	容积率
3611	采矿、采石设备制造	≥380	≥0.5
3686	假肢制造	≥380	≥0.5
3741	残疾人坐车制造	≥380	≥0.5

2）加工贸易产业区。布局在现代服务业区南部，主要分为残疾人用品生产小区、少数民族用品生产小区、轻纺产品生产小区、旅游商品生产小区、其他小商品生产小区等，形成加工贸易型产业核心区，总面积2600亩。

3）现代服务业集中区。布局在东西主干道南，主要分为职业技能培训区、现代物流区和综合生活服务区三部分。职业技能培训区，包括残疾人职业技能培训学院、农民工培训学校、新能源职业技能培训学院，以及从事发展式扶贫的组织机构。现代物流区包括小宗商品物流小区、大宗商品物流小区两部分。综合生活服务区为整个园区提供生活、商业、金融、办公、休闲、娱乐、文化、体育等综合服务。

4）风光装备制造区。布局在东西主干道北，分别为风能装备制造区、太阳能光伏装备制造区，总面积为1650亩。

5）承接产业区。布局在物流区南、加工贸易型产业区西，总面积750亩，主要分为采矿挖掘装备制造区、加工贸易产业区等。

（三）产村一体的第六产业扶贫——彭阳县北塬村案例实证

城阳乡北塬村距离县城约35km，由上组、中组和下组3个自然村（组）构成，是彭阳县重要的特色产业村。

1. 产村一体扶贫目标

农村经济与产业发展目标。紧紧围绕“农业要强、农村要美、农民要富”的要求，加快农业产业化助推农业现代化的步伐。以农业产业化建设加快转变发展方式、推动传统农业向特色高效现代农业转变，以农业产业化建设实施“抓项目、育龙头、兴园区、扶特色、建基地、创品牌”系统工程，形成以园区化、标准化、品牌化、精品化的农业产业化模式，助推北塬村农业迅速迈上转方式、优布局、调结构、提质量、增效益的特色高效型现代农业发展之路。

按照《宁夏中药材产业发展规划（2014—2020年）》把彭阳建成宁夏重要的黄土丘陵区多样化中药种质资源库和中药材种苗繁育基地的总体布局，着力打造北塬中药材科技示范园区。积极种植银柴胡、党参、黄芪和生地等道地中药材，面积达3500亩。通过试验示范，将北塬中药材科技示范园区建成彭阳县主打品种的培育区、传统品种的优选区和中药文化的展示区，将道地中药材发展成为北塬村的支柱产业。适当扩大饲料作物（玉米）和小杂粮（荞麦、扁豆等）种植，分别达到1800亩和700亩。农村居民家庭人均纯收入超过10 000元，全面实现农业现代化。

农村社会事业发展目标。新农村建设之新在于突出农村社会事业发展。发展社会事业，是新农村建设的首要任务。发展农村社会事业的着力点在于加快发展农村学前教育和义务教育、农村卫生事业和农民文化事业，全面实现城乡基本公共服务均等化。继续巩固农村普及九年义务教育成果，小学和初中入学率保持100%；残疾儿童、少年入学率达到100%。小学师资队伍稳定发展。新建中心村幼儿园1所。加强农业实用技能培训，转移富余劳动力90%以上。农村合作医疗参合率保持100%。村卫生室建设达到甲等标准，实现人人享有初级卫生保健的目标。丰富村级健身活动广场、文化活动室和农家书屋建设内容。

村庄基础设施建设目标。以项目建设为载体，科学规划，统筹建设，保障重点，加大对农村基础设施建设的投入，不断缩小城乡差距，重点包括农村公路、饮水安全、农村新能源、农村通讯等基础设施建设。走平坦路——村组公路拓宽和硬化18.4km，基本实现中心村通油路、水泥路。喝干净水——解决农村饮水困难人口的安全用水和方便用水问题，打水井两口，农村自来水普及率达到95%以上，保证率达到90%以上。上卫生厕——因地制宜地开展改房、改栏、改灶，重点推广“三格式”“沼气池式”等无害化卫生厕所，无害化卫生厕所推广率达80%以上。同时，把推进农业综合开发、农村改水改厕与发展农村洁净能源结合起来，大力发展沼气能源。知天下事——加强农村一体化的信息基础设施建设，建设1个行政村信息服务点，实现100%农户能上网。

生态环境与资源保护目标。围绕全面建设小康社会的总体目标，坚持以人为本、环保为民，突出农村环境污染防治，以试点示范为先导，加强农村自然生态保护，逐步解决农村环境“脏、乱、差”问题，不断改善农村生活与生产环境，稳步推进社会主义新农村建设，为全面建设小康社会提供环境保障。重点包括村庄环境综合治理、畜禽养殖污染防治、土壤与农村面源污染治理，以及沿路行道树、退耕护林、人工造林等林业生态系统建设，裸露山体和水土流失综合治理等，建成国家级生态村和全国绿色小康村（表8-12）。

表8-12　北塬生态环境保护规划目标

项目	序号	名称	单位	自治区级生态村指标	国家级生态村指标
环境卫生	1	饮用水卫生合格率	%	≥95	≥95
	2	户用卫生厕所普及率	%	≥70	≥80

续表

项目	序号	名称	单位	自治区级生态村指标	国家级生态村指标
污染控制	3	生活垃圾定点存放清运率	%	≥100	≥100
	4	生活污水处理率	%	≥40	≥70
资源保护与利用	5	清洁能源普及率	%	≥60	≥70
	6	农作物秸秆综合利用率	%	≥60	≥70
	7	规模化畜禽养殖废弃物综合利用率	%	≥70	≥80
可持续发展	8	绿化覆盖率	%	高于全县平均水平	高于全县平均水平
	9	无公害、绿色、有机农产品基地比例	%	≥40	≥50
	10	农药化肥平均施用量	—	低于全县平均水平	低于全县平均水平
公众参与	11	村民对环境状况满意率	%	≥85	≥95
参考指标	12	农膜回收率	%	≥80	≥80
	13	农田土壤有机质含量	—	逐年上升	逐年上升

农村人居环境发展目标。统筹扶贫开发、新农村建设，尊重农村实际、农村特色、农民需要、农耕文明和农民主体地位，分层次、分步骤地推进农村人居环境改善工作，主要包括“两建、三清、三改、五化、六通”（建庭院经济、建沼气池或太阳能，清垃圾、清污泥、清路障，改房、改厕、改圈，硬化、净化、绿化、亮化、美化，通水、通电、通路、通电话、通广播电视、通网）等。以连接村组主干道为轴，以中组为核心、上组和小组为两翼，构建“一轴一核两翼”的人居环境格局。全面完成 3 个村组道路的硬化、净化、绿化、亮化和美化，创建国家级美丽宜居村庄，建成田园美、村庄美、生活美的美丽北塬。

2. 产村一体总体布局

依据北塬村现有布局和发展态势，规划村域未来发展格局为“一轴一核两翼”。其中：

“一轴”是指以孟城公路为轴线，形成纵贯北塬村发展主轴线，带动全村发展。

“一核”是指以中组为核心，形成北塬村中心服务核心区。按新农村建设标准，配置一定数量的公共服务设施，包括便民超市、文化体育、供水、电信、金融等服务，形成北塬村社会、经济中心区域。核心区主要突出全村两大功能：一是服务中心区；二是生产示范区。

“两翼”是指围绕中组核心区，以上组、下组为南北两翼发展区，对现有居民点实施拆并和保留，集中布局，逐步形成上组以发展玉米、小杂粮种植为主，下组以药材种植为主的两个发展组团。

3. 产村一体扶贫主要任务

(1) 村域产业

坚持以“政策引导、市场向导、科技先导”为思路，以“规模化发展、标准化生产、产业化经营、市场化运作、社会化服务”为手段，以“抓大户、抓示范、抓亮点”为突破口，构建农业产业、农村流通业和农村服务业产业体系，形成“南药北粮中服务”的总体布局格局。

“南药北粮中服务”即在空间布局上，中组部分和下组大部分重点布局种植银柴胡、党参、黄芪和生地等道地中药材，建设道地中药材科技示范园区。中组部分和上组大部分重点布局饲料作物（玉米）和小杂粮（荞麦、谷子、扁豆等）及养殖业（养羊）等。中组部分集中布局为生产和生活服务的交通运输、邮电通信、商业饮食、物资供销、仓储、公用事业、居民服务、信息咨询服务，以及为提高农民素质服务的教育、文化、广播、电视、卫生、体育和社会福利事业等。

依托本地自然条件，大力发展道地中药材种植业，使中药材种植业成为北塬村主导产业。鼓励和支持承包土地向专业大户、家庭农场和农民合作社模式发展。努力开展千亩无公害中药材种植基地建设项目，试点示范“公司+基地+农户”的发展模式，使本村成为道地中药材原料特色专业化生产区。

通过区域化布局，调整优化结构，应用先进的优质青贮饲草种植、加工与销售一体化发展理念和技术，在上组扩大青贮玉米种植和中组地膜玉米种植等优势产业。

发展特色养殖。以青贮玉米为饲草，发展以养羊为主的养殖业，推进种养一体化发展。充分利用药材的副产物（茎、叶等）饲喂羊，改变羊肉的品质，形成药材-养殖产业链，实现农民增收、农业增效。

适度发展传统产业。加强优质农产品生产基地建设，重点建设优质小麦、优质油料等生产基地，稳步发展以荞麦、扁豆等为重点的绿色、无公害农业，建设绿色农业示范村，鼓励发展适度规模经营，大力扶持种粮大户，满足本村粮食基本需求。

积极发展庭院生态经济。依托资源优势、区位优势和产品优势，突出地方特色，大力发展以经济种植、庭院绿化与生态养殖为一体的庭院经济。多领域、多形式、多层次开发，将经济效益和生态效益相结合，按照种植、养殖要求，合理确定家禽、家畜养殖规模，做到秸秆过腹增值还田和秸秆饲料过腹还田。通过合理利用太阳能、生物能，使生产、生活、生态有机结合，协调发展，实现能源综合利用、生态良性循环和农民安居乐业，逐渐形成生态型庭院经济发展格局。

进一步调整农业种植结构，加强对烟叶生产宏观控制，不断缩小烟草种植规模，到2020年，全面退出本村种植。

发展农村连锁经营，构建农村现代商业网点体系。以现代流通方式改造、整合、优化、提升供销合作社传统经营网络，依托“万村千乡市场工程”和“新农村现代流通网络工程”，积极开展药品、家电、零售、邮政代办、金融代理等连锁经营业务，形成以供销合作社为农村流通的主导力量，以连锁配送为主要经营方式，以流通信息网络为支撑，以乡村集贸市场、零售网点和综合服务社为基础的消费品、农资连锁经营网点（农家店），提高农家店综合服务功能。

推进运输业发展，提高商贸流通效率。运用现代流通方式和组织形式，充分发挥农资流通企业的骨干作用，加快以第三方物流为主的服务体系建设，大力兴办储藏、运销龙头企业，走市场牵龙头、龙头带基地、基地联农户的路子。形成统一配送、统一管理、经营规范、服务配套、覆盖面广的交通运输、仓储、物资供销供应体系。到2020年，建设1家条件成熟、具有区域影响力的农产品运输公司，长年从事流通人数达50人以上。

构建农民生活服务体系。大力发展农村日常用品维修、餐饮、美发等生活服务，择优培育扶持有实力、有信誉的日常用品维修、餐饮等经营大户和专业服务队伍，开展上门服务和集中服务相结合的农民生活服务新模式，构建农民生活服务体系。建立农村商务信息服务体系。积极组织、科技、信产、农业、移动电信等部门和单位的农村信息资源，搭建农村商务信息服务公共平台，加快建设农村市场运行监测预警体系，完善农产品、农资供求、价格，农业生产和农业适用技术等信息采集、发布系统，构建服务“三农”的商务信息服务体系。开展农民技术培训。积极依托“农村劳动力转移培训计划”“阳光工程”“雨露计划”“农村贫困妇女培训计划”“科技扶贫计划”等项目，争取县级各有关部门对口资金支持，形成各部门协调配合的职业技能培训机制，开展农村劳动力职业技能培训。通过培训，推进劳务人员由体能型向技能型转变。务农人员技术培训。对在村务农人员，根据农事和产业开发需要，分批进行技术培训，广泛开展科技示范户创评活动，提高农民科技水平。

（2）村庄建设

根据《村镇规划标准》（GB 50188—93）要求，人均建设用地指标标准见表8-13。北塬村现有建设用地1132.80亩，人均建设用地719.6m^2，超过国家规定标准。到2025年，全村人均建设用地面积应减少至150 m^2，全村建设用地面积为257.95亩。

表 8-13　规划期各类建设用地规划指标　　　　（单位：亩）

类别及代号		类别名称	2014 年	2017 年	2020 年	2025 年	调整面积
大类	小类						
居住建筑用地（R）	R1	村民住宅用地	1103.25	1076.26	206.36	206.36	-896.89
公共建筑用地（C）	C1	行政管理用地	1.60	1.60	1.60	1.60	0.00
	C2	教育机构用地	3.80	5.80	5.80	5.80	+2.00
	C3	文体科技用地	0.00	1.30	1.30	1.30	+1.30
	C4	医疗保健用地	0.30	0.45	0.45	0.45	+0.15
	C5	商业金融用地	0.15	0.70	0.70	0.70	+0.55
道路广场用地（S）	S1	道路用地	23.70	23.70	23.70	23.70	0.00
	S2	广场用地	0.00	3.00	3.00	3.00	+3.00
绿化用地（G）	G1	公共绿地	0.00	6.00	6.00	6.00	+6.00
预留用地	—	—	—	9.04	9.04	9.04	+9.04
总计			1132.80	1127.85	257.95	257.95	-874.85

根据北塬村农村居民点分布现状及特点，按照集约用地原则，参照国家《村镇规划标准》(GB 50188—93）及《宁夏回族自治区县（市、区）域村庄布局规划编制导则（试行)》(2006）有关村镇建设人均居住面积标准的要求，根据北塬村现有居住用地现状，为便于生产和生活，提高村民居住质量，对上组、中组、下组三个自然村实施迁并和保留方式进行调整，将居住区划分为 3 个片区。其中，上组 1 个片区，中组 1 个片区，下组 1 个片区。

2013 年，北塬村人均居住占地面积 719.6m^2/人。2025 年末，北塬村居住用地 206.36 亩，人均用地面积调整为 120 m^2/人，可节约居住用地 896.89 亩，节约土地将用于其他建设用地及补充耕地、林地、草地等用地类型。具体调整方案见表 8-14。居住区内设施配置要满足居民生活需要规划设计，配置设施见表 8-15。

表 8-14　居民点分布及调整方案表

2013 年（调整前）				2025 年（调整后）			调整方式/类型
村组	人口/人	占地/亩	人均/m^2	人口/人	占地/亩	人均/m^2	
上组（83 户）	335	342.59	682.1	365	65.67	120.0	迁并/缩小型
中组（95 户）	361	389.31	719.3	394	70.88	120.0	迁并/缩小型
下组（87 户）	354	371.35	699.7	388	69.81	120.0	迁并/缩小型
合计/平均	1050	1103.25	700.5	1147	206.36	120.0	—

表 8-15　北塬村居住区设施配置规划表

种类	上组	中组	下组
自来水	●	●	●
电话	●	●	●
宽带	●	●	●
有线电视	●	●	●
健身器材	●	●	●
运动场地	○	●	○
文化宣传栏	○	●	○
小型商店	●	●	●
水冲式公厕	●	●	●
垃圾收集站	●	●	●
沼气池	●	●	●

注：●为必须配置，○为选择配置。

加强村庄整治。庭院环境治理要做到“三化、三改、一建”。“三化”：是指庭院硬化、庭院绿化、环境美化。规划期内完成庭院硬化，倡导庭院种植果树，保持庭院环境美化，不宜修建封闭式围墙，提倡栽种攀缘植物或绿篱。公共活动场地周围宜栽花种树以美化环境。“三改”是指改厨、改厕、改圈。其中“改厕”是通过排污道排放至地埋式沼气池。农户家用厕所要结合沼气池的修建进行整改，修建独立式厕所。“改厨”是改原有以烧柴、烧炭为主的耗能方式为沼气方式的清洁能源。“改圈”是因该自然村目前大部分家畜原来的“圈”已闲置，建议拆除或整修后改作他用。对家畜、家禽实行圈养，改善人居环境和公共卫生。“一建”是指建沼气池。每户建设小型沼气池 1 个，用于照明和生活。

村庄公共环境美观化。村口标识：在村口设置进村标语和宣传口号。对道路两侧民宅围墙实施治理改造，清除闲杂广告、污垢。大力治理临棚乱搭、墙面乱画、庭院乱挂、柴草乱垛、粪土乱堆、垃圾乱倒、污水乱泼、禽畜乱跑现象。农户包卫生、包绿化、包治安。沿主街道设计以民风乡俗为主题的系列特色景观小品，如果品、童趣雕塑等。

（3）村域公共服务设施配套

北塬村现建有村委会总用地面积 1.6 亩，总建筑面积仅 200 m^2。卫生室总用地面积 0.3 亩，规模较小。村小学占地 3.80 亩。无公共活动广场、体育娱乐、托儿所、金融商业服务等设施。根据《村镇规划标准》（GB 50188—93）中对公共设施配建的要求，对北塬村现有设施进行科学合理配置。农村社区的公共服务设施应当包括村庄管理、教育、医疗卫生、文化体育和商业服务五类，具体见表8-16。

表8-16　公共服务设施配建原则与项目建设标准

类别	项目	中心村	基层村	位置
管理	居委会、村委会	●	—	中组
教育	初级中学	○	—	中组
	小学	●	—	中组
	幼儿园、托儿所	●	○	中组
	文化室、青少年之家	●	○	中组
医疗卫生	卫生室	●	○	中组
	计划生育指导站	○	—	中组
文化体育	文化广场	●	○	中组
商业服务	百货店	○	○	中组
	食品店	○	—	中组
	银行、信用社、保险机构	○	—	中组
	饭店、饮食店、小吃店	○	○	中组

注：●为必须配备；○为选择性配备；—为不配备。

（4）村域基础设施建设

道路交通。北塬村现有村道四级7.4 km，组道11.0 km，田间泥路31 km，平均2.6 m宽，道路窄、险、陡。为适应发展需求，规划村庄道路系统分为主要道路（村道）、次要道路（组道）、宅间路和田间道路（表8-17）。

表8-17　北塬村道路规划

类别	（长/宽）/（km/m）	道路断面	建设性质	级别
主要道路（村道）	7.4/9.0	1.5m+6.0m+1.5m	改建	四级油路
次要道路（组道）	11.0/8.0	1.5m+5.0m+1.5m	改建	水泥路
宅间路	1.2/6.0	1.0m+4.0m+1.0m	新建	水泥路
田间道路	31.0/3.0	3.0m	改建	砂石路
长度合计	50.6	—	—	—

给水排水。采用人均综合用水指标法，根据标准人均综合用水指标取

180 L/(人·d)。规划预测到2025年村庄人口达1147人，常住人口约为860人，则村庄最高日平均用水量为206.46 m^3/d，日平均用水量为154.85 m^3/d。水源主要来自打井项目两眼，可建坝渠收集雨水，建设与彭阳县第三水厂饮水工程的连通管道，接通自来水至村内。每个居住片区建设1个蓄水池，可基本满足单个片区一年用水量，作为日常和应急水源。

排水体制采用雨污分流制。村庄地势大致为南高北低，雨水顺应地势自然排放，雨水沟渠断面尺寸宽深为400mm×500mm。规划污水量按用水量的80%计算，则村庄污水量最高日为165.17 m^3/d。依据地势特点，污水排放采用整体与局部相结合，管网沿道路布置。生活污水、废水收集后汇入村庄的污水处理设施，经处理达标后排入沟渠或者用于农田灌溉。道路排水沟采用40cm（深）×40cm（宽）的梯形沟，用5号砂浆砌20#片石，排水沟的坡度应不小于0.3%，以满足污水重力自流的要求。排水沟修筑在道路中部以防止沟盖板被重车压坏，排水沟上用水泥板覆盖，便于疏通、维修。所有的处理设施要进行绿化处理，与周围环境协调一致。村民应改厕、改厨、改圈，改善生活环境，粪便污水经栅格式化粪池预处理，严禁将粪便污水直接排入门前排水沟；有条件的可建沼气池，消纳污废水和粪便污水，减少污废水的外排量，保持村内的环境卫生。

为满足村庄建设对景观美化的要求，宅前道路上低压电力线要沿建筑后墙走线，进入住户，沿后墙的线路要统一高度，整洁美观（表8-18）。村内主要道路设置太阳能路灯，路灯位于主道路的外侧0.7 m，宅前路0.5 m处，路灯间距30 m左右，共安装路灯40个。

表8-18 规划期北塬村用电负荷预测表

类型	用电指标	数量	用电量/kW
住宅	4.0kW/户（系数取0.6）	287户	688.8
公共建筑	35W/m^2	2560m^2	89.6
道路广场照明	8kW/hm^2	0.4hm^2	3.2
绿化用地	5kW/hm^2	0.6hm^2	3.0
合计	—	—	784.6

随着信息时代的到来，加快推动新农村建设，缩小城乡差距，电信工程也应尽快深入农村。规划村庄共有287户，电话普及率100%，规划住宅按每户1.5线，公建按60 m^2/线计，预测北塬村话机数远期将达到474线。规划在北塬村村委会内设一处电话交接箱，程控交换机容量为1000门，通信光缆引自中国

移动草滩——韩寨光缆线。主要道路上的电信电缆采用HYV2型，敷设方式为电缆穿PVC保护管地下直埋方式敷设，与电力线分置道路两侧；宅前道路上电线要沿建筑后墙走线，进入住户，沿后墙的线路要统一高度，整洁美观，实现宽带网络逐步入户。广播电视部门与电信部门应密切配合，开展图文信息电视传输等业务，以适应现代化发展的需要。

目前，北塬村采用燃煤、烧柴作为生活用主要能源，有少量沼气池。规划采用煤、沼气、瓶装液化气为主要能源，以太阳能为辅助能源，杜绝使用木材作为生活燃料。对已有住宅及其他公建设施，进行节能改造，提高房屋保温性能，避免能源浪费。对于新建住宅及其他公建设施，采用节能的设计理念和节能材料。燃煤炉具采用环保型低排放、节能采暖煤炉。发展利用沼气技术，利用粪便、秸秆、杂草、废渣、废料等生产沼气。每户设置沼气池，有效容积为6 m^3，用地面积为15 m^2，埋深2.5 m，满足每户的生活和照明用气。

道路两侧或路口以及公共设施等的出入口附近应设置废物箱。废物箱应美观、卫生、耐用，并应便于废物的分类收集。村内废物箱的设置间距主要道路为70 m一处，并应有明显标识，易于识别。依据服务半径设置6个垃圾集中收集点，垃圾分类存放，统一收集、分类，实行集中倾倒，日产日清，保证垃圾池整洁及与周围环境卫生条件相协调。定时将垃圾清理运送至镇垃圾处理场，由镇里统一处理，有害垃圾必须单独收集、单独运输、单独处理，其垃圾容器应封闭并应具有便于识别的标志。公厕均为水冲式，并通过化粪池进行处理，共规划公厕4座，每个占地40 m^2，共160 m^2。独立式公共厕所外墙与相邻建筑物距离一般不应小于5.0 m，周围应设置不小于3.0 m的绿化带。公共厕所临近的道路旁，应设置明显、统一的公共厕所标志。

本着“因地制宜”“因路制宜”的原则，实施道路全线景观绿化，以块状公共绿地为主，形成点、线、面结合的绿地系统格局，为居民提供良好的生活、游憩空间。树种选择以“适地适树”为原则，首选当地生长的乡土灌木种山杏、山桃、柽柳、山竹子等景观树种。行道树宜按“一路一树”方式栽植，首选适合当地生长的旱柳、西北杨、刺槐等树种。为防止病虫害，又能取得较好的绿化景观效果，宜搭配适当的其他乔木和灌木，广场、公共绿地可选择适量观赏树木树种。规划村庄主干道两侧景观绿带宽度3.0 m，增加林地面积18.58亩，形成北塬村绿色景观廊道。村道两侧景观绿带宽度为3 m，增加林地面积14.71亩，组道两侧规划绿色林带宽度为2 m，增加林地面积3.6亩；田间防护林带以每10 hm^2 设置1个网格状绿化林带，共设置46个防护林带。规划2017年建设防护林带10个，2018～2020年建设20个，2020～2025年规划建设16个，增加林地面积41.38亩。在中组建设中心广场1座，占地9.0亩，公共绿地面积6.0

亩，结合花坛侧石设置座位，并种植遮阴树木，适当配建建筑小品，广场名雕刻石碑1个。到2025年，北塬村林地面积11 234.45亩，占用地53.4%；其中公共绿地6.0亩，人均公共绿地3.4 m^2。

该村消防用水量为同一时间内火灾次数一次，每次10 L/s，并用消防用水量与规划区最高日用水量之和校核管网。消防采用与生活管道混合供水方式。火灾发生时，管网最不利点应满足0.1MPa充实水柱。村内根据消防服务半径规划室外消火栓，消火栓布置间距不大于120 m，保护半径小于150 m，消火栓用水量为20 L/s；另外在村内主入口和主要道路上也要布置消火栓。利用每个片区建设的蓄水池，应急可用于消防灭火之用。

规划将村委会、卫生所、文化大院、村民活动室等用地划为重点防灾区，这些用地内或人流集中，或可实行救援功能，是地震防护的重点区域。要求此区域兴建的建筑物抗震级别要高于其他建筑至少一级。其他用地划为一般防震区，在整个规划区范围内的所有建筑设施都应符合当地防震设计等级，按7度烈度区进行设防；重点区域设防标准为8度。新建建筑正面间距不小于1∶1.4，山墙间距≥6 m。配套完善疏散通道，以利于灾情发生时施救。充分利用规划区的公共绿地、运动场地，以及其他建筑物少、用地开阔的地点，开辟为地震灾期疏散用地，起到灾期受灾人员的疏散作用。

贯彻“全面规划、综合治理、防治结合、以防为主”的方针，因地制宜确定防洪除涝标准。防洪除涝采取工程措施与非工程措施相结合，河道整治与绿化、保护生态环境相结合。加强竖向规划，道路应严格按规范设计，同时低于两侧建设用地，避免出现公路型路面。采用“挡”“泄”“蓄”等工程措施防御洪水。村庄防洪标准按50年以上一遇设计。

三、基本公共服务均等化化解扶贫脱贫硬约束

（一）基本公共服务制度框架

基本公共服务制度紧扣以人为本，围绕从出生到死亡各个阶段和不同领域，以涵盖教育、劳动就业创业、社会保险、医疗卫生、社会服务、住房保障、文化体育等领域的基本公共服务清单为核心，以促进城乡、区域、人群基本公共服务均等化为主线，以各领域重点任务、保障措施为依托，以统筹协调、财力保障、人才建设、多元供给、监督评估等五大实施机制为支撑，是政府保障全民基本生存发展需求的制度性安排（图8-15）。

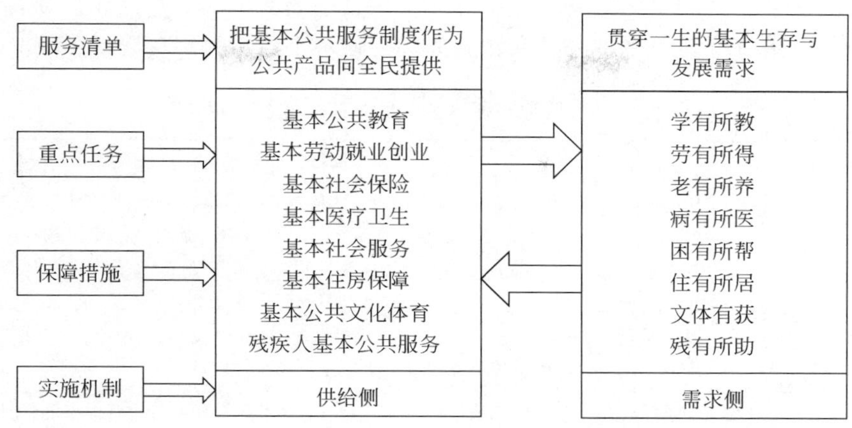

图 8-15　国家基本公共服务制度框架

（二）基本公共服务清单

国家建立基本公共服务清单制，依据现行法律法规和相关政策确定基本公共服务主要领域，以及各领域具体服务项目和国家基本标准，向社会公布，作为政府履行职责和公民享有相应权利的依据。《"十三五"国家基本公共服务清单》包括基本公共教育、基本劳动就业创业、基本社会保险、基本医疗卫生、基本社会服务、基本住房保障、基本公共文化体育、残疾人基本公共服务八大领域的81个项目。每个项目均明确服务对象、服务指导标准等。其中，服务对象是指各项目所面向的受众人群；服务指导标准是指各项目的保障水平、覆盖范围、实现程度等。

《"十三五"国家基本公共服务清单》是"十三五"时期实现基本公共服务均等化的重要基础，各项目服务内容和标准要在规划期内落实到位。在本规划实施过程中，可结合经济社会发展状况，按程序对《"十三五"国家基本公共服务清单》具体内容进行动态调整。

（三）基本公共文化服务扶贫——固原市案例实证

1. 发展目标

（1）总体目标

到2020年，基本建成覆盖城乡、便捷高效、保基本、促公平的现代公共文化服务体系。公共文化设施网络全面覆盖、互联互通，公共文化服务内容和手段更加丰富，服务质量显著提升，公共文化管理、运行和保障机制进一步完善，政府、市场、社会共同参与公共文化服务体系建设格局逐步形成，人民群众基本文化权益得到更好保障，基本公共文化服务均等化水平稳步提高（表 8-19）。

表 8-19　固原市基本公共文化服务发展目标

主要目标		主要任务
硬件设施		100%县（区）建成图书馆、文化馆、博物馆和美术馆；100%乡镇建有综合文化站；100%村（社区）建成综合文化服务中心。县级广播电视播出机构和广播电视发射（监测）台符合《县级广播电视工程建设技术规范》。县级公共体育场全覆盖，健全市、县、乡、村四级体育组织网络。全市建成星级文化大院 200 个，其中示范性文化大院 60 个。各级文化设施配备残疾人无障碍设施。每个县（区）配备文艺演出、电影放映等流动文化车各 5 辆以上
基本服务	读书看报	图书馆、文化馆、文化站、村（社区）综合文化服务中心等免费提供借阅服务
	收听广播	建设农村智能应急广播网（村村响），为全民提供突发事件应急广播服务。直播卫星提供不少于 17 套广播节目、无线模拟不少于 6 套广播节目和数字音频提供不少于 15 套广播节目
	观看电视	直播卫星提供 25 套电视节目和地面数字电视提供不少于 15 套电视节目
	观赏电影	实现农村数字电影放映“一村一月一场”，且每年国产新片（院线上映不超过两年）比例不少于 1/3，为中小学生每学期提供两部爱国主义教育影片
	送地方戏	采用政府采购方式，为乡（镇）、村（社区）提供文艺演出每年不少于 300 场。文体活动：各级文化设施场所提供免费开放活动
人员配备		县级公共文化场馆按照核定编制配齐人员，且每年参加脱产培训时间不少于 15 天。乡镇综合文化站每站配置有编制人员 1～2 人，村（社区）公共服务中心设有由政府购买的公益文化岗位，且每年参加集中培训时间不少于 5 天
文化遗产		“申遗”实现零突破
文化产业		“十三五”期间，力争全市文化产业增加值年均增长 20%以上；到 2020 年，全市文化产业增加值占地区生产总值的比重达到 3%以上

（2）主要目标

现代公共文化服务体系基本健全。文化基础设施实现合理布局，建立文化设施运维配套体系，确保设施设备运转高效，推进图书馆、文化馆标准化建设。建设提升乡镇综合文化站，力争达到国家《乡镇文化站建设西部标准》；村（社区）综合文化服务中心全覆盖。一区四县广播电视播出机构和广播电视发射（监测）台符合《县级广播电视工程建设技术规范》。实现县级公共体育场全覆盖，健全市县乡村四级体育组织网络。全市建成星级文化大院 200 个，其中示范性文化大院 60 个，实施公共文化服务进移民新村示范工程，建设 20 个示范村。

各级文化设施配备残疾人无障碍设施。每个县（区）配备文艺演出、电影放映等流动文化车各5辆以上。

完善基本公共文化服务项目。图书馆、文化馆、文化站、村（社区）综合文化服务中心等免费提供借阅服务。为全民提供突发事件应急广播服务。直播卫星提供不少于17套广播节目、无线模拟不少于6套广播节目和数字音频提供不少于15套广播节目。实施农村数字电影放映“一村一月一场”，且每年国产新片（院线上映不超过两年）比例不少于1/3，为中小学生每学期提供两部爱国主义教育影片。各级文化设施场所向群众提供免费开放活动。采用政府采购方式，为乡（镇）、村（社区）提供文艺演出。实施文化精品培育战略，“十三五”期间创排1部精品剧目并在区内外巡演，出版10部以上民俗文化书籍，挖掘改编一批具有少数民族特色的音乐和歌舞节目。

完善文化人才队伍。一区四县县级公共文化场馆按照核定编制配齐人员，且每年参加脱产培训时间不少于15天。乡（镇）综合文化站每站配置专职制人员1人，村（社区）公共服务中心设有由政府购买的公益文化岗位，且每年参加集中培训时间不少于5天。

文化遗产活力凸显。将文化遗产保护和传承上升到文化发展战略的高度，实现对全市文化遗产资源的战略性培育和整体性运用。“十三五”期间，“丝绸之路”宁夏（固原）段的北朝–隋唐墓地、须弥山石窟、开城遗址3处“申遗”实现实质性进展；着力开展文化遗产保护工作，文物保护利用合理适度，实施战国秦长城生态文化园建设项目，深度发掘文化遗产中蕴含的旅游价值，提升文化景观观光与文化生活体验在旅游选择中的占比。

文化产业又好又快发展。着力将固原的历史文化、回族文化、红色文化、生态文化等文化资源优势转化为经济优势和发展优势，发展集文化旅游、体育休闲、演艺娱乐、广播影视业、新闻出版业、艺术品业和工艺美术业于一体的文化产业。“十三五”期间，培育一批骨干企业和致富带头人，“星级”文化企业达到30家以上，文化产业规模化、集约化、专业化发展水平明显提高，文化产业园区、基地、特色街区、专业村镇蓬勃发展，积极创建国家和自治区级文化产业示范基地，力争全市文化产业增加值年均增长20%以上，到2020年，全市文化产业增加值占地区生产总值的比重达到3%以上。

2. 完善公共文化体育服务设施网络

（1）推进重大公共文化体育设施建设工程

加快建设公共文化体育设施，形成以公办图书馆、博物馆、文化馆（站、室）、体育馆（场）、美术（艺术）馆、大剧院、广电中心、数字化影院、文化广场、文化信息资源共享工程终端为骨干，以社会办公共文化体育设施为补充的完备的基层文化体育设施网络。重点新建市级文化馆、图书馆、丝路文化展览馆和标准体育场各 1 座（个）；改建原州区、西吉县、隆德县、彭阳县 4 县（区）图书馆，改建 5 县（区）文化馆和广电中心，以及泾源县王洛宾艺术馆、西吉钱币博物馆、彭阳皇浦谧博物馆，新建隆德书法博物馆和隆德、西吉、彭阳和泾源四县艺术馆和体育馆，新建原州区体育馆 1 个、隆德县标准体育场 1 个、原州区和隆德县标准田径场各 1 个。抓好传统媒体与新兴媒体的融合及科技与文化的深度融合，进一步提升广播影视数字化服务水平。继续推进广播影视数字化建设工程，到 2020 年全市各级广播电视台全面实现节目制作传输网络数字化。

（2）推进基层公共文化体育设施网络覆盖工程

重点建设乡（镇）综合文化站、农村文化广场，改造升级危旧基层文化设施，2020 年前实现全市基层文化设施全覆盖。实施面积不达标乡（镇）文化站新建工程，加快推进村（社区）文化服务中心改扩建工程，完成乡（镇）、街道、社区设施设备配置任务，其设备配置、活动开展、人员配备、综合管理达到国家要求。建设乡（镇）“三室一场一路径”，即乡（镇）配建乒乓室、棋牌室、健身室或体质测定与运动健身指导站、一个标准篮球场、一条 10 件以上健身路径；村（社区）配建“两室一场一路径”，即乒乓室和棋牌室、一个标准篮球场、一条 10 件以上健身路径，移民新村体育基础设施全覆盖。建立健全农村广播电视公共服务体系。

（3）推进文化广场提升工程

每个县（区）至少拥有 1 处大型中心文化广场，城市建成区重点完成已有文化广场功能提升。市、县两级中心广场建有舞台演出设施，配备必要的灯光、音响等舞台设备，达到举办大型广场群众文体活动的条件。采取新建、共建共享等方式，100% 的乡（镇）、60% 的行政村建有文体广场，满足群众娱乐健身和文体活动要求（表 8-20）。

表 8-20　重大公共文化体育设施建设工程

序号	重大公共文化体育设施建设工程
1	市级重点项目：新建市级标准体育场
2	县（区）级重点项目：改扩建 4 县（区）图书馆、5 县（区）文化馆和广电中心，以及泾源县王洛宾艺术馆、西吉钱币博物馆、彭阳皇浦谧博物馆，新建隆德书法博物馆和隆德、西吉、彭阳和泾源 4 县艺术馆和体育馆，新建原州区体育馆 1 个、隆德县标准体育场 1 个、原州区和隆德县标准田径场各 1 个、5 县（区）游泳馆各 1 座
3	城乡一体化重点设施：建立覆盖城乡的全市公共图书馆总分馆体系；建设城乡一体化多媒体应急广播系统。到 2020 年实现城乡电影院全覆盖
4	基层文化设施：100% 乡（镇）、60% 的行政村建成综合文化广场（文化大院）；加快县级广播电视台标准化建设，到 2020 年四个县级所属广播电视台全部达标；实现数字广播电视户户通

3. 增强公共文化体育服务发展动力

各级公共图书馆、文化馆（站）、博物馆向社会免费开放，建立公示制度，完善基本服务项目，实现零门槛进入。图书馆、文化馆形成两个以上品牌服务项目。加快推进工人文化宫、青少年宫、纪念馆、体育馆（中心）、社区多功能运动场等公共文化体育设施和爱国主义教育示范基地向社会免费开放。通过票价补贴、剧场运营补贴等方式，支持艺术表演团体提供公益性演出（表8-21，表8-22）。

表8-21　公共文化单位主要服务指标

机构	服务项目	单位	指标
图书馆	免费开放时间	h/周	≥56
	人均占有藏书	册	≥0.4
	馆外服务流动点每年书刊借阅量	册次/a	≥5000
	下基层图书服务	次/a	≥30
	举办社会教育活动	次/a	≥30
文化馆	免费开放时间	h/周	≥42
	馆内常设免费开放项目	个，次/个	≥40
	组织大型文化活动、展览	次/a	≥10
	举办各类培训班	期/a	≥25
	人均深入基层辅导	h/a	≥36
	馆办文艺团队下基层演出	次/a	≥40
文化站	免费开放时间	h/周	≥42
	常设免费开放项目	个	≥4
	举办展览、单项文体活动	次/a	≥8
	举办讲座、培训	次/a	≥4
	开展数字化服务	次/a	≥4

表8-22　公共体育服务

类别	项目名称	原州区	隆德县	彭阳县	西吉县	泾源县
基层体育组织	县级基层体育社团/个	3	3	3	2	2
	乡镇单项体育协会/个	19	10	10	19	4
	村（社区）体育团体/个	80	50	50	60	20
社会体育指导员队伍	社会体育指导员数量/(人/万人)	5	5	5	5	5
	社会体育指导员指导率/%	50	50	50	50	50
	四级社会体育指导员协会/个	1（市级）	1（县级）	1（县级）	1（县级）	1（县级）

续表

类别	项目名称	原州区	隆德县	彭阳县	西吉县	泾源县
城乡居民体质监测	国民体质监测站/个	10	5	10	7	4
	群众接受检测率/%	10	5	5	5	5
	国民体质监测定期公布/(次/年)	1	1	1	1	1
群众体育活动	全国大型活动/次	2	—	1	1	—
	定期赛事、运动会/次	4	3	3	3	3
	百乡千村体育健身/次	2	2	2	2	2
	全民健身品牌项目/项	2	2	2	2	2
	民间传统健身项目/项	5	5	5	5	5
	青少年阳光体育运动/次	2	2	2	2	2
	青少年户外营地/个	6	4	4	4	2
	其他各类运动会/次	5	5	5	5	5

4. 深入开展“六盘欢歌”广场文化活动

组织发动文艺工作者、机关干部、企事业单位职工、社会群体、社区群众等参与公共文化活动，通过举办民俗展演、文艺汇演、优秀电影展映等方式，广泛开展“六盘欢歌”广场文化活动，集中展示文化建设成果。每年每个县（区）集中组织广场文化活动50场以上，每个乡（镇、街道）集中组织广场文体活动10场以上，每个行政村（社区）组织广场文体活动5次以上（表8-23）。

表8-23 县（区）级广场文化活动品牌项目一览表

序号	名称	类别	举办地
1	丝路古镇原州广场文化活动	综合性	原州区
2	杏花欢歌彭阳广场文化活动	综合性	彭阳县
3	花儿之声西吉广场文化活动	综合性	西吉县
4	泾水文化泾源广场文化活动	综合性	泾源县
5	六盘胜地·水墨隆德广场文化活动	综合性	隆德县

组织举办少年儿童艺术节、夕阳红艺术节、农民工文化节等公益文化活动，活跃特殊群体的文化生活。以图书馆、文化馆（站）、艺术馆、博物馆等公共文化单位为中心，以民办文化机构为补充，面向城乡居民，重点面向农民工、留守儿童、低收入家庭等特殊群体，开展文化艺术项目培训、知识讲座等“市民大课堂”公益文化活动。全市公共图书馆、文化馆、博物馆建设和完善

标准配置的残疾人无障碍通道，设置方便残障人士及老年人、少年儿童的活动区域和服务项目。市、县两级图书馆设立盲人阅读区，配备设备和盲文读物，为盲人开展服务。县级以上文化馆经常性组织针对上述特殊人群的各类文体活动和专题文化培训等。重视青少年“阳光体育活动”，各中小学每年举行春秋季田径运动会1次，办好农民、学生、职工、妇女、老年人、残疾人、少数民族等人群全民健身趣味运动会，重视移民新村群众健身活动，每村每年举办体育运动会不少于1次。

5. 加强文化遗产保护与传承

（1）加大对文物的修缮保护力度

坚持“保护为主、抢救第一、合理利用、加强管理”的方针，加强对重点文物古迹的有效保护、开发和利用。积极申报一批全国重点文物保护单位和区级历史文化村、镇（街区）文物保护单位，核定公布一批市、县级文物保护单位和一般不可移动的文物。编制实施战国秦长城文化园建设项目、“丝绸之路”宁夏（固原）申报世界文化遗产第二批扩展项目。积极推进原州区开城镇、三营镇、西吉县将台乡、火石寨乡、隆德县城关镇、好水乡、泾源县六盘山镇、泾河源镇和彭阳县古城镇等历史文化名乡申报。

（2）加强非物质文化遗产保护与传承

加强对杨氏家族泥塑、高台马社火、固原砖雕3个国家级保护项目、25个自治区级保护项目、30个市级保护项目等非物质文化遗产项目的保护，高度重视非遗传承人工作。设立市级非遗发展资金，采取助学、奖学等鼓励方式，培养后继人才，建立有效的传承机制。设立综合性的非物质文化遗产展览馆，鼓励有条件的县（区）设立专题性非物质文化遗产馆或传习所，保护和发展非物质文化遗产。加大对非物质文化遗产的开发利用，积极开发回族刺绣、泥塑、抟土瓦塑、砖雕、回族剪纸等极具固原地方特色的手工艺品，开发提升“回族赶牛”“回族踏脚”“赶鞭牛”等民族传统体育项目，建立“回族赶牛”“回族踏脚”“赶鞭牛”非遗传承保护基地，大力发展回族花儿等民族音乐，着力打造一批非物质文化遗产品牌（表8-24，表8-25）。

表8-24 固原市历史文化名乡

地区	数量	主要遗址
原州区开城镇	现存古建筑7处，国家级重点文物保护单位1处，自治区级重点文物保护单位3处	红军长征青石嘴战斗纪念碑、二十里铺拱北、开城安西王府遗址、隋唐墓地等古建筑
原州区三营镇	现存有古建筑6处，国家级重点文物保护单位1处，自治区级重点文物保护单位2处	须弥山石窟

续表

地区	数量	主要遗址
西吉县将台乡	现存古文化遗址 20 多处，现在列为国家级文物保护单位 2 处，区级文物保护单位 1 处	中国工农红军将台堡会师纪念碑
西吉县火石寨乡	国家地质（森林）公园内有古迹 10 多处	扫竹岭、石寺山、天然大石城、龙潭寺、禅佛寺、黑窑拱北等
隆德县城关镇	—	六盘人家（杨家店）民俗文化村
隆德县好水乡	—	宋夏好水川之战古战场
泾源县六盘山镇	—	瓦亭萧关
泾源县泾河源镇	—	凉殿峡遗址
彭阳县古城镇	—	无量山石窟、朝那古城遗址、任山河古战场遗址、任山河烈士陵园、红军长征毛泽东旧居、皇甫谧故里
彭阳县城阳乡	国家级重点文物保护单位 1 处	战国秦长城遗址、北宋平安寨古城堡历史遗址、长城乔渠毛泽东夜宿旧址

表 8-25　文化遗产保护工程

序号	文化遗产保护工程
1	“申遗”点建设工程：建设“丝绸之路”宁夏（固原）段的北朝–隋唐墓地、须弥山石窟、开城遗址 3 处“申遗”点工程
2	历史文化名乡综合整治工程：重点开展原州区开城镇、三营镇，西吉县将台乡、火石寨乡，隆德县城关镇、好水乡，泾源县六盘山镇、泾河源镇和彭阳县古城镇 10 个历史文化名乡综合整治工程
3	非物质文化遗产保护工程：六盘山社火、民歌、花儿、口弦、刺绣、回族婚礼服饰、剪纸、皮影、花灯、泥塑、砖雕、石雕、根雕、农民画等
4	编制实施战国秦长城遗址公园建设规划
5	其他各级文保单位和控保建筑维修工程

6. 加快发展文化体育产业

（1）红色文化旅游

开辟“文化之旅”，把文化资源与旅游发展紧密结合起来，以六盘山秀丽的山水风光为背景，以红色文化为重点，深度挖掘红色文化内涵，提升六盘山长征纪念馆、将台堡第一、第二方面军会师纪念碑、单家集红军长征遗址等红色文化旅游规模层次，扩大红色文化旅游产品创作生产和宣传展示，弘扬“不到长城非好汉”的六盘山精神，把固原市打造成为全国红色文化高地、重要文化旅游城市，提升固原市知名度和影响力。

（2）民族民俗文化旅游

以隆德县“中国民间艺术之乡”“中国书法之乡”等文化品牌为带动，以泾源县王洛宾艺术馆、西吉县钱币博物馆、彭阳县皇浦谧博物馆、原州区农耕博物馆等专题馆和各县公共文化设施为载体，以“丝绸之路”宁夏（固原）段的北朝–隋唐墓地、须弥山石窟、开城遗址3处“申遗”为突破口，重点建设十大历史文化名乡，梳理整合六盘山社火、民歌、花儿、口弦、刺绣、回族婚礼服饰、剪纸、皮影、花灯、泥塑、砖雕、石雕、根雕、农民画等文化资源，积极发展乡村文化旅游，着力建设“一带一路”民族民俗特色文化旅游示范区。

（3）体育文化旅游

着力打造清水河固原体育产业带。依据清水河特色山地资源，重点发展六盘山山地运动、少数民族特色体育产业等宁南特色体育产业，将泾源、隆德创建为自治区公共体育示范县。大力推进环六盘山体育健身休闲圈建设，以六盘山山花旅游节为龙头，依托彭阳县杏花旅游文化节和西吉县火石寨丁香花节，抢抓自驾游和休闲健身游市场，以打造特色体育产业为重点，延伸融合文化旅游，实现固原市体育旅游业快速发展，力争打造为自治区创新型体育产业区。

完善清水河沿岸体育设施。依托沿岸水、岸、山等资源，建设健身步道、骑行道、户外休闲营地、徒步骑行服务站等体育设施，实施清水河沿岸生态环境绿化工程。发展六盘山山地运动产业。以六盘山及周边火石寨国家地质公园等特色旅游资源为基础，发展六盘山及周边户外休闲运动产业，建设泾源军事体育产业基地，开发真人CS、野外拓展、森林穿越、野外生存、动力伞、航模、跳伞等项目，西吉县重点建设攀岩基地，开发山地攀岩项目；彭阳重点建设悦龙山亚高原后备人才训练基地。发展少数民族特色体育产业。以回乡文化为基础，突出固原民族体育特色，发展方棋、踏脚、六盘响鞭、赶牛、民族武术等民族特色体育产业（表8-26，表8-27）。

表8-26　文化旅游业“四大产品、四大目标”

序号	文化旅游业“四大产品、四大目标”
1	四大产品：长征圣山体验游、丝路重镇文化游、清凉六盘消夏游、山地体育健身休闲游
2	四大目标：全国红色文化旅游胜地、国家级文物旅游示范区、自治区创新型体育产业区、“一带一路”民族民俗特色文化旅游示范区

表 8-27　文化旅游业重点工程

序号	文化旅游业重点工程
1	红色文化旅游提升工程：深度打造长征圣山体验游产品，建设全国红色文化旅游胜地
2	民族民俗文化旅游提升工程：深度挖掘民族民俗文化资源，建设国家级文物旅游示范区和“一带一路”民族民俗旅游示范区
3	体育文化提升工程：重点实施清水河沿岸体育设施建设工程、泾源军事体育产业基地、西吉县攀岩基地、彭阳悦龙山亚高原后备人才训练基地等工程

(4) 推动工艺美术业创新发展

支持传统工艺美术传承和技艺创新，促进创意设计、现代科技与工艺美术产品融合，集中力量打造刺绣、剪纸、雕刻、泥塑、手工地毯、工艺画等系列地方特色产品和品牌，重点扶持原州区抟土瓦塑产品文化园、西吉县回乡刺绣产业培训加工基地、泾源十八大民俗和麦秆画产品文化园、彭阳“百里香（地椒）茶”文化园、彭阳皇甫谧民族文化产业园、六盘山（隆德）文化城等文化项目建设。发掘回族文化元素，回族工艺美术制品，提高产品附加值。根据民族民间手工艺品资源禀赋，按照“专业合作社+龙头企业+销售市场+培训基地+农户能人”发展模式，每个县（区）重点培育2个以上特色文化产业示范村镇，推动城乡手工艺产业专业化、规模化发展，形成一批集创意研发、生产销售、文化体验为一体的民族民间手工艺品集散区，实现文化富民（表8-28）。

表 8-28　艺术品业和工艺美术业重点工程

序号	艺术品业和工艺美术业重点工程
1	文化产业园建设提升工程：原州区抟土瓦塑产品文化园；西吉县回乡刺绣产业培训加工基地；泾源十八大民俗和麦秆画产品文化园；彭阳“百里香（地椒）茶”文化园；彭阳皇甫谧民族文化产业园；六盘山（隆德）文化城等
2	特色文化产业示范村镇建设工程：隆德县城关镇红崖村等10个

(四) 其他基本公共服务扶贫——固原市案例实证

1. 大幅提高社会救助水平和能力

按救助对象的困难程度实施差别化救助，重点提高因老、弱、病、残导致全部或部分丧失劳动能力的低保边缘户和未成年人的救助水平。推进低保制度与社会保险制度、扶贫政策以及医疗、教育、住房、灾害等专项救助制度的有效衔接，提高救助管理的科学化和精细化水平。加快救助手段实现信息化、规范化，制度建设逐步完备、科学，救助政策更加务实、管用，救助机构队伍不断健全、壮大，达到贫困人口低保“兜底”目标，兜住民生底线，建成市、县（区）老年活动中心、城市社区日间照料中心，实现所有行政村建有农村敬老院、农村老饭桌或农村互助院。

2. 不断增强农村医疗服务能力

实现基本医疗和公共卫生服务均等可及；城乡居民基本健康知识知晓率、主要慢性非传染性疾病规范化管理率、老年人保健管理率等指标逐年提高；乡村卫计单位基础设施建设进一步加强，从业人员持证上岗率稳步提高。实现村村有标准化村卫生室，逐步实施光伏取暖工程，改善村卫生室服务条件；加强村医学历教育，提高专业技术水平，力争所有村医获得乡村医生及以上执业资格；对所有行政村至少每年开展两次送医送药服务，并开展健康教育，提高村卫生室服务能力，提高村民健康意识。对所有政策范围内的农村居民提供“七免一救助”等惠民服务，提供高质量的普惠性健康体检，提高发现和预防大病的能力。

3. 大力提升社会保障水平

稳步推进“五险合一”征缴体制改革，加强社会保险信息化和经办人员队伍建设，有效提高经办水平质量。“十三五”末期，城乡居民基本养老保险、城乡居民基本医疗保险参保率分别达到90%、98%；进一步完善城乡居民大病保险制度，落实社会保障待遇正常调整机制，社会保障卡持卡人数达到145万人，综合开发社保卡的应用功能，提高社会保障卡的应用率。

四、生态移民与生态扶贫保障绿色减贫

（一）生态移民历程

我国的生态移民是被赋予了具有扶贫与生态建设双重意义的特殊的人口迁移过程/类型。

2001年以来，国家对居住在生存环境恶劣、“一方水土养不起一方人”地区的贫困人口组织实施了易地扶贫搬迁，累计搬迁680万余人。《中共中央 国务院关于打赢脱贫攻坚战的决定》（2015年）提出，对居住在生存条件恶劣、生态环境脆弱、自然灾害频发等地区的农村贫困人口，加快实施易地扶贫搬迁工程。《全国“十三五”易地扶贫搬迁规划》明确，易地扶贫搬迁的对象主要是“一方水土养不起一方人”地区经扶贫开发建档立卡信息系统核实的建档立卡贫困人口，约981万人，迁出区域范围涉及22个省份的约1400个县。

自国家实施“八七扶贫攻坚计划”以来，宁夏先后实施了“吊庄移民”、扶

贫扬黄灌溉工程红寺堡移民区、固海扬水扩灌区、盐环定扬水灌区、山区库井灌区和农垦国有农场等，其性质均属于生态移民（表8-29）。

表8-29　宁夏生态移民基本情况

阶段划分	主要内容	代表安置区（点）
1983～2000年：吊庄移民	建设吊庄移民基地21处，开发土地3.47万hm^2，建房9.2万间，共解决了28万人的温饱问题	隆湖、芦草洼、大战场、马家梁、红寺堡、华西村、闽宁村
2001～2007年：易地生态移民	建设易地生态移民安置点31处，搬迁安置泾源、隆德、彭阳、西吉、原州、海原、同心等县（区）14.2万人	红寺堡扬黄灌区、固海扬水扩灌区、盐环定扬水灌区、南山台灌区以及渠口、长山头、南梁、简泉
2007～2011年：中部干旱带县内生态移民	对同心、盐池、海原、原州、西吉、中卫市城区等六县（区）不具备生存条件的553个自然村27.18万人5.94万户贫困人口实行县内移民搬迁	分布各县（区）内
2011～至今：中南部地区生态移民	“十二五”和“十三五”对中南部地区35万人和8万人实施移民搬迁	分布各县（区）内

经过建设和发展，宁夏红寺堡区已成为全国最大的扶贫扬黄移民开发区，形成了葡萄、枸杞、草畜三大特色优势产业；建有全国第一个慈善工业园区，是我国慈善产业扶贫的发祥地；是罗山历史文化、移民文化、生态文化、慈善文化和航空文化等多元文化交织区域。

2015年，红寺堡区有建档立卡贫困户14 935户。建档立卡贫困人口从2011年的10.7万，减少为55 496人（表8-30）。从贫困人口数量来看，其分布为红寺堡镇>新庄集乡>大河乡>太阳山镇>柳泉乡。从贫困人口比重来看，其分布为大河乡>红寺堡镇>太阳山镇>新庄集乡>柳泉乡。

表8-30　2015年红寺堡区贫困人口及其分布情况

地名	建档立卡贫困户/户	建档立卡贫困人口/人	贫困发生率/%
红寺堡区	14 935	55 496	27.4
红寺堡镇	4 415	16 882	26.8
太阳山镇	1 595	5 165	26.0
大河乡	3 394	11 931	32.0
柳泉乡	2 339	8 376	24.7
新庄集乡	3 192	12 142	25.0

红寺堡区地处宁夏中部干旱带，地势南高北低，主要由缓坡丘陵、洪积扇、风沙地、洪积与冲积平原及山洪沟组成，属典型的温带大陆性气候，常年干旱少雨，是典型的资源型缺水区。近20年来，红寺堡区生态移民工程的实施，土地利用结构发生了巨大变化，生态移民扶贫模式优化将成为区域持续发展的客观要求。

红寺堡八景

月上明珠觅知音，印象移民话乡愁。
回乡风情民族风，花儿牧歌见牛羊。
世外萄园花满川，七彩田园瓜果成。
同舟善谷扬帆起，风光无限任我行。
（作者于2016年）

注："月上明珠"指瀚海明珠—罗山大美风光，发展山地旅游、体育旅游。

"印象移民"指红寺堡移民主要来自宁南山区七县区，以"望得见山，看得见水，记得住乡愁"为理念，发展生态移民文化旅游。

"回乡风情"指红寺堡回族占65.5%，整合七县区文化精粹，开展民族文化旅游。

"花儿牧歌"指依托红寺堡10万亩优质牧草基地、10万头肉牛基地和100万只滩羊基地，四季青青草，花儿遍地开，牛羊满山跑。发展骑游乡野游。

"世外萄园"指依托红寺堡中国葡萄酒第一镇，打造15万亩优质酿酒葡萄基地，积极发展葡萄与葡萄酒文化旅游。

"七彩田园"指依托红寺堡10万亩枸杞产业基地、10万亩中药材和黄花菜等特色基地，及压砂瓜、玉米、红枣和大拱棚等，发展观光休闲农业。

"同舟善谷"指依托红寺堡黄河善谷发源地，积极发展慈善文化主题旅游。

"风光无限"指依托红寺堡丰富的风电、光伏等工业旅游资源，发展风光主题旅游。

（二）生态移民减贫——马渠生态移民安置区案例实证

1. 马渠现状

马渠生态移民安置区共规划安置移民3365户14 073人，已完成移民住房及其附属设施建设，总面积4.76万亩。马渠安置区集扶贫开发典型性、差异性和特殊性为一体，是红寺堡移民安置任务最重、开发建设最迟、发展要素保障最弱的生态移民安置区。

目前，马渠生态移民安置区人均可支配收入4619.24元。其中，工资性收入为3162.77元，占68.47%；家庭经营净收入为442.33元，占9.58%；财产性净收入为116.89元，占2.53%；转移性净收入为897.24元，占19.42%。农业产业结构以种植业为主，兼顾畜牧业和草业。枸杞、中药材等特色种植9758亩。制约马渠发展的主要因素包括：一是移民住房面积小，院落窄，养殖圈棚距离住户较远，不利于生产作业和管理，移民搬迁安置积极性不高，定居率仅为26%，7.5%移民户多代同室。部分搬迁指标内移民已自发移民定居中宁、同心、利通等多个县（区）。二是移民村经济基础差，移民后续产业发展滞后，致富途径单一，收入来源单一。目前，马渠生态移民安置区人均可支配收入较红寺堡区农民人均可支配收入低1217.36元，差距较大。“能致富”得不到有力保障。三是移民村人口多，是红寺堡区村平均人口的2倍、山区县村平均人口的5倍多，距离乡镇驻地29km，公共管理服务人员未按新增移民调增，社会管理服务难度大。四是理念观念陈旧。传统的工作方式、生产方式和生活方式，以及由此形成根深蒂固的理念和观念，不利于扶贫事业改革创新，不利于转方式、调结构。

2. 马渠绿色扶贫

（1）发展理念

以绿色发展理念为指引，按照“统筹城乡强农业、发展产业富农民、产村相融建新村、多元经营促增收”的思路，以服务产业建新村，建好新村兴产业理念，以现代农业园区建设为重点，在产业基地中规划建设农民新村，在新村周围规划发展特色产业，通过规模化、生产标准化、营运品牌化、营销市场化（“四化”）等手段，促进第一、第二、第三产业深度融合发展，加强安置区基础设施改造，加强社会管理服务，实现移民村向新农村、小康村转变，移民户向宽裕户、小康户的转变。

（2）发展定位

以“移民”为背景，以“农”为本，通过经济建设、政治建设、文化建设、社会建设、生态文明建设“五位一体”总体布局，实施农村生产要素的空间整合（包括生产空间整合、生活空间整合和生态空间整合）、组织整合和产业整合，有效引领农村社会经济的有序健康发展，将马渠建成宁夏扶贫开发试验示范区。深度打造马渠“印象移民”形象标志，以发展休闲农业为主线，着力塑造“田园新村·幸福马渠”独特标新的新型农庄主题形象，努力建成全国休闲农业与乡村旅游示范区和国家农业公园。

（3）优化空间结构

总体结构为“两轴四区”。“两轴”即同心—新庄集公路、移民主干道为两条发展主轴，成为马渠乡发展对外通道和生态经济主轴线，带动全村经济发展。

“四区”是指将全村划分为中心服务区、移民居住区、高效节水灌溉示范区和生态保育区四个功能区。

——中心服务区。沿同新公路北侧向东建设公共服务设施，以乡政府、中心小学、幼儿园、敬老院、乡卫生院、农庄服务区等服务设施形成马渠乡中心服务功能区域。

——移民居住区。规划将马渠乡四村划分为两大移民安置居住区，沿同新公路两侧集中布局，统一安置，配置一定数量的公共服务设施，包括便民超市、文化体育、供水、电信等服务，形成移民安居乐业的美丽乡村格局。

——高效节水灌溉示范区。通过土地流转，实现马渠乡农田高效农业节水滴灌100%覆盖，打造全国旱作农业高效节水灌溉示范区。

——生态保育区。在马渠乡西北侧至南部地区，由灌木林地、其他林地及草地，形成无人居、禁牧的区域，构建生态恢复和自然保护绿色屏障。

（4）创新绿色扶贫模式

积极探索农业观光型、文化带动型和交通依托型等绿色扶贫模式。

1）建设民族民俗生态文化带（区）。要着力打造具有宁南乡村风格的特色民族民俗生态文化带（区）。保留现有街道宽度和两侧民房，重点在道路绿化、场景美化及对临街民居的改造利用。尽可能避免较大的土建工程。街道两旁种植遮阴乔木，民房门前屋后绿化。保留现有绿化，其间错落增植观花或观叶灌木等。装饰美化临街民房墙面（文化墙），绘乡村墙画等。将临街农户民房改为店铺、手工作坊、饭馆、农家乐等。突出乡土气息，干净卫生。美化庭院，院内旱厕逐步改为室内水冲厕所。在大门过道两侧可种植蔬菜或果树；果树下可设桌椅，供游客打牌、喝茶、用餐。房间内装饰和摆设宜采用宁南山区农村传统风格。正墙挂中堂，卧室盘土炕，炕上设小桌子，大箱子等。窗户上贴传统图案窗花，墙上贴画等。沿街布设特色店铺，均为体现当地特色的传统手工作坊、小杂粮出售与加工作坊、特色小吃店等。农户特色佳肴均为有机小杂粮系列。所有原料均为自产或直接从南部山区定点采购的有机小杂粮。沿街设计为本地民风乡俗为主题的系列特色景观小品，如十二生肖剪纸雕塑、果品雕塑等。街道架空电线改为敷设。街道路灯采用民间剪纸造型，或临街店铺高挂灯笼的形式。设置与路灯风格一致的垃圾桶。

2）建设乡村自行车休闲健身绿带。以幸福村民、快乐游客和致富农民为宗旨，坚持生态环保、自然景观与人文景观相融合，发展绿轴经济，把绿道规划建设成为休闲健身之道、观光消费之道和农民增收致富之道。因地制宜建设自行车租赁点、花卉果蔬园，设计自行车休闲绿道骑行游产品。沿绿道错落规划种植苹果园、梨园、圆枣园、牡丹园、杏园等，游客可随时在绿道上骑行赏花，还可进入菜地和果园采摘选购各种瓜果、蔬菜。发展有氧休闲绿道骑行游，分四季开展自行车休闲健身节，开发以美行、美景、美食为主题的田园风光休闲游。依托农村主次干道、田间道路、沟壑和边角地等，重点发展农村植树种草绿化带、景观经济林带、生态公益林带，推进农业水网林网一体化，营造绿色景观，维持生态平衡，净化、美化、绿化农村生态环境，树立绿色就是“水库、钱库、粮库”的理念，使生态型农业成为农户的“绿色银行”，实现“生态进村，财富进户”。

3）建设农庄综合服务区。综合服务区包括入口区和服务接待区。入口区包括入口牌坊、入口停车场、导游牌、水池、场景幕墙、综合市场等。以农村作业生活场景幕墙将服务区与民俗街分隔，如可以“瓶”“水”组合为引景大门，寓意“平安顺利”。以母子“谷仓”形式建筑服务接待中心，附农作雕塑，寓意“五谷丰登”。

4）建设农庄休闲活动区。农庄休闲活动区包括户外活动区和室内（农户）活动区，主要功能为乡野休闲、农事体验、农俗耕作，主要用于观光休闲者较长时间的观光采摘、休闲度假、庭院经济，延长游客在园区内停留的时间，增强休闲农业园的休闲度假功能。主要建设乡间酒吧、开心牧场和百果园（智能化观赏温棚）等。果林架设的生态型休闲木屋作为酒吧，提供酒水、小吃，播放具有乡村韵味的乡村音乐，把酒言欢，倾听乡乐。开心农场要充分挖掘自驾游市场，开辟菜地或果林做为租赁用地，专门为城市游客（城市农夫）提供，租赁时间可以为一年或半年等。租户体验翻土、播种、浇水、施肥、除虫、拔草等农事活动，平时有农庄管理，所获果蔬为游客所有。果树以株为出租单位，菜园以面积为出租单位。对出租的果树和菜地进行挂牌，指明租赁主人、年限和面积等。购置三轮车、自行车、独轮车、铁锹、小铲子等工具，实现“工作在农户，吃住在农户，购物在农户”。田园牧歌区充分体现乡野农家风情的区域，体验二牛抬杠，拖拉机种植等生产过程；以中小学生为客源，以“我在乡下有块地——私家菜地认种活动”为主题，栽小菜秧苗、浇水、采摘等。将百果园（智能化观赏温棚）建成科技含量高、生态环境美、观光休闲配套齐全的瓜果种苗繁育与现代农业高科技示范推广及生态观光园，主要解决冬、春季的旅游需求。

5）建设农庄种植观光采摘区。根据各村主导产业，农庄种植观光采摘区为枸杞、大枣、苹果、梨或为其他蔬菜采摘区，主要功能为自助采摘、观花赏果。将农业与旅游、生产与消费融为一体，利用农庄空间、庭院、田园景观和农村自然生态资源，开辟特色果（花）园等供市民观光休闲以及采购新鲜农产品，为市民提供与农村和农民进行交流，体验农事劳动乐趣、普及农业科普知识的场所，逐步向集观光、娱乐、休闲、体验、购物等于一体的复合型农业方向发展，发展观光型农业。按照“能看、能吃、能玩、能留人、能致富”的目标，规划建设从事农业观光旅游、科研教育，名特优果树、林木种植以及家禽畜饲养、销售，娱乐项目包括赛马（牛、驴）、烧烤、健身、登山、水果采摘等项目。在景观营造上保留农田景观格局，在不破坏农业景观的基础上规划建设适当的园林小品和游憩采摘道路。开展果园自助采摘和菜园采摘活动，游客可进行自助采摘品尝。特制果篮、勾刀、锄头、扶梯、手推车等采摘耕种工具，增加游客采摘情趣。在主要花果成熟之际，举办具有影响力的花果游赏节和采摘节，引导游客进行采摘比赛、果宴品尝活动、果熟和蔬菜种植比赛，以形成具有农家情趣的节庆活动和丰富的附属旅游产品。

6）建设农庄生态种养生产区。主要实现种养增收、农业观光、生态保育。在保障安全、优质的基础上，适应城市中等收入及以上家庭追求健康饮食的需要，生产特色、高档的产品型农业，并以农副产品的生产为基础，依托城市的消费需求和经济技术条件，积极延伸农业产业链，形成新的农业增长点。

根据作物种植特点，采用园艺技术，利用农庄大量的有机肥，主要生产有机蔬菜（洋葱、胡萝卜、马铃薯、豌豆、蚕豆、扁豆等）、荞麦、莜麦、糜子、谷子等，通过作物倒茬、休茬等实现"用地养地"。规划建设主题葵园、主题玉米园、主题油菜花园、主题薰衣草园等，加强沟壑绿化保育和水土保持，建设"七彩田园"。努力将特色产品与地域文化、地理和历史有效嫁接，通过"科学商标""历史商标""人文商标""地域商标""文化商标"等赋予农产品丰富的文化内涵，加快品牌建设，提高农产品附加值。

同时，适度发展高投入、高产出、规模化、工厂化、自动化的设施型农业和"智慧农业"。运用先进农业生产技术和装备，重点发展以观光型塑料大棚、玻璃温室为主体，有土和无土栽培相结合，一年四季能生产和供应优质、新鲜、时令的蔬菜、瓜果、花卉和盆景等高效益的农副产品和观光品赏，成为现代高效农业的展示窗口和示范基地，带动周边地区由传统农业向现代农业转变。

（5）发展产地特色产品

产品设计主题包括体验式、亲情式、文化式和综合式产品四大类。整合不同村落民俗文化和民间技艺，提炼出具有代表性的资源，将其融合于农事活动、生活方式、美食、餐具、农家居住环境、作坊购物、语言等各个环节当中，以乡土文化为细节表现，调动旅游者的视觉、听觉、触觉、味觉和嗅觉等各种感官，增强体验的可信度、吸引力，提升整个体验的主题。

1）休闲度假游。以周边市民周末休闲度假为目标市场，营造自然景观清新、文化元素古朴、乡土气息浓郁的休闲环境，让游客亲近自然、放松心情。游客可体验农事活动，采摘果蔬，品尝农家特色美食，参与烧烤等活动。在农家小院品尝当地自产的枸杞茶，吃农家饭、品农家菜、住农家舍。

2）亲子互动游。以家庭和儿童、青少年为主要目标。孩子和家长共同在农田挖土豆、摘蚕豆、找鸡蛋等，用最乡土的方式加工，如烤土豆、蚕豆、鸡蛋（糊上泥巴）；在田里水渠旁挖土、玩泥巴，在田野里抓蝴蝶、蜻蜓，挖蚯蚓；在手工艺作坊学习剪纸、捏泥人、编织、刺绣、擀毡等传统民间工艺活动，体验"撒野"的快乐和童年的回忆。

3）农事体验游。把春种、夏治、秋收、冬藏的农事活动情境化，让游客了解和体验各种农事活动。例如，亲手操作"二牛抬杠"、种菜、播种、除草、采摘蔬菜和水果、观赏温室农业、采摘反季节水果和蔬菜。游客可徒步或骑自行车

(单人、双人、三人)、三轮车等环庄骑行，感受“走在乡间的小路上”的意境。在农家作坊，观看并体验磨面、舂米等活动，学习制作并品尝各种农家美食，如烙饼、擀面、炸油香等。

4）乡土民俗体验游。让游客来“赶集”，通过集市活动展现各种民俗。游客可通过品尝地方特色美食感受不同的地域文化。通过参与农事活动，参观并使用各种生产工具、交通工具等，感受农耕民俗。欣赏并学习各种民间手工艺品的制作。通过感受宁南山区典型的房屋装饰、庭院布置等生活环境，来感受乡村文化。在手工艺作坊，感受红寺堡擀毡、彭阳草编、彭阳纸织画、西吉民间木雕和砖雕、隆德砖雕、隆德民间绘画、隆德泥塑、隆德篆刻、西吉刺绣、海原剪纸等。可采用家庭为单位，店坊结合，即设在店铺内或坊家结合，即设在家庭旅馆或临街民居内，游客可欣赏、参观，也可参与其中，亲自制作。既是旅游商品生产地，也是旅游景点。

5）乡土美食购物游。吃在农户，购在农户。游客品尝各类宁南山区的特色美食，购买各类传统手工艺纪念品、地方小吃、土特产，并可观看并参与其制作过程。在农家小院里吃农家饭，包括八宝茶、荞面条条、荞面搅团、荞面揉揉、荞面凉粉、豌豆凉粉、豆沙包子、扁豆面、荞麦面、水盆羊肉、羊肉炒揪面片、土豆泥、黄米饭等。改良和提升民间工艺，增强实用性和装饰性，适应大众需求，包括新鲜的水果、蔬菜、腌制的蔬菜、特色杂粮、面点、手工挂面、荞麦挂面、土豆粉条、剪纸、窗花系列，以及在手包、钱包、围巾、T恤衫、衬衣、裙子、领带上刺绣，以乡土文化、果蔬、小动物、十二生肖、动漫形象等为主题的泥塑系列，以及抽纸盒、糖果盒、茶杯垫、坐垫、桌垫生活用品和墙挂等编制饰品。

（6）培育农业新型经营主体

因地制宜，因时制宜，因村制宜，积极培育专业大户、家庭农场、农民合作社、农业产业化龙头企业和农业经营性组织等农业新型经营主体。

1）大力发展专业大户和家庭农场。加强新型职业农民培训，采用先进农业机械和农业生产技术，着力提高集约化经营水平。资金税收上给予一定的支持，优先安排农机购置补贴。在专业大户（种养大户）的基础上，积极培育示范带动作用强的家庭农场。在财政支农、税收减免、金融支农、价格支持等方面加强引导和激励。加强与区内外科研院所合作，不断提高技术水平和标准化生产，起到带头示范作用。

2）加快成立农民合作社。成立枸杞、中药材、养殖、小杂粮等村级农民合作社，进一步形成农民联合社，实现统一品种、统一生产、统一管理、统一加工和统一销售的“五统一”经营。通过合作社的方式连接专业大户（种养大户）

和家庭农场。在工商登记、财政扶持、税收优惠、信贷支持、项目建设、人才保障和用地、用电、用水等方面给予保障，对土地流转面积达到一定数额以上、用于发展农村主导产业和特色农业、自发以土地入股形式成立农业合作社的农户以及对一次性接收农民流转土地的企业进行适度奖励。

3）支持农业产业化龙头企业。农业产业化龙头企业，以租赁方式流转农户承包地，建立农产品生产基地，发展适度规模经营。在财政扶持、税收优惠、信贷支持、项目建设和用地、用电、用水等方面给予保障，通过农企联合、农超联合，采用订单合同、合作等方式带动农户进入市场，实现产加销、贸工农一体化。培育在产前、产中和产后各环节为农业生产提供农机作业、病虫害防治、技术指导、产品购销和储藏运输的专业化、市场化服务的经济组织，包括专业服务公司、专业服务队和农民经纪人。在工商登记、财政扶持、税收优惠、信贷支持等方面给予保障。

（7）构建产业化组织模式

发展新型农业，加速延长第二产业链，不拘一格发展第三产业，实现第一、第二、第三产业的深度融合发展，其前提是因地制宜、因时制宜的创新产业化组织模式。

1）构建农业龙头企业+农民合作社+农业基地+农户模式。主要运作方式是"龙头带动，统分结合，兜底销售，二次返利"；"直补到户，折资入股，合作自愿，入股分红，退股还本"；"良种引领，三级经营，联户养殖，统分结合，全产业链推进"；"以场带户，流转荒山，统筹种草，打工培训，订单种养"；"国土整治，公司建园，先建后补，农户分包，保护价收购"；"公司+合作社+分社+微企+农户"等。农户第一次收益=保护价定价收购+龙头垫资发展得到的收益，第二次收益=龙头经营利润返利；合股经营的，一次投入，滚动发展，永久分红。

2）构建农业园区+农业龙头企业+农民合作社+农业基地+农户模式。主要运作方式是"流转土地，集约经营，外引内联，先建后补"；"培训示范，反租倒包，龙头兜底，互利共赢"；"超市+园区+基地+农户"等。以园区为平台，政府统一流转土地并建设基础设施→招商引资龙头建示范基地→对各龙头所建基地及其设施实行先建后补。农户初期收益=土地流转费+工资，农户可持续收益=经培训掌握技能的农户反租倒包生产经营的收益。

3）构建乡村党政+农业龙头企业+农民合作社+农业基地+农户模式。主要运作方式是"村企合一，以债（资）转股，村民持股，市场运作，保本付息"；"分类施策，退保扶贫，激活内力，龙头带动"；"引智引资，整乡推进，全民培训，滚动发展"等。以村办企业为平台，争取支持和融资→将各类借（贷）款折成股份→村民自愿认股，以"三权"作为反担保，保本付息；对现有低保人员实行应保尽保、应退尽退，动员有劳动力的退保人员参与扶贫项目开发，引进和培育龙头带动；招才引智带动招商引资，干部分片包干，实施全民培训，层层示范，滚动发展，整村整乡推进。

4）构建农户互助合作模式。主要运作方式是“建园→运营→出租（移交）”；“五统一分，联保互助，抱团出山”；“大户带小户，联户发展，合作分成”等。扶贫资金补贴农户建园（场）并管护到投产→出租或移交园（场）→有劳动力的农户或流转土地的农户租赁经营进行分成；社员联保互助，有效争取贷款；大户流转土地建园→传授打工农户技术→农民带苗自建果园→以大带小合作分成→统分结合形成规模。

5）构建技术部门+乡（镇）（合作社+协会）+农业基地+农户模式。主要运作方式是“技术部门建设示范基地或农户以土地入股共建基地，统一规划、种草、销售，分户饲养、管理、核算”；“借母还（母）羔，利益分成，滚动发展”；“建设示范育苗中心，开展商品化育苗→扶贫资金补贴种苗→分户生产经营”等。

6）构建政府+银行+农业龙头企业+农民合作社+农业基地+农户模式。主要运作方式是“政府引导产业，企业申报贷款，专家银行评估，扶贫资金贴息，农企利益联结，企业承贷承还”；“四制一放大，政银共管，风险补偿”等。建立“四台一会”，县乡建立融资、担保、管理、公示四个平台，村建信用协会；实行申请贷款、偿还利息、借款义务“三统一”，借贷户以房产、林权、工资等反担保；政府、银行、产业部门协同推进，建立风险补偿金、贷款审核把关、联保责任、共管责任等制度；贷款实行三户联保，由合作社集中使用，封闭运行，统一偿还，金融部门发放贷款，扶贫资金给予贴息。

（三）生态扶贫——固原市案例

1. 优化生态空间格局

围绕“三屏五带”（以六盘山、月亮山、云雾山为屏障，清水河、葫芦河、渝河、泾河、茹河为纽带）总框架，切实推进六盘山外围土石质山区水源涵养林区、黄土丘陵沟壑区水土保持林区、河谷川道防护林网区、城乡生态绿化提升区“四大生态功能区”建设，进一步优化生态空间格局，全力构建生态安全屏障。

2. 实施主体功能区分类管理

按照《宁夏主体功能区划》要求，明确全市重点开发区（包括原州区城区、官厅镇、开城镇）、限制开发区（国家级重点生态功能区包括西吉、隆德、泾源、彭阳县，自治区级重点生态功能区包括原州区三营、张易、头营、中河、河川、黄铎堡、炭山、寨科等)、禁止开发区(包括六盘山自然保护区、党家岔(震湖)自然保护区、云雾山自然保护区、西吉火石寨自然保护区、泾河源风景名胜区、须弥山石窟风景名胜区、六盘山国家森林公园、火石寨国家森林及地质公园、清水河国家湿地公园等)范围,按照各区域功能定位、发展方向和建设管制原则,确定其经济结构调整方式、生态建设重点,划定空间界线,落实分级保护措施,落实监管与考核举措,实现可持续发展。

3. 加快旅游环线生态建设

围绕“一环(固原高速—须弥山—火石寨—西吉—蒋台—张易—隆德—泾源—六盘山镇—固原高速)、三支(青石嘴高速—彭阳,西吉—震湖,泾源—崆峒山)、六网(须弥山、火石寨、隆德、六盘山、泾河、固原)”旅游环线,全力推进环线道路绿化带建设,对重点路段、重点区域实施高标准景观绿化提升,建设旅游观光“绿色环线”600km。

4. 推进重点区域造林

把移民迁出区、新一轮退耕区、水库涵养区、荒山造林区、低效林区“五大区域”列为营造林的重点区域,加大造林力度,分区域、分批次推行整块、整片造林,确保造一片、成一片,推进“五大区域”生态改善。

5. 实施水系绿化建设

围绕清水河、葫芦河、渝河、泾河、茹河“五大水系”,整合项目、资金、力量,沿流域分阶段实施河道治理、两岸土地整理、水系提升、流域环保整治、护岸绿化等综合提升工程,建成五大水系高标准护岸绿化带。

6. 强化乡村庄点绿化

围绕中心镇和移民新村、整村推进扶贫村、幸福村庄建设,加快乡村道路绿化,大力开展“四边”植树和庭院绿化,加快农村环境综合整治,完成乡村道路绿化,实施乡村“四边”植树,加大退耕还林、低效林改造、道路绿化、庄点绿化、林木抚育等力度,分批分期推进生态建设,全面改善扶贫村生态条件,建设生态优美乡镇和美丽村庄(图8-16)。

7. 加强森林抚育管护

加大森林公园、自然保护区、风景名胜区、旅游度假区、水源保护区和湿地修复保护区的建设和保护力度,增强退耕区、迁出区的管护力量,深化国有林区、国有林场和集体林权制度改革,不断加强天然林保护,开展森林抚育,加快低效林改造,狠抓森林防火,加大封山禁牧与封禁保护力度,强化有害生物防治,加强林政执法和严格征占用林地报批,新建续建葫芦河、寺口子、茹河、三里店、卧龙湖湿地公园5个,组建国有林场11个,完成中幼龄林抚育40万亩、落叶松纯林改造10万亩,实施天然林保护工程管护470万亩(次),切实巩固生

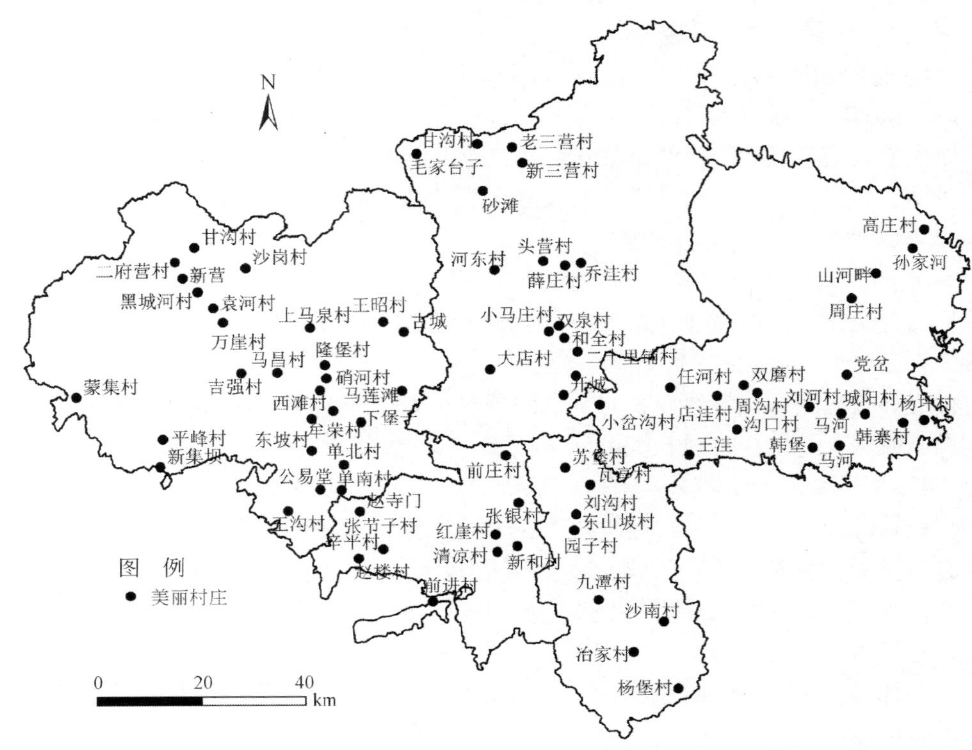

图 8-16　固原市“十三五”建设的 100 个美丽村庄

态建设成果。

8. 培育林下经济

按照“适宜、适当、适度、适用”的原则，充分发挥林地资源优势和林阴空间优势，积极组织开展林下种植、养殖等立体复合生产可持续经营。西吉县、彭阳县、原州区以林下种植养殖模式为主，隆德县以林药模式为主，泾源县以森林旅游为主。

9. 壮大经果林和苗木产业

按照因地制宜、突出特色，分流域集中连片建基地与庭院零星种植相结合的原则，建立木本油料、杏、小杂果、苹果“四大经果林基地”，努力建成特色和优势突出、结构和布局合理、生态和经济效益显著的经果林产业体系。坚持“控量、调优、增效”的原则，引导、支持、鼓励群众调整结构，抓好六盘山外围土石质山区和黄土丘陵沟壑区苗木基地建设。

五、基础设施建设助力精准扶贫脱贫

综合发展能力扶贫重点包括交通、水利、信息化、教育、生态五大领域。以固原市为例重点阐述。

（一）交通道路建设扶贫——固原市案例实证

固原市交通发展相对滞后，城乡衔接不畅，特别是农村公路技术标准普遍偏低、抗灾能力较弱等问题依然窘态突出。着力改善贫困地区交通出行条件，增强交通普遍服务能力，是改善贫困地区发展环境的重要举措。针对全市 624 个贫困村，集中力量新（改）建村级道路 700km，涉及 435 个贫困村（剩余 189 个贫困村道路均为近年来新改建项目，交通状况良好）。其中，原州区新建 48km，改建 64km，涉及 68 个贫困村；西吉县新建 106km，改建 138km，涉及 172 个贫困村；隆德县新建 45km，改建 60km，涉及 43 个贫困村；泾源县新建 29km，改建 40km，涉及 60 个贫困村；彭阳县新建 72km，改建 98km，涉及 92 个贫困村（图 8-17 ~ 图 8-21）。

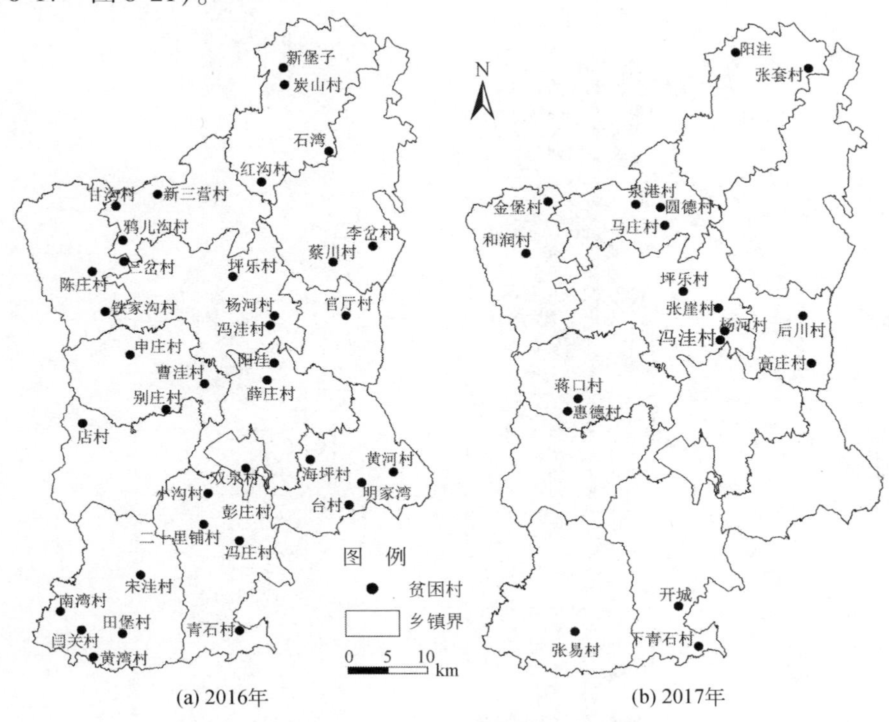

(a) 2016年　　(b) 2017年

图 8-17　原州区交通道路扶贫村分布

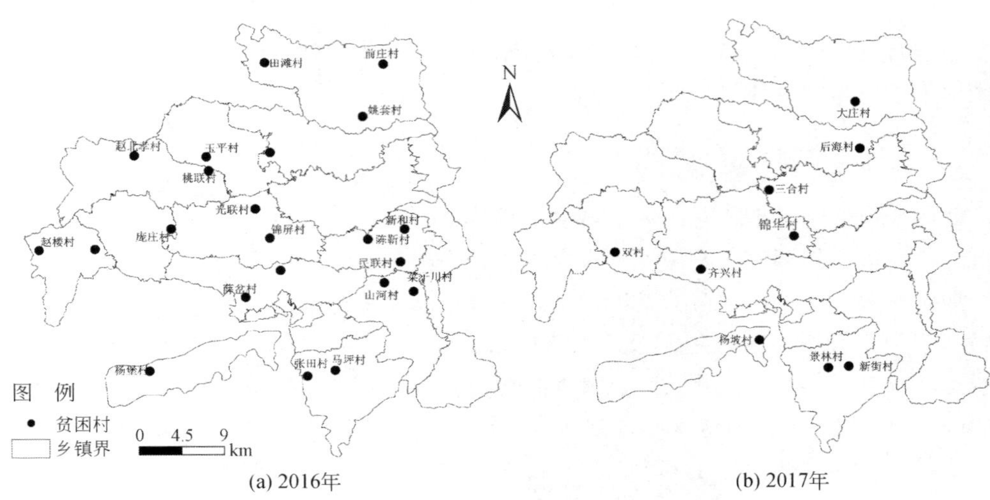

(a) 2016年　　(b) 2017年

图 8-18　隆德县交通道路扶贫村分布

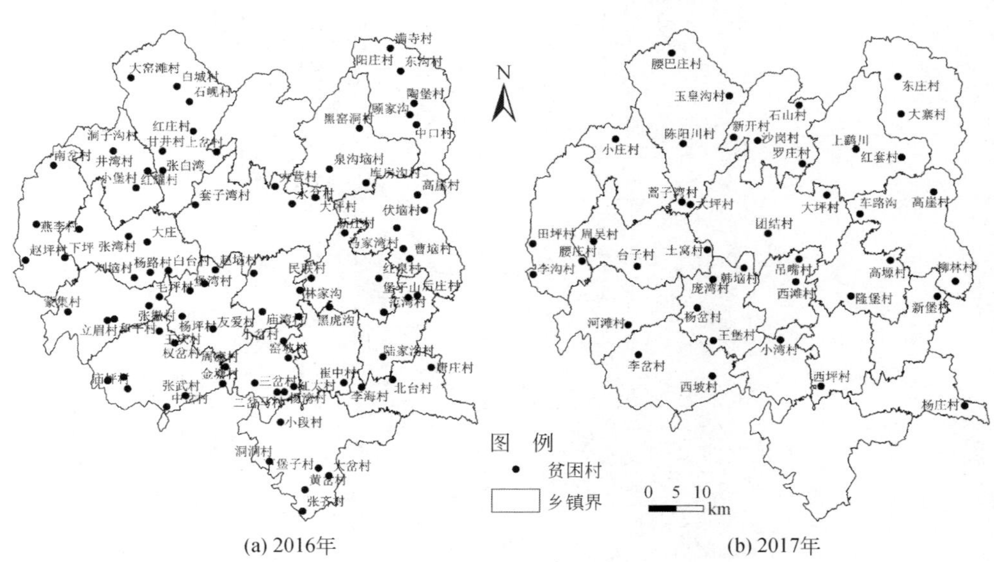

(a) 2016年　　(b) 2017年

图 8-19　西吉县交通道路扶贫村分布

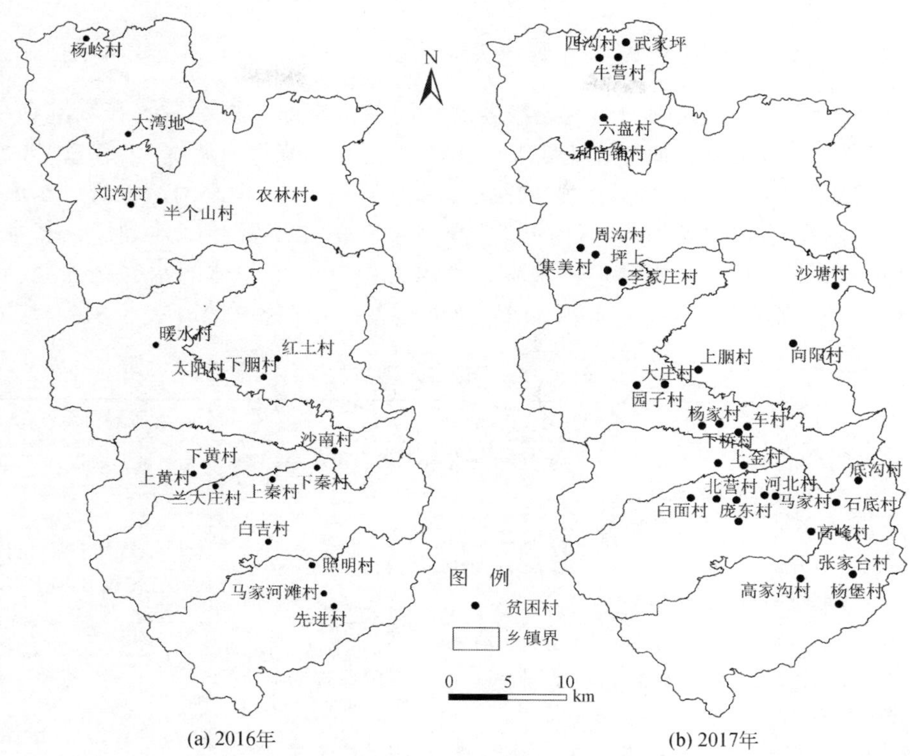

(a) 2016年　　(b) 2017年

图 8-20　泾源县交通道路扶贫村分布

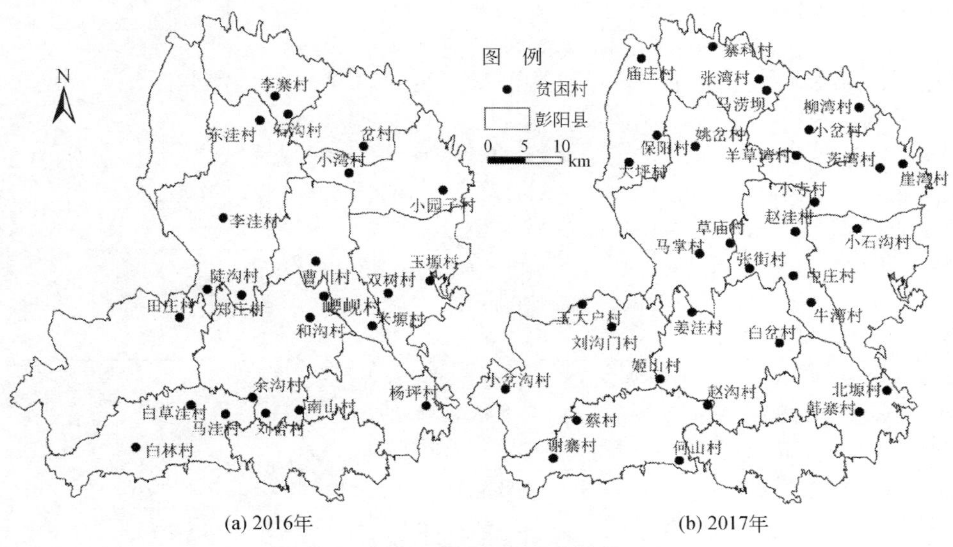

(a) 2016年　　(b) 2017年

图 8-21　彭阳县交通道路扶贫村分布

（二）水利扶贫——固原市案例实证

水资源严重匮乏是制约当地经济发展和脱贫致富的主要因素。在资源水利、现代水利、可持续发展水利的基础上，要在“蓄水、节水、调水、供水、排水”上下大功夫。根据固原市实际，加快完成城市防洪工程、中小河流治理、水库提升改造，基本实现“黄河水、泾河水、当地水”优化配置和高效利用，基本建成“水资源、水供给、水环境、水生态、水工程”五位一体的水安全体系，推进城乡水务一体化，初步实现水治理能力现代化和水生态文明（表 8-31）。

表 8-31　固原市水利扶贫

主要任务	受益贫困村
引黄入固：从固海扩灌 12 泵站取水，连通冬至河、中庄和潘家庄水库，解决农产品加工及工业发展和城镇化用水问题	原州区、西吉县共 224 个贫困村
引洮济西：从甘肃省引洮二期工程八干渠中段会宁县平头川取水，进入西吉县苏堡乡蒙集村，可确保西吉县 19 个乡（镇）及西吉县城约 44.1 万人的饮水安全；提供工业发展用水和发展水浇地	西吉县震湖乡蒙集村等 238 个贫困村
库坝池窖连通：科学连通中型水库与小型水库，小型水库与蓄水池、水窖，骨干坝与蓄水池、水窖，河流与河流、水库连通，为发展高效节灌和农产品加工提供水源保障	全市四县一区共 152 个贫困村
农村饮水安全提质增效：对 10 个重点中心镇和 100 个幸福村庄等农村饮水工程进行提升改造，农村实施“一户一窖”工程，积蓄中南部供水，提高农村供水率，从根本上解决城乡居民饮水安全问题	全市四县一区共 624 个贫困村
中小河流治理：重点治理原州区马莲河、黄家河，西吉县长易河、东坡沟，彭阳县安家川河红河下段，泾源县什字河、暖水河，隆德县甘渭河、庄浪河河道	全市四县一区共 65 个贫困村
水资源高效利用：通过水资源的全面节约、有效保护、优化配置、合理开发、高效利用、综合治理和科学管理，通过扬黄灌区和库井灌区的续建配套与高标准节水改造、主要兴利水库提能达标改造、城市污水处理再利用等措施，充分利用现有水利工程设施挖潜，使水资源利用效率显著提高，水环境明显改善	全市四县一区共 624 个贫困村
库井灌区高效节水灌溉：围绕“一廊五带”特色农业，加快实施固原百万亩库井灌区高效节水改造，全面推广高效节水灌溉和水库、水坝、水窖、水池水资源联用体系建设	全市四县一区共 286 个贫困村
重点中小型水库提升改造：对原州区寺口子、冬至河水库，西吉县张家嘴头、夏寨、马莲、什字水库，彭阳县乃河、店洼、石头崾岘、庙咀水库，泾源县西峡水库，隆德县三里店 12 座重点中小型水库进行提升改造	全市四县一区共 12 个贫困村
饮用水水源地保护：重点对泾河源龙潭水库、西峡水库、秦家沟水库，原州区贺家湾、中庄水库、海子峡水库，隆德县清凉、直峡 8 处重点城市水源地进行保护，对农村 230 处农村饮用水源地进行隔离、围栏保护	全市四县一区共 624 个贫困村

续表

主要任务	受益贫困村
中小型水库清淤内源治理：重点对具备清淤条件的石头崾岘等16座中小型水库进行库内淤泥清淤，通过清淤，恢复兴利库容，增加水库蓄水量	全市四县一区共16个贫困村
清水河、葫芦河地下水保护：对原州区清水河川道、西吉县葫芦河各乡（镇）规模以上2380眼机井进行取水许可确认，年取水水量控制在计划之内，计划封堵旧机井，建设替代水源工程，限制地下水开采，保护地下水资源	原州区、西吉县共42个贫困县
小流域综合治理：治理小流域69条（清洁小流域10条），治理水土流失面积519km²，促进流域经济发展，改善当地居民生活水平	全市四县一区共112个贫困村
坡耕地治理：建设坡改梯，拦蓄降水资源，提高农田产量，增加农民收入	全市四县一区共189个贫困村
农村河道综合治理：综合治理农村河道129条，治理长度278km，改善农村居民居住环境，提高生活质量	全市四县一区共168个贫困村

资料来源：固原市水利扶贫专项规划（2016—2020）。

（三）信息化发展扶贫——固原市案例实证

立足“信息化不仅仅是扶贫手段，更是脱贫内容”的全新意识。根据固原市农村信息化发展状况，以网络设施建设为基础，以信息技术应用为重点，以信息资源综合利用为核心，以信息安全为保障，实施基础建设、电子政务、电子商务、“互联网+”、“智慧固原”、智慧园区“六大工程”，加快信息化发展，助推脱贫提速。

利用建设“宽带中国”示范城市契机，加快全市农村地区宽带网络建设，打好信息化扶贫网络基础。依托自治区“8朵云”（卫生云、教育云、民政云、社保云、政务云、旅游云、商务云、家居云）应用，促进信息化在社会生产、生活各领域的全面应用，广泛服务民生、服务政务、服务企业，实现社会经济全方位的信息化。结合国家和自治区、市在电子商务发展政策和资金方面的支持倾斜，建设电子商务孵化园，孵化一批电商企业，推进农村电子商务平台和农产品流通公共服务平台建设，实现电子商务快捷化（图8-22，图8-23）。

（四）教育扶贫——固原市案例实证

“扶贫先扶智”决定了教育扶贫的基础性地位，“治贫先治愚”决定了教育扶贫的先导性功能，“扶贫防返贫”决定了教育扶贫的根本性作用。联合国教育、科学及文化组织研究表明，不同层次受教育者提高劳动生产率的水平不同：本科300%、初高中108%、小学43%，人均受教育年限与人均GDP的相关系数为0.562。因此，教育在促进扶贫、防止返贫等方面是根本性、可持续的。

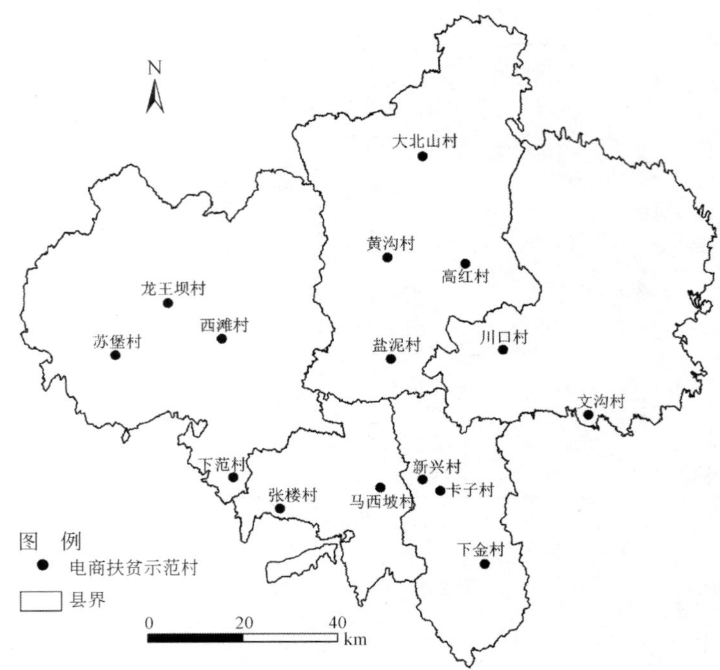

图 8-22 固原市“十三五”农村电商扶贫示范村

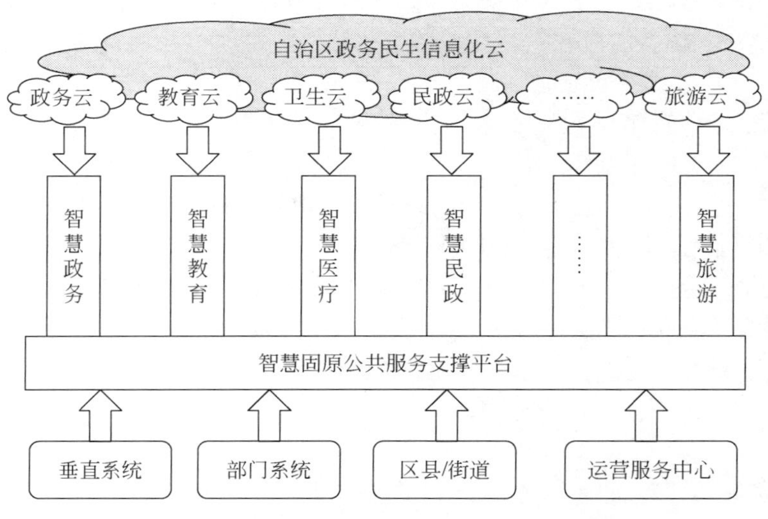

图 8-23 智慧固原公共服务支撑平台

1. 实施“五位一体”教育扶贫攻坚

推动学前教育、义务教育、高中阶段教育、特殊教育、职业教育“五位一体”教育扶贫协调发展，构建到村、到户、到人的教育扶贫体系，推进教育强民和技能富民，全面实施教育扶贫攻坚。在建档立卡的624个贫困村试行学前幼儿免费教育。在每个乡（镇）建成一所中心幼儿园，在人口较集中的行政村建成一所幼儿园或在村小学附设“校中园”。采取移民搬迁、补贴租房、学校寄宿等方式鼓励资助偏远山区教学点学生到乡镇学校就读，推进315个重点扶贫村学校标准化建设，改善保留的756所农村小学及146个教学点基本办学条件，保障农村义务教育学生就近上学的需要。对留守儿童实施心理干预、营养监测干预和人身安全干预，保障农民工随迁子女零障碍入学。重视发展特殊教育，改扩建固原市特殊教育学校，加快隆德县特殊教育中心建设，争取在西吉县新建一所特殊教育中心，在泾源县、彭阳县各建成一所接受残疾学生融合教育的特教部，保证每一个残疾儿童少年不因贫困而失学。加快自治区示范性高中建设，改善普通高中办学条件，加强普通高中探究实验室、通用技术教室和教育信息化建设，深入推进普通高中课程改革，高考录取率提高并保持在85%左右。加强职业教育基础能力建设，建设市职业技术学院和六盘山技师学院。加强职业教育师资力量建设，有效补充职业教育专业教师队伍（表8-32）。

表8-32　固原市教育扶贫主要目标

类别	指标	2015年	2020年
学前教育	三年毛入园率/%	65	80
	两年毛入园率/%	70	95
	一年毛入园率/%	93	98
特殊教育	残疾儿童少年入学率/%	77	90
义务教育	小学六年巩固率/%	96	100
	初中三年巩固率/%	97	98
高中阶段教育	普通高中在校学生/万人	3.6	3.7
	中等职业在校学生/万人	2.3	3.0
	毛入学率/%	90	96
	普职比	6∶4	5.5∶4.5
高等教育	高等职业教育就读学生/万人	2.1	2.4
	普通高等教育就读学生/万人	2.4	2.8
技能培训	培训从业人员/万人	2	5
15周岁以上人口平均受教育年限/年		8.5	11

资料来源：固原市教育扶贫规划（2016—2020）。

2. 实施“教育+产业”扶贫攻坚

固原市2014年转移就业的30.68万人中，初中及以下文化程度占到78%，无职业技能的人员占到71%，有约7万人是季节性临时打工。有职业技能的8.92万劳动者中，初级占84.3%，中级占12.3%，高级仅占3.4%。因此，实施全员、集中和技能提升培训十分紧迫。结合区域产业发展“一路一带”建设需求，将回族文化、民族技艺传承创新等城乡劳动力技能培训职业（工种）纳入职业教育体系。采取省属高等院所+职业学校+培训对象的模式，广泛开展职业技能培训，重点开展对农村“两个带头人”（党组织带头人和致富带头人）、未被高职录取也未复读的普通高中毕业生、生态移民、自发移民做到全员培训，对即将输出外地打工的劳动力进行针对性的集中培训，对从事畜牧、马铃薯、蔬菜、果品产业开发的农村劳动力进行技能提升培训，对从事餐饮、电商、物流、收银等转移就业劳动力开展职业技能等级鉴定培训，形成农村劳动力从初级工、中级工、高级工到技师、高级技师的成长通道，提升职教培训精准扶贫质量。

参考文献

阿玛蒂亚·森 . 2001. 贫困与饥荒——论权利与剥夺 . 王宇，王文译 . 北京：商务印书馆 .

安格斯·迪顿 . 2014. 胜利大逃亡：健康、财富及不平等的起源 . 崔传刚译 . 北京：中信出版社 .

巴雅尔，敖登高娃，王一谋 . 2006. 内蒙古蒙中经济区大城市边缘带 LUCC 时空过程分析 . 经济地理，26（1）：88-91.

曹诗颂，赵文吉，段福洲 . 2015. 秦巴特困连片区生态资产与经济贫困的耦合关系 . 地理研究，34（7）：1295-1309.

陈斐 . 2008. 区域空间经济关联模式分析：理论与实证研究 . 北京：中国社会科学出版社 .

陈全功，程蹊 . 2010. 空间贫困及其政策含义 . 贵州社会科学，（8）：87-92.

陈全功，程蹊 . 2011. 空间贫困理论视野下的民族地区扶贫问题 . 中南民族大学学报（人文社会科学版），31（1）：58-63.

邓辉，法念真 . 2016. 基于城市形态发生学的商丘归德府古城空间特征分析 . 地理科学，36（7）：1008-1016.

丁建军 . 2014. 中国 11 个集中连片特困区贫困程度比较研究——基于综合发展指数计算的视角. 地理科学，34（12）：1418-1427.

冯彦 . 2001. 滇西北“大河流域”区贫困类型及脱贫研究 . 云南地理环境研究，13（1）：87-93.

付贵全，徐先英，徐梦莎，等 . 2016. 民勤绿洲边缘两种生境红砂种群空间格局及关联性分析. 干旱区地理，39（1）：112-121.

傅伯杰 . 2014. 地理学综合研究的途径与方法：格局与过程耦合 . 地理学报，69（8）：1052-1059.

高万辉 . 2016. 新型城镇化下的大城市边缘社区公共空间价值探讨 . 经济地理，36（9）：72-76.

管华 . 2006. 秦岭-淮河平原交错带自然地理边际效应 . 北京：科学出版社 .

郭荣朝 . 2003. “边缘效应”与城镇发展空间组合研究 . 城市规划学刊，（4）：34-37.

国务院扶贫开发领导小组 . 2003. 中国农村扶贫开发概要 . 北京：中国财政经济出版社 .

韩玉刚，李俊峰 . 2013. 基于县域尺度的省际边缘区空间经济整合模式——以安徽省宁国市为例 . 经济地理，33（11）：28-34.

何芬，赵燕霞 . 2015. 美、日促进集中连片特困地区减贫的经验借鉴 . 世界地理研究，24（4）：20-29.

何仁伟，刘邵权，陈国阶，等 . 2013. 中国农户可持续生计研究进展及趋向 . 地理科学进展，32（4）：657-670.

何伟 . 2013. 经济发展边缘化的风险及规避对策——以淮安为例 . 中国农业资源与区划，34（4）：92-95.

姜德华，等 . 1989. 中国的贫困地区类型及开发 . 北京：旅游教育出版社 .

焦胜，郑志明，徐峰，等 . 2016，传统村落分布的“边缘化”特征——以湖南省为例 . 地理研究，35（8）：1525-1534.
兰玉芳，徐霞，蒋力，等.2013. 农牧交错区退耕前/后人口空间分布模拟及其演化特征——以太仆寺旗为例. 地理科学进展，32（11）：1681-1691.
李丁，王生霞，苗涛.2011. 生态脆弱地区生态农业模式的参与式发展研究与实践——以民勤县绿洲边缘区为例. 干旱区地理，34（2）：337-343.
李飞，张树文，杨久春，等.2015. 北方农牧交错带农村居民点分布特征及其对土地利用的影响——以科尔沁左翼中旗为例. 地理科学，35（3）：328-333.
梁留科，吕可文，苗长虹，等.2008. 边缘化地区特征、形成机制及对策研究——以河南省黄淮四市为例. 地理与地理信息科学，24（5）：61-65.
廖继武.2009. 地理边缘——地理学不应忽视的主题. 中山大学研究生学刊（自然科学. 医学版），30（2）：34-41.
廖继武.2011. 地理边缘区：边缘化与反边缘化——基于海南西部的实证研究. 云南地理环境研究，23（4）：7-12.
刘小鹏，李永红，王亚娟，等.2017. 县域空间贫困的地理识别研究——以宁夏泾源县为例. 地理学报，72（3）：521-533.
刘小鹏，苏胜亮，王亚娟，等.2014a. 集中连片特殊困难地区村域空间贫困测度指标体系研究. 地理科学，34（4）：447-453.
刘小鹏，苏晓芳，王亚娟，等.2014b. 空间贫困研究及其对我国贫困地理研究的启示. 干旱区地理，37（1）：144-152.
刘彦随，李进涛.2017. 中国县域农村贫困化分异机制的地理探测与优化决策. 地理学报，72（1）：161-173.
刘艳华，徐勇.2015. 中国农村多维贫困地理识别及类型划分. 地理学报，70（6）：993-1007.
穆桂金，贺俊霞，雷加强，等.2013. 再议绿洲-沙漠过渡带——以策勒绿洲-沙漠过渡带为例. 干旱区地理，36（2）：195-202.
潘竟虎，胡艳兴.2016. 基于夜间灯光数据的中国多维贫困空间识别. 经济地理，36（11）：124-131.
彭建，马晶，袁媛.2014. 城市边缘带识别研究进展与展望. 地理科学进展，33（8）：1068-1077.
彭建，吴健生，潘雅婧，等.2012. 基于PSR模型的区域生态持续性评价概念框架. 地理科学进展，31（7）：933-940.
祁新华，程煌，陈烈，等.2008. 大城市边缘区人居环境系统演变规律——以广州市为例. 地理研究，27（2）：421-430.
乔家君，马玉玲.2016. 城乡界面动态模型研究. 地理研究，35（12）：2283-2297.
斯皮克曼.1965. 和平地理学. 刘愈之译. 北京：商务印书馆.
宋长春，邓伟，宋新山，等.2003. 松嫩平原西部生态脆弱带景观结构与生态耦合分析. 应用生态学报，14（9）：1464-1468.
宋亮平，楚新正，杨晶.2016. 艾比湖湿地边缘带典型植物固碳能力研究. 干旱区地理，39（1）：136-143.

王宝，高峰，李恒吉 . 2016. 中国集中连片特困区空间特征及致贫机理 . 开发研究，（6）：59-64.

王守春 . 1995. 地理环境在经济和社会发展中的作用的再认识——关于对“地理环境决定论”批判的反思的反思 . 地理研究，14（1）：94-103.

王武林，杨文越，曹小曙 . 2015. 中国集中连片特困地区公路交通优势度及其对经济增长的影响 . 地理科学进展，34（6）：665-675.

王艳慧，钱乐毅，段福洲 . 2013. 县级多维贫困度量及其空间分布格局研究——以连片特困区扶贫重点县为例 . 地理科学，33（12）：1489-1497.

魏海，秦博，彭建，等 . 2014. 基于 GRNN 模型与邻域计算的低丘缓坡综合开发适宜性评价——以乌蒙山集中连片特殊困难片区为例 . 地理研究，33（5）：831-841.

夏继红，林俊强，姚莉，等 . 2010. 河岸带的边缘结构特征与边缘效应 . 河海大学学报（自然科学版），38（2）：215-219.

夏雪，韩增林，赵林，等 . 2014. 省际边缘区区域经济差异的时空格局与形成机理——以鄂豫皖赣为例 . 经济地理，34（5）：21-27.

修春亮，袁家冬 . 2002. 伊春市城镇体系的演变及对策——一个“边缘化”地区的实例 . 地理科学，22（4）：495-499.

许丽丽，李宝林，袁烨城，等 . 2016. 基于生态系统服务价值评估的我国集中连片重点贫困区生态补偿研究 . 地球信息科学学报，18（3）：286-297.

许月卿，李双成，蔡运龙 . 2006. 基于 GIS 和人工神经网络的区域贫困化空间模拟分析——以贵州省猫跳河流域为例 . 地理科学进展，25（3）：79-85.

闫峰，吴波 . 2013. 近 40a 毛乌素沙地荒漠化过程研究 . 干旱区地理，36（6）：987-996.

燕群，蒙吉军，康玉芳 . 2011. 中国北方农牧交错带土地集约利用评价研究——以内蒙古鄂尔多斯市为例 . 干旱区地理，34（6）：1017-1023.

杨萍，沈茂英 . 2012. 地理资本视角下的四川藏区农户增收问题探讨 . 农村经济，（10）：54-58.

杨永春，冷炳荣，庞国锦 . 2009. 中国西部城市的边缘化风险 . 城市问题，（8）：11-18.

殷洁，张京祥 . 2008. 贫困循环理论与三峡库区经济发展态势 . 经济地理，28（4）：631-635.

袁媛，王仰麟，马晶，等 . 2014. 河北省县域贫困度多维评估 . 地理科学进展，33（1）：124-133.

袁媛，许学强 . 2008. 国外综合贫困研究及对我国贫困地理研究的启示 . 世界地理研究，17（2）：121-128.

曾鹏，蒋团标，廉超 . 2011. 基于经济重心空间演变的新疆反边缘化策略研究 . 经济地理，31（1）：32-38.

曾永明，张果 . 2011. 基于 GIS 和 BP 神经网络的区域农村贫困空间模拟分析——一种区域贫困程度测度新方法 . 地理与地理信息科学，27（2）：70-75.

张俊良，闫东东 . 2016. 多维禀赋条件、地理空间溢出与区域贫困治理——以龙门山断裂带区域为例 . 中国人口科学，（5）：35-48.

张克存，安志山，蔡迪文，等 . 2015. 沙漠—绿洲过渡带近地表风沙过程研究进展 . 地球科学进展，30（9）：1018-1027.

张磊 . 2007a. 中国扶贫开发历程（1949—2005 年）. 北京：中国财政经济出版社 .

张磊 . 2007b. 中国扶贫开发政策演变（1949—2005 年）. 北京：中国财政经济出版社 .

张丽萍，张镱锂，阎建忠，等 . 2008. 青藏高原东部山地农牧区生计与耕地利用模式 . 地理学报，63（4）：377-385.

张琦，冯丹萌 . 2016. 我国减贫实践探索及其理论创新：1978 ~ 2016 年 . 改革，（4）：27-42.

张学波，杨成凤，宋金平，等 . 2015. 中国省际边缘县域经济差异空间格局演变 . 经济地理，35（7）：30-38.

赵跃龙，刘燕华 . 1996. 中国脆弱生态环境分布及其与贫困的关系 . 人文地理，11（2）：1-7.

郑瑞强，朱述斌，沈墨 . 2012. 连片开发扶贫行为逻辑与作用机制分析 . 华南农业大学学报（社会科学版），11（2）：1-6.

郑泽娜，周伟 . 2013. 基于主成分的河北省地级市城市生态安全预警评价 . 中国农学通报，29（14）：118-123.

周德成，赵淑清，朱超 . 2012. 退耕还林还草工程对中国北方农牧交错区土地利用/覆被变化的影响——以科尔沁左翼后旗为例 . 地理科学，32（4）：442-449.

周侃，王传胜 . 2016. 中国贫困地区时空格局与差别化脱贫政策研究 . 中国科学院院刊，31（1）：101-111.

庄佩君，汪宇明 . 2010. 港—城界面的演变及其空间机理 . 地理研究，29（6）：1105-1116.

Bengston D，Fletcher J，Nelson K. 2004. Public policies for managing urban growth and protecting open space：Policy instruments and lessons learned in the United States. Landscape & Urban Planning，69（2）：271-286.

Bird K，Shepherd A. 2003. Livelihoods and chronic poverty in semi-arid Zimbabwe. World Development，31（3）：591-610.

Bird K，Mckay A，Shinyekwa I. 2007. Isolation and Poverty：The Relationship between Spatially Differentiated Access to Goods and Services and Poverty. Stellenbosch：The CPRC International Workshop Understanding and Addressing Spatial Poverty Traps.

Burke W J，Jayne T S. 2008. Spatial Disadvantages or Spatial Poverty Traps：Household Evidence from Rural Kenya. Lansing：Michigan State University.

Crandall M S，Weber B A. 2004. Local social and economic conditions，spatial concentrations of poverty，and poverty dyanmics. American Journal of Agricultural Economics，86（5）：473-497.

Farrow A，Larrea C. 2005. Exploring the spatial variation of food poverty in Ecuador. Food Policy，30（5-6）：510-531.

Freishmann J. 1996. Cities in Social Transformation. Cambridge：MIT Press.

Jalan J，Ravallion M. 1997. Spatial Poverty Traps. Washington D. C.：The World Bank.

Kam S P，Hossain M，Bose M L，et al. 2005. Spatial patterns of rural poverty and their relationship with welfare-influencing factors in Bangladesh. Food Policy，30（5-6）：551-567.

Martin R，Sunley P. 2006. Path dependence and regional economic evolution. Journal of Economic Geography，（6）：395-437.

Minot N，Baulch B. 2005. Spatial patterns of poverty in vietnam and their implicaitons for policy. Food

Policy, 30 (5-6): 461-475.

Pacione M. 2003. Quality-of-life research in urban geography. Urban Geography, 24 (4): 314-339.

Potter R, Conway D, Evans R, et al. 2012. Key Concepts in Development Geography. London: SAGE Publications.

Rupasingha A, Goetz S J. 2007. Social and political forces as determinants of poverty: A spatial analysis. Journal of Socio-Economics, 36 (4): 650-671.

Sen A. 1983. Poverty and Famines: An essay on entitlement and deprivation. New York: Oxford University Press.